汉字根族大系之一

汉字中的人体世界

顾易 著

SPM
南方传媒

广东人民出版社
·广州·

图书在版编目（CIP）数据

汉字中的人体世界 / 顾易著. —广州：广东人民出版社，2023.4
（汉字根族大系丛书）
ISBN 978-7-218-15624-8

Ⅰ.①汉…　Ⅱ.①顾…　Ⅲ.①汉字—研究　②人体—普及读
物　Ⅳ.①H12　②R32-49

中国版本图书馆CIP数据核字（2021）第272882号

HANZI ZHONG DE RENTI SHIJIE

汉字中的人体世界

顾 易 著

出 版 人：肖风华

责任编辑：王俊辉
装帧设计：书窗设计
责任技编：吴彦斌　周星奎

出版发行：广东人民出版社
地　　址：广州市越秀区大沙头四马路10号（邮政编码：510199）
电　　话：（020）85716809（总编室）
传　　真：（020）83289585
网　　址：http://www.gdpph.com
印　　刷：广州市豪威彩色印务有限公司
开　　本：787毫米×1092毫米　1/16
印　　张：22.5　字　数：350千
版　　次：2023年4月第1版
印　　次：2023年4月第1次印刷
定　　价：98.00元

如发现印装质量问题，影响阅读，请与出版社（020-85716849）联系调换。

总 序

语言、文字是一个民族的文化代表，汉字是中华民族的标志之一。汉字和汉语是中华民族子民的"母语"和思想、情感的表达工具，汉字是中华民族的文化基因、核心载体和代表符号，是中华文化之根。

汉字具有连续传承性，是历史最悠久的文字之一。据考古证实，汉字已经有六千余年的历史，最早的文字符号可追溯到中国古代的仰韶文化，而比较成熟的文字是殷商时期的甲骨文。世界上有古老的四大自源文字，即两河流域的楔形文字、古埃及的圣书字、中国商朝甲骨文和玛雅文字。如今，其他三种文字均已失传，只有汉字一直传承、发展至今。汉字成为记录历史、传承文化的重要载体，成为远古时代中华文化的活化石，每一个汉字的背后都有一个故事，承载着久远的历史记忆。

汉字本身就是魅力无限的文化样式。一个汉字就是一部历史、一首诗词、一个故事。千百年来的哲学思考、科学思维、伦理道德、心理状态、文化知识、审美情趣、民俗礼仪等都包含其中。可以说："一叶一世界，一字一乾坤。"

汉字积淀着的历史文化，使我们今天仍能读懂两千五百年前的《诗经》，读懂千年以前的唐诗、宋词，而三四百年前的英文，除了专家以外，普通人已很难读懂。汉字打破了时间、空间的距离，上下几千年，纵横数万里，成为历史最悠久、生命力最强的一种文字，成为世界上唯一能跨越时空的文字。

一、汉字是世界上最具有智慧的文字

汉字是"三维的"（形、音、义）形意文字。语言的三维性，使得中国人的思维是立体式的、辩证的。汉字的字形是一个以一定数量的构件按照一定的规律组合起的系统。

汉字构成有其独特的时间纵向和空间横向相交叉的立体思维模式，造就其极强的组字、组词、造句、表义能力，同样的意思可以用不同的字、词、句来表达，可以看其形而知其文，看其形而读其声，看其形读其声而知其义，字"形"和字"声"的不同组合形成不同的字"义"，字"声"嵌入字"形"，形成每一个字自身的"组字"思维。

首先，汉字具有时间和空间的组字、组词思维的功能。

从时间思维看，汉字是纵向思维，由"文"而生"字"，由衍生而引申、派生出多个含义，可以说是"字简而意丰"。"文"这一单体字从"生、长、收、藏"的纵向思维变化过程产生相应的合体"字"，这种时间思维，其实反映了天地生万物的生长变化。具体表现在：

——从自然"生"出来。汉字从人体和自然万物具象的"图"抽象成"画"，由"画"成象形指事转化为"文"，再形成独体"文"字的"形"；

——从人的认知中"长"起来。汉字从象形文"上下、左右、前后、中间"不同方位，以点（、）、线（一、丨）变化中指事表义，形成独体指事"文"字的"意"；

——在人的更深认识总结中"收"起来。汉字从象形、指事独体文中来，用两个或两个以上的独体"文"根据意义之间的关系合成"字"，知其形而会其义，形成合体"字"的"义"。

——在人认识自然中解释万物又"藏"回到自然。汉字以字"声"定义"形"类，形成"形声"字以命名和认识自然万物，以"声"名"形"类，形成"形声"合体字，又回到自然解释自然万物，形成了形、音、义互训的字。

从空间思维看，汉字构形是横向思维，"文"会出现"上下、左右、前后、中间"立体空间位置。比如，"人、大、立、交、久、尸"等人不同动作形态图形生出不同"人"的字义。"本、木、末、朱、未"等木不同空间部位产生木类不同"木"的字义。"本"是根本，是树的树根，所以"木"下面加一横就是"本"，现在讲根本、本原，就是从树根引申出的意思。"末"是末尾，树梢，树的上部，就在"木"上面画一横。

其次，汉字有"字根"。合体字大都有"字根"或者说"字原"，"字根"可以以简御繁，以类万物，形成一个意义相近的族群，可以衍生出一个"字族"，由"字族"可以扩大到一个"大系"。

比如："人"字的字根，至少可以衍生出一个"字族"：

从，两人行走，主前随从。

众，日出而作，众人相聚。

大，张开四肢，健壮高大。

从"人"字族中又扩大到"人体"的一个"大系"：如"舌"字有甜、舐、舔、辞、刮；"齿"字有龄、龈、龃、龆；"心"字有思、想、忘、感、意、恋等；"言"字有誓、警、譬；"身"字有躬、躯、谢、躲；"手"字有拜、掌、拿、拳、攀；"足"字有蹩、跫、蹇等。

再次，汉字充满着辩证法，体现着对立统一的规律。汉字可以通过分类，让我们"格物致知"，汉字是独立的，又是互相联系的，形成一个完整的系统，是系统思维、整体思维的体现，例如：

斌，一半是文，一半是武。做人要能文能武。这里说的文，不但指有多高的学历，而且指有好的人品、好的道德修养、好的为人处世，即思想品德要好。这里所说的武，不仅指要有高超的武功，而且指能吃苦耐劳，能忍辱负重，有坚持正义、惩恶扬善的武德。

功，一半是工，一半是力。人人都想成功，都渴望成为成功人士。但自古成功无捷径、无坦途，无轻轻松松取得成功的先例。

要成功，首先得要工作，而且工作中要尽心尽力，下功夫、出大力。干什么工作都要舍得下力气，努力地工作，才能功到自然成。不下功夫、不出大力，与成功无缘。

3

财，一半是钱，一半是才。"贝"是古代的金钱。金钱是人生存的基础和必要条件，人人都离不开它。为了使自己的生活过得好一些，人人都想多挣钱，这无可非议。但"君子爱财，取之有道"，要靠自己的才能去挣钱，不能搞歪门邪道。唐代大诗人李白在《将进酒》诗中说："天生我材必有用，千金散尽还复来。"人，有才则有财，无才则无财。所以，练好自己的"才"，不愁"财"不来。

二、汉字是世界上最优美的文字

首先是形象美。每一个汉字都可以看成是一幅精美的图画，汉字可以说是一种线条的艺术，它通过直线、曲线、断线（点）来描绘事物的形体，使汉字成为最简约的象形文字。中国美学大家李泽厚先生在《美的历程》一书中，称汉字为"线的艺术"，他说，汉字形体以自由多样的"线的曲直运动和空间构造，表现和表达出种种形体姿态、情感意义和气势力量"，"是活生生的、滚动的、富有生命暗示和表现力量的美"。汉字的这种线条之美，使之发展成为一种艺术形式——书法艺术。书法艺术是任何其他文字所无法相媲美的。汉字经过了几千年的演变，逐渐形成了"汉字七体"，即甲骨文、金文、篆书、隶书、楷书、行书、草书。甲骨文、金文刚劲柔美，篆书秀气灵动，隶书张弛有度，楷书端庄严谨，行书行云流水，草书飘逸生动。

其次是音韵美。汉字一字一音，每个字音又分为若干个音调，因此读起来响亮清晰，婉转动听，富于节奏感和音乐感，是世界上最美的语言。用这种语言写成的诗文，具有铿锵悦耳、抑扬顿挫的美感，特别是诗，讲究平仄、对仗，所以，诗句特别整齐、节奏特别明快，朗朗上口。汉字在音律、情趣方面在世界上亦是别具一格，颇具魅力。例如，"对联"是汉字特有的艺术，左右两联，字数相等，结构相似，词语相对，平仄相调，内涵相连，尤显情趣。对仗工整、平仄相对、音律有致的对联是线形的拼音文字所不可比拟的，显现了汉字的特色。新春佳节，家家户户贴春联，喜洋洋的节庆气氛，更是中国的一大独特景象。

再次是意境美。汉字形、音、义的凝练之美，蕴含着空灵的意境创造，在诗词中达到了顶点。唐诗的美，最主要是意境之美，如杜甫《八阵图》："功盖三分国，名成八阵图。江流石不转，遗恨失吞吴。"短短二十字，绘声绘色，在时间、空间的无止境流动中，展现如此厚重的社会历史内容：人世功名，千秋彪炳；王国崩溃，英雄遗恨；江流无限，天地永恒。只有像唐诗这样浸透着汉字精魂的诗歌才能体现。

三、汉字是世界上最具有融合力、凝聚力的文字

中国疆域辽阔，人口众多，方言多样，同是中国人，方言多达上百种，且远远超过欧洲不同国家、不同民族之间的语言差异。从秦代开始，秦始皇推行"书同文"，汉字就成为国家统一的文化纽带和文化力量。上下五千年，只要是中国人，不管在哪个角落，一旦同文便是天下一家，同是中华儿女；而且，不管面对多少方言壁垒，一旦落笔为汉字，必是心意相通。汉字是思想的纽带，神州大地习俗不同，却同文同宗，华夏一统；中国汉字是情感的纽带，五十多个民族风情各异，却心心相印，团结包容。正是有了统一的文字，并经过历史的积淀，汉字作为一种书写工具，深入每一个中国人的血脉之中，形成独特的价值观、文化观、历史观，成为一个国家文化认同的基础。

四、汉字是中华民族文化传承、创新、发展的基本工具

汉字是中国人学习知识、传承文化、提高文化修养的起点。说话、识字是一个人求知的基础。一个人如果认识三千多个常用字，一般的阅读和表达就足够了，如果能认一万个字，许多古代经典就可以读通、读懂了，可以称得上是一个文化人。汉字是一个人学习经典、传承国学的基础。汉字是我们阅读的媒介、思想交流的工具，也是工作、生活的基本技能之一。

我国的汉字教育源远流长，汉字是启蒙教育最基础的内容，童蒙识字课本的编纂也非常早。最早的童蒙识字课本是周宣王时的《史籀篇》。《汉书·艺文志》说："《史籀篇》者，周时史官教学童书也。"《史籀篇》按字的意义关系编排而成，四字为句，二句为韵，以便学童习诵。秦统一中国后，用小篆统一天下文字，李斯等人编《仓颉》、车府令赵高编《爰历》、太史令胡母敬编《博学》，作为推行小篆的范本，也是童蒙识

字课本。西汉初期，闾里书师将这三本书删改合并，去其重复字，合编为《仓颉篇》，用以教学童识字。西汉中期到东汉，识字课本的编纂达到高峰，著名的有司马相如的《凡将篇》、李长的《元尚篇》、史游的《急就篇》、扬雄的《训纂篇》等等。直到西汉许慎《说文解字》问世，汉字的教育走上了科学的轨道。许慎的"六书"，概括了汉字的造字规律，人们可以系统地学习构字原理，了解造字的方法，学习汉字从字、词、句再到篇、章，循序渐进，逐步地学会读、听、说、写等表达能力。可惜，今天的小学语文教育，已经丢掉了这一传统，没有专门讲解汉字的字源和造字原理的课程。我们学习汉字，是从笔画开始的，老师只是教你如何写、如何读，至于这个字是怎样演变而来的，有什么含义，往往不求甚解。这样的学习枯燥无味，印象不深；这样的学习不仅慢，而且效果也不理想。我们只是学到汉字的皮毛，即所谓知识，而没有学到汉字的精华，即思维、智慧，假如我们回到"造字法"，从汉字的造字规律中去学习汉字，学习、掌握"六书"造字法、字根造字法、偏旁造字法，那么，学习过程会是很轻松、很快乐、很有趣，也很便捷，不但学到知识，更重要的是陶冶了性情、升华了境界。目前，汉字研究和普及的书籍多如牛毛，有些具有较高的学术价值，但枯燥无味，有的通俗读物，又缺乏学理的支撑，如何做到既能"上天"又能"下地"，既遵循造字规律，又具普及性、实用性，且易于传播，这是一个亟待解决的问题。

五、《汉字根族大系》的主要特色

　　《汉字根族大系》是全面、系统阐述"字根造字法"的专著。字根，是组成汉字的基本零件，是一类有物象场景支持，可以表达基础概念、构建汉字最基本意义的符号。《说文解字·序》说："仓颉之初作书，盖依类象形，故谓之文；其后形声相益，即谓之字。文者，物象之本；字者，言孳乳而浸多也。著于竹帛谓之书，书者，如也。"这段话的意思是说：仓颉开始创制文字时，大抵按照物类描画其形状，所以叫作文；后来形旁声旁互相组合增益，就叫做字。文，是事物形象的本来面貌；字，则是由它滋生出来，逐渐增多。刻字在竹简帛卷上的叫做书。书，就是如同事物的形状。"文"是指独体的字，是汉字的主要构件，也可以看作是汉字的字根；"字"指合体的字，是由"义"派生出来的。

物以类聚，人以群分，字以族群。同形同音，音意相通，分科成族，触类旁通。为此，学习汉字要从"文"入手，解释"字"，联系到"群"，这种系统的学习方法，溯源寻根，解字释义，广泛联想，可以举一反三，增加十倍、二十倍的识字量，并熟练地掌握其意义。这如同一棵树一样，"文"是树的主干，"字"是树的枝丫，可以让我们既看到树木，又看到树叶、果实。

《汉字根族大系》是对传统语文教学的一次"革新"，其特点在于：

（一）从造字法到识字法。以字源学为指导，从字源出发，看汉字是如何造出来的，是如何演变的，去认识字的形音义，目察其形，口诵其音，心通其义，遵循造字的规律去学习汉字。为此，本书专设了"前生今世"栏目，介绍了汉字的演变过程。

（二）从孤立到族群。族是字谱学，群是字系学，运用联系的、系统的、整体的方法，从字根延伸到一个族群，到一个大系，把文字考释、探秘、破译一以贯之，融形、音、义、例、训于一体，突出了系统观，易记、易忆、易用。为此，本书专设了"汉字之树"栏目，"汉字之树"描绘了汉字的族群。

（三）从源流到内涵。每一个字从起源讲起，讲清起源、流变、内涵，是一种全方位的语文学习方法。为此，本书专设"字有乾坤"栏目，从形、意、音等方面进行解读。

（四）从枯燥到有趣。丛书开辟了"汉字寻趣"栏目，用娱乐性的文字游戏，激发读者的学习兴趣，如趣联、歌谣、谜语、绕口令、宝塔诗、回文诗、成语接龙等，寓学习于娱乐之中。

《说文解字》："叙曰：古者庖牺氏之王天下也，仰则观象于天，俯则观法于地，视鸟兽之文与地之宜，近取诸身，远取诸物，于是始作《易》八卦，以垂宪象。"仓颉造字也是近取诸身，远取诸物。汉字的字根大致上也分为两大类：一是由"身"派生的，一是由"物"派生出来的。故《汉字根族大系》分为五大类，即汉字中的人体世界、汉字中的天文世界、汉字中的地貌世界、汉字中的动物世界、汉字中的器物世界，这是汉字的五大系，在这个五大系中，又可分成若干个族群，这就是本丛书的结构。

本丛书的内容大致有四个层次：第一个层次介绍了汉字的发展演变，从甲骨文、金文、小篆到楷书进行寻根溯源，让大家认识汉字的前生今世，了解其本来的意义；第二个层次是"说文解字"，从形、音、义去发现汉字中包含的内容以及对人生的启迪；第三个层次是用联系的办法，从"文"到"字"到"族"进行简要的介绍，以扩大字量和思维空间，凡是字根部分都有一则字族歌诀对字族的字作一个概括；第四个层次是"汉字寻趣"，这是为了增强趣味性，让人们在快乐中学习汉字，也感受汉字的智慧和有趣。

汉字不仅有丰富的文化知识内涵，也是有思想、有灵魂的"精灵"；学习汉字不仅是为了增长见识，也是明心见性，进德修业的过程。在写作过程中，我谨记"识字明理""文以载道""道以文传"的宗旨，在讲每一个字中力求把中华优秀传统文化的思想融入其中，为此，引用和解读了许多中华经典的思想，以期对人们学习中华经典有所帮助。

从2017年着手写作《汉字根族大系》，至今已经有四年之久，在这期间断断续续，慢慢积累，坚持不懈地读书、思考、写作，不知不觉基本完成了书稿。"知我者，谓我心忧，不知我者，谓我何求？"有人对这样的长期伏案写作不理解，问我到底为了什么？其实，并不为名，也不为利，只是在写作的过程中，又学习到新的知识，获得内心的宁静，享受学习之乐、感悟之乐，觉得生活还有追求，每天的生活过得充实。当然，随着对汉字的探究的深入，我越来越觉得中华文化的博大精深、神妙有趣，深深地为中华优秀传统文化感到自豪和骄傲。曾经有一位老师勉励我，给我写了四个字："重振斯文！"这是一个伟大的使命，我深感自己能力有限，但为了中华优秀传统文化薪火相传，发扬光大，依然默默前行，作一点自己微博的贡献！

由于汉字学博大精深，本人学薄识浅，错漏在所难免，祈望读者给予指正。

作者于广州

2021年3月22日

序

　　当我完成《汉字中的人体世界》书稿的修改时，觉得有必要写一个概括性的序言，作为本书的一个导读。

　　许慎在《说文解字·叙》中，指出了汉字的两个造字法：一是"近取诸身"，二是"远取诸物"。为什么要"近取诸身"呢？这是因为汉字是人类交流的工具和媒介，作为汉字的使用者，人类更有能力去创造它；又因为中国人有"天人合一""物我一体"的思维方式，他们能够用人体去体悟世上万事万物之道，也就是说，汉字是从人体这一"近"，再到万物这一"远"，以人为尺度，万物同构，在感知、体悟、创造中产生了一个个有生命、有智慧、有情感、有形象的汉字。

　　那么，"近取诸身"，这个"取"是如何"取"的呢？这个"取"不是随意的、随心所欲的、毫无依据的，而是遵循了天道、地道和人道，遵循了事物发展的客观规律，遵循了人类的认知规律而去创造的。我认为这个"取"之"法"，大致有四个：

　　一是以形取象。形、义、音三位一体是汉字最本质的特征，是多维时空的意象组合。中国人有一个独特的思维方式，即以人、自然和物三大时空意象相互参照的整体思维方式。"以形取象"是最基本、最直观、最简单的认

1

知方式，这是汉字造字最基本的方法，这就是象形，一目了然，一看就明白。因此，在汉字的人体世界中大量的字是象形字。如"人"字，甲骨文是一个侧面站立的人，后来演变到楷书成为一个正面站立的人，这反映了人与类人猿的区别在于人能站立，手脚分开，能够从事劳动并成为具有灵性的动物；又如"大"字介，为一个正面站立之人，以线条勾描出上古健壮男子的身姿；再如"立"字，甲骨文为介，在"大"下增添一横，表示地面，即正面站立之人所站的地方。这些象形字大多是独体字。

二是"以意取形"。这是把两个以上的独体字组合起来，用联系的观念来表示某种意义，以隐喻和类比作为表现手法。"以意取形"，是基于单体字的意义而创造出来的，只要明白单独字的意义，就可以"见形明义"。如"从"字，甲骨文为竹，这是两个人一前一后，表示顺从、跟从；又如"北"甲骨文竹，本义为背部，引申为一个人背对的方位——面南而站，阳光下的影子则指面朝北方；再如"众"字，甲骨文为眔，上面为"日"，下面"三个人"，表示众人在太阳底下劳作，会众人、众多之意。

三是"以音取象"。汉字是形声相生，音义相转的，汉字以字形为载体，离开了字形，字音就会成为无源之水、无本之木。中国是一个多民族的国家，一方水土养一方人，一方人说一种方言，有的音同而义异。没有统一的汉字，仅凭语言是无法交流的。天地万物有形，然后有声，有声之后有意。自然音是汉字的原始读音，其他的读音都是从自然中衍生出来的。汉字中有关人体的字，主要有两个特点，一是发音与相关的器官相连，如"齿"是咬住牙齿发的音，"喉"是声音发自喉咙，"鼻"是合起嘴巴发出鼻音；二是与人的气流相关，人通过气发出的声音，成为汉字的标识，如发去声的有"吐"，发入声的为"吞"。

四是"以类取象"。汉字以"人以群分，物以类聚"作为造字的方法，据象组合，形成一个个庞大的族群。许慎《说文解字》收录了9353个字，他把它们分为540个部首，使纷纭复杂的文字有门类可归，这是许慎的一个创造发明。

我们通晓以上的造字方法以后，就能更好地感悟汉字的意义。

汉字中的人体世界为我们打开了认识自我的一扇窗口。它回答了"我是谁""我从哪里来""我将到哪里去"的宏大的哲学命题。它解释了生命的起源和生命的存在方式，它展示了人体、人性、人格之美。我们可以把它概括为两大部分：一是人的形体世界。从上至下，有首、毛（发）、五官（目、鼻、耳、口、舌）、四肢（手、足），从外到内，有"骨"与"肉"。二是人的心灵世界。包括精神追求、价值取向、道德情操、情感意志等，这方面集中体现在"心"字族，在这个族群中，有深邃的"思"与"想"，有"爱"与"恋"的情感，有"忠"与"恕"的道德，也有"恩"与"慈"的感动等。所有这些包含着中国古人对如何获得强健的身体和充实的心灵的思考和回答，对于我们今天过好有意义的每一天仍然有价值。

汉字在创造的过程中，是按照"近取诸身"的方法结构造出来的，因此，在汉字的人体世界里，不但族群庞大，而且科学严谨。有体现以人为本的，如人、从、比、众；有讲人体面部器官的，如面、目、耳、口、齿、舌；有讲人体躯干的，如身、首、手、足；有讲人体脏腑器官的，如心、肉（月）；有讲人的心灵世界的，如心、思；有讲血脉传承的，如孝、胤。

以"人"字为构件的汉字大致有几种：一是人的偏旁（亻），如"佐、佑、休"等；人在上部的写作"𠂊"，如"矦（侯）、奂、危、色"等；人在下部的写作"儿"，如"兀、兄、允、充、兑"等；人做反向前行时则写作"匕"，如"比、北"等。

"人"字族的汉字可分四大类：

第一类表示人的类别、关系的名词和代词有"夫、他、你、仙、仆、仕、仔、伏、伴、佛、伯、佬、傅、侨、侠、伶、倌、侄、僧"等。第二类表示人的动作、行为、思想的动词有"从、伏、企、令、仰、含、估、伸、伐、拿、住、依、借、佩、从、供、倒、贪、作、候、催"等，大多是形声字。第三类描述人的情态、外貌、品格的形容词有"介、伟、仁、佳、优、伤、俊、傲、倩、俏、俭、倖、倨、伪、僻、傻、俐、僵、假"等，大多也是形声字。第四类表示人与物的关系的名词、代词有"合、会、仓、舍、禽、伞、侖、价、伦、佣、傩、侑、傀、儡"等。

汉字中以"人"为字根和以"亻"为偏旁的字还是有差别的，这里选

3

取的是有"人"字的字，以偏旁"亻"为构件组成的字在"偏旁造字法"中再加以介绍。

《汉字中的人体世界》为我们呈现了丰富多彩的世态万象。如"首"的睿智，"目"的清澈，"耳"的聪灵，"鼻"的灵敏，"口"的方正，"身"的孕育，"心"的高洁，"手"的灵巧，"骨"的挺拔，"肉"的丰腴，"毛"的细软，"足"的坚定等，我们可以从中感悟生命的奇妙、人文的价值、高尚的情操以及丰富的知识。为此，书中以汉字为载体，结合中国经典的解读，融入了中国优秀传统文化，力求达到真、善、美的融合，其结构按人体从头至脚、从上到下的顺序进行排列，分为十五个字族，以方便读者的查阅和学习。

目 录

十二　身字族

十五 足字族

一　人字族

rén

人 一撇一捺，站立为人

🏺 前生今世

甲骨文	金文	篆文	隶书	楷书	行书	草书
𐤉	𐤉	𐀉	人	人	人	人

𐤉 甲骨文像侧面站立的人形。

𐤉 金文与甲骨文相同。

𐀉 篆书则像一个跪拜的人形。

人 楷书变成了一撇一捺，简单明了，像是一个大步向前的人。

☯ 字有乾坤

人，象形字。

从"人"的字形看，甲骨文、金文均为侧立行走的人，这从人类学的角度形象地揭示了人与动物的显著区别：动物用四肢爬行，人有手足分工，手用于干活，脚用于行走。人与兽的分别，就是直立行走，站起来做人的第一步。因此，人是能够直立行走，制造并使用工具进行劳动，又能用语言和文字进行思维和交际的高等动物。

《说文·人部》："人，天地之性最贵者也。"意思是说，人是天地生物中最为高贵的。《黄帝内经·素问·宝命全形论篇》："天覆地载，万物悉备，莫贵于人。""夫人生于地，悬命于天，天地合气，命之曰人。"古人认为"天"的功能是"化"，即运化，地的功能是"育"，即养育，天地阴阳两气相交而万物生，天地之气相合，而产生了人。"天地人"三者成为"三才"，三者相互感应，相互依存，这是我国古代朴素的"天人合一"思想的思维方式。

《礼记·礼运》说："故人者，其天地之德，阴阳之交，鬼神之会，五行之秀气也；故人者，天地之心也，五行之端也。"人是天地基本品质的体现，阴阳交集的结晶，鬼神精灵的荟萃，五大元素的精华。人是天地之"心"，是五行（金、木、水、火、土）之端（起始和终极目的），人能明白宇宙时空之道，能理解掌握自然的规律，是万物运行的主导者，所以是最为高贵的生物。

"人"字以直立行走作为构形，强调了人双手从四肢中解放出来的重要性，指出了人类的外形特征。《列子·黄帝》："有七尺之骸，手足之异，戴发含齿，倚而趣者，谓之人。"

　　古人在这里回答了人类的起源，指出了人是生物进化的产物，这与西方认为上帝造人的看法不同，是一种朴素的唯物主义观点。

　　由于人不但有思想，而且有情感，故有"人非草木""人情冷暖"之说；由于人心复杂，又有"人心莫测""人心隔肚皮""知人知面不知心"之说。

　　人字的构形只有简单的两笔，但意义深长，人们对此产生了无限的遐想：有人说，人字一撇一捺，象征着人由肉与灵、形体与精神组成。人如果没有灵魂，没有精神，无异于行尸走肉。因此，人既要修身，也要修心，既要追求形体的健美，又要追求灵魂的纯洁和精神的高贵。

　　有人认为"人"的两笔，象征人类社会中男女是互相支撑的。丿（piě音"撇"）表示轻柔，代表女性；乀（fú音"拂"）表示沉稳，代表男性。人类社会是由男性和女性组成的。男女平衡、阴阳平衡则社会和谐共存。男人豪爽、刚强、勇敢，女人则细心、温柔、贤惠。一个家庭里男人是女人的依靠，女人则是男人坚实的根基。

　　有的说"人"字的结构说明在人类社会中人与人之间相互支撑、相互依存，才能撑起一片天。"人"字缺少任何一笔，不但不能成为人，而且会倒下来，因此做人必须"我为人人，人人为我"。

　　有人说"人"字也很形象地描述了人生的旅程。人生既有上坡路，也有下坡路，有低点也有顶点。升降进退，应顺应时势，顺应规律，进退有度，宠辱不惊，以平和的心态对待得失、荣辱、升降。

　　汉字的形、音、义是相互贯通的。为此，人们常常赋予人的道德意义，"人"字揭示了人的本性是"仁"。人音通仁，意为做人要以仁义为本。

　　《周易·说卦传》曰："昔者，圣人之作《易》也，将以顺性命之理，是以立天之道，曰阴与阳；立地之道，曰柔与刚；立人之道，曰仁与义。"做人的根本就在于讲"仁义"。不仁不义，则与禽兽无异。

　　人之所以是五行之秀气，是因为人不但具有道德品性，而且具有复杂的社会组织与文化科技的创造能力，人能够建立团体与机构来达到相互支持与协助的目的。老子说："既以为人，已愈有，既以与人，已愈多"。圣人明白："人"应该在无私地帮助别人的过程中，自然地成就自己的人生价值，即人只有在"我为人人"付出中实现"人人为我"的回馈，在服务他人中实现自我价值。

　　由"人"字组成的"字"充满着哲理，给人以启迪。

"人"字，两人为"从"，三人为"众"。两个人为一个前行，一个随后，意为跟从、跟随。三个"人"，则为"众"，表示多人，人是"从"和"众"的基础。

人若是自鸣得意，忘乎所以，把两只手叉开，就变成了"大"字。这就是自高自大、夜郎自大，就会像小孩吹气球一样，越吹越大，大到极限就会爆炸。

若是脱离群众，"人"就成了孤家寡人，就成了"个"字。极端个人主义，私心膨胀，必然贪财贪色，误国误民，孤立孤独。

人不能轻信，要识别、明辨，就成了"认"，所谓"知人知面不知心"、"路遥知马力，日久见人心"、"梦回残月在，错认是天明"，为人一定要分清是非，分辨敌友。

总之，人要像金子，金子到哪里都能发光；要像木，落地生根，生长再生长，长成栋梁之才；要像水，不避艰难险阻，不拒千流万水，柔顺坚韧、平静；要像火，全身心地投入、付出，燃烧自己，照亮别人；要像土，始终保持自己的本色，不随时随势而易。

下面，让我们分享"人"字字族的歌诀：

两人行走，前主后从。（从）

三人聚首，人多势众。（众）

张开四肢，立于天地。（大）

长大为人，穿簪为夫。（夫）

持节发号，下达指令。（令）

一人一口，张开闭合。（合）

饭菜和气，人群聚会。（会）

阴阳和合，有节有命。（命）

人披鳞甲，耿介正直。（介）

止于人下，跂足企望。（企）

会
令
北 命
合 众
仄 从 企
介 立 天 天
大 夫

人

· 汉字寻趣 ·

贺寿诗

一次，一户官宦人家的太太做寿，宴席上请唐伯虎作一首贺寿诗。唐伯虎想了想，念出第一句道：

这个婆娘不是人，

众人大吃一惊，都为他捏了一把汗。他又念出一句：

九天仙女下凡尘。

大家转忧为喜，想不到他又念出第三句：

儿孙个个都是贼，

全场人目瞪口呆。唐伯虎不紧不慢、一板一眼地念出第四句：

偷得蟠桃奉母亲。

众人喝彩，才子的诗真是别开生面。唐伯虎在这首诗里，先用贬义词，又出其不意地给予褒扬，诙谐有趣，出其不意，又合乎情理，既夸奖了太太长寿、美丽，又表扬了儿孙的孝顺，顾及方方面面，博得大家开心！

cóng

从 两人同行，前主后从

甲骨文	金文	篆文	隶书	楷书	行书	草书
从	对	仈	從	從	従	從

从 甲骨文像两个人一前一后相随行。

对 仈 金文和篆文都是二人相从的样子。

· 字有乾坤 ·

"从"，繁体字写作"從"，会意字。

從，楷书的字形写作"從"，"彳"表示行动，止，即止，脚。从，指两个人。"從"表示：两个人在路上行走，有主有从。后来，"從"简化为"从"。

《说文·从部》："从，相听也。从二人。"意思是说，人，相从。由两个人字相随会意，表示跟随行走。"从"字的字形与"比"字相反。《说文·比部》："二人为从，反从为比。"两个"人"字相随为"从"，把"从"字反过来成了"比"。

"从"字的本义是两人相随而行，引申出依顺、顺从之意。如服从、听从。"从"也指跟随的人，如仆从、侍从。《论语·公冶长篇》有一段孔子对随从的话："子曰：'道不行，乘桴浮于海，从我者，其由与？'"孔子说："我的政治理想如果没有机会实现，我就乘着木筏漂洋过海到海外去。跟随我的大概只有仲由呢？仲由即孔子的弟子子路。孔子认为子路好勇，这是他的缺点，但子路有一个优点，那就是忠诚，我就是到海外去漂泊，子路也会跟从。"此见，选择跟从的人第一要素是忠诚，然后才是能力。

"从"字后来引申为参与，如从业、从政、投笔从戎。后来又引申为"由"或"自"，如：从古至今、从我做起。此外，还有"次要"的意思，如主从、从犯。

"从"字这个字充满哲理，要求我们学会选择，人生是由无数的选择的链条组成的，选择什么，放弃什么，构成了不一样的人生。"从"字告诉我们必须记住两点：一是要"从善如流"，这就是虚怀若谷，善于倾听别人的意见，别人有好的，就恭敬地向他学习，见贤思齐，春秋时期有个统帅叫栾书，他善于听取部下的意见，打了不少胜仗，大家说他从善如流，就是指栾书能采取部下正确的意见去做。二是从众，但又不要盲从。人都有从众心理，认为大多数人的选择都是有利的、安全的，出于习惯的选择，人们往往选择从众，从众的选择可能是正确的、合适的，在大多数的情况下也是对的。但人不能盲从，必须独立思考，权衡利弊，把握大势，有时独辟蹊径，选择"人无我有"也不失为聪明之举。

　　由"从"字组成的字，主要有几个，一是"并"，"并"字的篆书为 ，为二人并立之象。二是"众"，表示人多，人皆有从众的倾向；三是"纵"，指松开丝线让其松开，指放任，不加拘束；四是"丛"，两个并排在一起，表现为聚集；五是"怂"，这是不安好心的怂恿，从旁劝说鼓励别人跟从去干坏事。六是"耸"，人集中注意力听别人说话会竖起耳朵，表示高起、矗立。

· 🌳 汉字之树 ·

· 🪑 汉字寻趣 ·

汉字歌谣

　　二人从，三人众。二木林，三木森。二口吕，三口品，二日昌，三日晶。多字两夕阳，炎字两把火。

zhòng

众 日出而作，众人相聚

甲骨文	金文	篆文	隶书	楷书	行书	草书
𧰼	𧰼	𧰼	衆	衆	衆	衆

𧰼 甲骨文从三人，会多人之意。上为日字，表示日出之时众人相聚劳作。

𧰼 金文将甲骨文的"日"改为"目"，意为主子或监工用眼睛监视着众人的劳作。

𧰼 篆书承接甲骨文、金文并整齐化。

☯ 字有乾坤 ·

众，"众"繁体为"衆"，会意字。甲骨文上的"日"，表示日出而作，众人在日出之时相聚劳作。金文和小篆字体发生了形变，"日"变为"目"，变为众人在监视下的劳作。简体的众字为三"人"相叠，表示数人，多人聚在一起为众。

《说文·乑部》："乑，众立也，从三人。"本义众人、大家，与"寡"（单个、少数）相对。简化的"众"字，从三人，三是多的意思，表示许多人，故众为多数人。古人在造字时，往往用三个叠成"品"字形的字表示数量多，如"鑫"，表示多金兴旺；"森"，表示树木丛生繁密；"淼"（miǎo）表示水势浩大；"焱"（yàn）表示火花飞舞；"垚"（yáo）表示土多山高。

"众"字不但反映了一种社会现象和社会心理，而且也要求只有万众一心，才能克服前进道路上的困难，充满着丰富的哲理。

第一，"众"字告诉我们从众心理是一种普遍的社会现象。中国人都喜欢从众，觉着安全、稳妥，遇事总不愿意出头，"枪打出头鸟""木秀于林，风必摧之"，都是教人从众，而一旦有人率众起来了就马上跟着起哄。成语"众怒难犯""众口铄金""众所周知""众志成城"等，都是强调团体的力量。为此，我们办任何事情，都要注意听取大众的诉求，得人心者得天下，只有反映民众的意愿，集中民众的力量，才能办好事，并把好事办好。

第二，"众"字表示群众需要有领袖的引领。"众"字一人在上，"二人"作

"从"在下，表示人有"群蜂意识"，凡有人群的地方，总有少数能力超凡的人，成为圣人、领袖、领导，人要想得到群众的拥戴，必须爱护众人，尊重群众，要为群众办实事，博施济众，救济帮助百姓群众。这样，才能得到群众的拥戴。

第三，"众"字表示人心齐、泰山移。"众"是多人相聚而作，俗话说"人多势众，人多力量大"。但我们也要看到"众"字的三个人，并不是分散的组合，而是下面的两个人同心协人支持着上面的一个人，上面的一人庇护照顾着下面二人，三个人互相联系，彼此互动，形成一个整体。这就要求"众"要形成力量，必须目标一致，互相协作，拧成一股绳，心往一处想，劲往一处使，才能形成坚不可摧的力量。有时人数虽众，但由于人心离异，否则，会"三个和尚没水喝"，就会如同一盘散沙，随时都会分崩离析。

第四，发挥众人的力量必须善于协调。"众"字通常用于指大家、许多人。由于人们所处地位、利益、观念不同，每一个的看法和选择是有差异的，协调众人成了一门学问。有几个成语表达了这个意思，如"众口难调"，原因是各人的口味不同，很难做出一种饭菜使所有的人都感到好吃。比喻很难将众人的意见协调一致，也比喻很难让所有的人都满意；"众口铄金"，形容舆论力量大，连金属都能熔化。比喻众口一词可以混淆是非；"乌合之众"，比喻临时杂凑的、毫无组织纪律的一群人，像一盘散沙，毫无凝聚力和战斗力。为此，必须适时地调整不同社会阶层的利益，使之和谐相处，求得社会的长治久安。

· 汉字寻趣 ·

猜谜语

谜面：春节三日，人人团聚（打一字）

谜底：众

【解析】前半句中的"春"字去掉"三"和"日"，剩下一个"人"字，后半句"人人团聚"中有两个"人"，三个人合起来为"众"字。

dà 大 张开四肢，健壮高大

甲骨文	金文	篆文	隶书	楷书	行书	草书
大	大	大	大	大	大	大

大 甲骨文像张开双臂、双腿，正面站立的大人形。

大 金文、大 篆文承续甲骨文字形。

· 字有乾坤 ·

大，象形字。

《说文·大部》："大，天大，地大，人亦大。故大象人形。"许慎借老子《道德经》的话来解读"大"。《道德经》说："故道大，天大，地大，人亦大。"老子在这里讲了四个"大"，人与道、天、地同大，充分肯定了人类价值的崇高，为人向道的发展和自我提升提供了理论依据。之所以讲"人亦大"，这是因为"人为万物之灵"，大者高而无上，多而无补，无所不容。大与小是相比较而言的。

"大"的本义指在面积、体积、数量、力量、强度等方面超过比较的对象，如鸭蛋比鸡蛋大。有时又表示大的程度、深度：野象比牛大多了，大热天来了等等。"大"也表示程度深，如成语"大智若愚，大勇若怯"。"大"由人体高大引申为"年龄大"和"品德高尚"。如：尊姓大名，他家大人坐在中堂。《左传·僖公三十二年》："吾且不以一眚掩大德。" 眚（shěng），原指眼睛生翳（yì），引申指过错，就是说不以一个小小的过错掩盖高尚的品德。

上古时，大与太是没有分别的，"太初""太庙"在古代叫"大初""大庙"，后来产生"太"字之后，这一意义就从"大"字中独立出来了。由这一意义发展而来，"大"字还有超过的意思。如《战国策·秦策》"亦无大大王"，意思是没有超过大王您的。

我国古代常常把贤德之人称之为"大人"。如有担当、有知识的人称为"士大夫"，有仁心仁术的医生称为"大夫"。怎样才能成为"大人"呢？孟子在《孟子·离娄篇下》中讲必须具备纯朴的"赤子之心"和善于适应变化。他说："大人者，不失其赤子之心者也。"即有贤德的人，不会失去如婴儿般赤诚、纯朴的心。他又说："大人者，言不必信，行不必果，惟义所在。"意思是说，贤德的人，说话不一定都兑现，做事不一定有结果，但是全部以道义为依归。"义"在这里指"宜"，这就是适宜，在遵循道义的前提下，适应事物的发展变化，通权达变，这就是今天我们常说的"善意的谎言"。

"大"字是我们今天修身养性的常用字。比如我们在立志上，要立大志，有志之人立长志，无志之人常立志；在气量上，要有大气量，正如有一句格言所说的："大其心，容天下之物，虚其心，爱天下之善。"心大了，事就小了；在事业上，要做大事，不要一心只想做大官，踏踏实实做好每一件事。

由"大"字组成的字，也充满着哲理。"达"字，从大，从足，寓意要成为一个顶天立地的大人，必须拥有通达的心胸和大量的气度。正如"有容乃大，无欲则刚""有容者""大家风度，虚怀若谷"，什么都能包容，大也。"夹"字，由"大"字左右两个"人"字挟持着会意，受夹往往是来自上下。或左右的压制。"夸"字，原意为张开两大腿，今天从大、从亏字去解读，可以理解为夸夸其谈，整天说"大话"的人，最后都以吃夸而告终。"尖"字，形象地描述了事物的样子，上"小"下"大"为"尖"。这些充分体现了古人造字的智慧。

· 🌿 汉字之树 ·

汉字寻趣

大小多少

有一年夏天，天气炎热，骄阳似火。有两个小官吏下乡征粮，一个打着伞，一个摇着扇子，后面跟着个农夫，一道行走。小吏想为难一下农夫，想看看农夫如何出丑。于是，用"大"和"小"字来形容手中的用具。

打伞的小吏说：

伞撑开来大，收起来小，

雨天用得多，晴天用得少。

摇扇的小吏也跟着说：

扇子打开来大，收起来小。

夏天用得多，冬天用得少。

农夫接口道：

谁知你们在百姓面前大，

在上司面前小，天天吃得多，日日做得少。

两个小官吏听后面红耳赤，万分羞愧，本想愚弄他人，谁知聪明反被聪明误，受到了农夫的一番羞辱。

天 〉头顶天空，人上为天

· 前生今世 ·

甲骨文	金文	篆文	隶书	楷书	行书	草书
夨	夫	兲	天	天	天	乁

夨 甲骨文是在一个正面站立的"人"上加一方框符号，表示人头顶上的空间。

夫 金文是一个突出头部形象的正面站立的人形，后来将头简化为一横。

兲 篆书整齐化。

· 字有乾坤 ·

天，指事字。

《说文·一部》："天，颠也。至高无上，从一、大。"意思是说：天，人的头顶。至高无上，字形由"一、大"会意。

本义指人的"头"或"头顶"。《山海经·海外西经》中有一个传说，古时候有一个叫刑天的人，与黄帝战斗，不敌，被砍掉了头。他蹲下身子，在地上到处摸寻，黄帝见此，劈开了常羊山，刑天的头就滚到那常羊山中间，山合上了，刑天再也没能找到自己的头。但他心有不甘站了起来，以乳为目，以脐为口，向着天空，呼号不止，挥舞着干戚，一直在战斗，直到力尽而亡。他虽战败，但不曾屈服，未曾妥协，这种向天呐喊、挥舞的姿态，表现了一种不屈不挠的精神。

由于"天"处于人的头顶，故"天"常用于指顶部的位置，如天桥、天路、天帝。"天"是人类生存的空间，广阔无垠。故人们常用"天下""天涯"表示共处于同一宇宙。如诸葛亮《出师表》："今天下三分。"唐朝白居易《琵琶行》："同是天涯沦落人，相逢何必曾相识。"

古人对"天"是非常崇拜的，对"天"作出了种种解读，概括起来有如下的含义：

一是指自然之"天"。"天"的本义是说天空、上天，"天"无比的空阔深邃。古人认为"天圆地方"，圆者，指天是旋转着的更大的天体，但又没有具体的形状，是一个大概念。一般泛指天空和浩瀚的宇宙。古代有一个神话传说，叫"盘古开天"，讲的是在混沌世界的人，盘古挥舞着斧头劈开了一个巨蛋，清气上升为天，浊气下降为地。《易经·象辞·乾卦》对"天"给予充满诗意的赞美："大哉乾元，万物资始，乃统天。云行雨施，品物流行。"意思是说：伟大啊，源于《乾》的刚阳之气！万物都从这里开始，它统领着大自然。云在天上行，雨往地下落，使万物都变化成各种形态。古人认为天是世间万物的主宰者，故"天"又经常用作表示时间单位，如一天、大后天；也表示时令，如春天、秋天。"天"又引申指自然的禀赋，天生的东西。如天资、天赋、天才等。天敌是指自然界中天生的专门捕食或危害另一种动物的动植物。如猫头鹰是老鼠的天敌。

我们在夸奖别人和其作品的时候往往用"天"：天造地设、天才、天然、天生、天资、天仙、国色天香等。中国人以天生的自然的东西为最美，老子说：天地有大美而不言。

二是指"义礼之天"或"道德的天"。由于"天"是公正无私的，我们把铁面无私的包拯称为"包青天"。又说："天网恢恢，疏而不漏"，指一个人假如做了坏事，最终都会得到天的惩罚。用"天理难容"指天不会放过对邪恶的处置。

三是指"命运之天"。指上天的意志或自己的命运。如"生死有命、富贵在天""谋事在人，成事在天"。人要活得成功，既靠自己的努力，也要靠老天的帮忙，即天时、地利、人和。《史记·项羽本纪》："此天之亡我，非战之罪也。"

四是指"意志之天"，指宗教中所说的有人格、有意志的"至上神"。如"天佑下民，作之君。"

"天"字内含了天、大、人三个字，"天人"合为一体，体现了中国的宇宙观、生态文明观，"天"字说透了人与自然的关系。天道、地道、人道是相互贯通的，人类要知天、顺天、敬天。孔子在《论语》中说"君子有三畏：畏天命，畏大人，畏圣人之言。"在他看来，天不仅是自然的天，还是有意志主宰人们命运的神。荀子在《荀子·天论》中说："天有其时，地有其财，人有其治，夫是之谓能参。"老子在《道德经》中说："人法地，地法天，天法道，道法自然。"他主张以人合天，以自然为师，顺应自然，达到"与天为一"的境界。

"天"字充满着人生哲理，它告诉我们治理国家必须以人为本。一个"天"字，人居中顶天，包含着"大"、"人"两个字，寓意以人为中心，顶天立地。人是万物之尺度，天是以人为本的，日夜的交替，使人既劳作，又能休息。四季的转换让人感受到春花秋月，夏暖冬凉。"天人合一"其核心在于"合"，《周易·文言传·乾卦》"夫'大人'者，与天地合其德，与日月合其明，与四时合其序，与鬼神合其吉凶。"意思是说：大人，要与天地的德行一致，与日月一样光明，与四时变化的顺序合拍，与鬼神一样能预告吉凶。

"天"字还告诉我们做人的道理，做人要顶天立地。"天"字是一个人脚踏实地，头顶蓝天，寓意人要有气节，不随波逐流，要有傲骨，但不要有傲气。

汉字寻趣

对诗放渔翁

有一年，名士徐文长泛舟西湖，见一小姑娘在小船上哭泣，经打听得知，她的船刚与太守的船相碰，太守无理蛮横，抓走她的父亲。徐文长抱不平，将船驶向太守大船，要求放回渔翁。

太守见来者秀才打扮。以作诗考之，如能作诗，便答应放回渔翁。徐文长气愤之极，一连说出七个"天"字，遂成一诗：

天天天天天天天，天子晏驾未经年。

山川草木皆成泪，太守西湖泛画船。

太守一听，大惊失色，连用七个"天"，表达了对太守所为天理难容的愤慨，太守知道理屈，便马上放了渔翁。

夫 fū

夫 长大成人，穿簪为夫

甲骨文	金文	篆文	隶书	楷书	行书	草书
夫	夫	夫	夫	夫	夫	夫

夫 甲骨文像站着的人形"大"，上面的一横"一"表示头发上插一根簪，古代男子二十岁行加冠礼，将头发束起来别上簪子，表示已经成人。

金文夫，篆文夫，承接甲骨文的字形。

· 字有乾坤 ·

夫，象形字。《说文·夫部》："夫，丈夫也。从大，一以象簪也。周制以八寸为尺，十尺为丈，人长八尺，故曰丈夫。""夫"的本义是成年男子的通称。《列子·汤问》"愚公移山"里有"遂率子孙荷担者三夫"，三夫，就是指三个成年的儿子。西汉贾谊《论积贮疏》："一夫不耕，或受之饥。""一夫"就一个成年的男子不劳动、耕作，必然受饥挨饿。又如"天下兴亡，匹夫有责"，匹夫就是指成年的男子汉。《礼记》对冠礼有专门的论述。《礼记·曲礼上第一》："人生十年曰幼，学；二十曰弱，冠。"意为男子十岁为幼，专业学习；二十岁为弱，举行加冠礼，表示成人。《礼记·冠义第四十三》："成人之者，将责成人礼焉也。"意思是说，加冠表示男子已经长大成人，必须承担社会责任。古代的冠礼有一套程式，《礼仪·士冠礼》说："令月吉日，始加元服。弃尔幼志，顺尔成德。寿考惟祺，介尔景福。"今天，我们在男女十八岁时举办成人礼，表示十八岁就称为公民，享有权利，又承担着义务。

男子成年都要娶妻生子，故"夫"引申指女子的配偶，如"夫妻反目"。"夫人"指丈夫的妻子，《乐府诗集·陌上桑》："使君自有妇，罗敷自有夫。""夫"指丈夫。在中国传统的家庭中，旧时称服劳役的人，也叫"夫"，如民夫，是指在民众中征调来做劳役的男人。"夫"引申做敬辞，称夫子，是古时候对男子的尊称，也用来称呼学者或老师。如：称孔丘为孔夫子。

"夫"字用得最多的是"大丈夫"，为人要有"大丈夫"的气概和豪情，有担当、有作为，《论语》记载："夫子自道有三德：'一曰仁，不忧；二曰知，不惑；三曰勇，不惧。'"孔子主张，大丈夫要有仁、智、勇三德。

"夫"也常用于作为语气助词，孔子感叹时光的流逝，说："逝者如斯夫，不舍昼夜。"由"夫"字组成的"字"有几个："扶"（bān），表示两夫肩并肩地行走，是伴侣之伴；"伕"，专指从事体力劳动的人，如排伕、火伕、轿伕；"规"，指用法度对"夫"进行约束，这个约束就要用看得见的法度加以规范。

· ☘ 汉字之树 ·

· 汉字寻趣 ·

宋代李禺写了首《两相思》回文诗，正读是思妻，倒读就变成了思夫，令人叹服：

思妻诗

枯眼望遥山隔水，往来曾见几心知。
壶空怕酌一杯酒，笔下难成和韵诗。
途路阻人离别久，讯音无雁寄回迟。
孤灯夜守长寥寂，夫忆妻兮父忆儿。

思夫诗

儿忆父兮妻忆**夫**，寂寥长守夜灯孤。

迟回寄雁无音讯，久别离人阻路途。

诗韵和成难下笔，酒杯一酌怕空壶。

知心几见曾来往，水隔山遥望眼枯。

　　这首回文诗充满着了夫妻相互思念的深情，更难得的是上下两首诗都能押韵，实属不易。

yāo

夭 > 婀娜起舞，逃之夭夭

甲骨文	金文	篆文	隶书	楷书	行书	草书
夭	夭	夭	夭	夭	夭	夭

夭 甲骨文像人奔跑时两手摆动的状态。

夭 金文与甲骨文大体相同。

夭 小篆其身屈首，变为婀娜起舞之姿。

字有乾坤

夭，象形字，异体字为"妖"。夭，最初的字形以人的双手上下挥舞、摇头晃脑表示人的奔跑行走之姿，本义为摆袖屈首、婀娜多姿，引申表示姿态轻盈娇媚，如"佼人燎兮，舒夭绍兮。"

《说文·夭部》："夭，屈也。从大，象形。"屈指摧折。像尚未结果的花，被摧残而凋谢了。故此，常被引申用来指"夭"是人还没有长大就死了，寓意早夭、夭亡。《诗经·小雅·正月》："民今之无禄，夭夭是椓。"意思是说百姓不幸，饱受夭灾，像花儿早早被摧折了。少壮而死，曰夭。"寿夭贫富"就是指长寿、短命、贫贱、富贵四种人生际遇。

"夭"字的字形，像"天"字变形，天上一横倾斜了，意味着天塌下来了，万物夭亡。清代段玉裁《说文解字注》："夭，少也。""夭"除了夭亡之义，还有"物初长者，尚屈而未申"之义。

"夭"也用于形容"草木茁壮成长"，如《尚书·禹贡》："厥草惟夭，厥木惟乔。"

"夭"也用于形容行动斯文和舒，如《论语·述而》："子之燕居，申申如也，夭夭如也。"意思是说，孔子闲居家里，衣冠楚楚，仪态平和，悠闲自在。

异体字"妖"，从歹。"歹"为不好的、坏的，强调了夭亡是一件坏事，是对亲人的沉重打击。

由"夭"字组成的字，有"妖"，从女、从夭，指打扮得妖艳，用姿色迷人的女子叫"妖精"；"乔"是指高而曲的树木。

· 汉字之树 ·

· 汉字寻趣 ·

猜谜语

谜面：天倾西北（打一字）

谜底：夭

【解析】"天"字最上面一横向西北倾斜，即由一横"一"变为一撇"丿"，组成新字，即为"夭"字。

立 人站大地，顶天立地

甲骨文	金文	篆文	隶书	楷书	行书	草书
𡗠	𡗠	𡗠	立	立	立	立

🔸 甲骨文像一个人两只手、两只脚分开正面站在地上，人脚下的一条横线表示地面。既表示站立，也表示站立的地方。

🔸 金文上面的人形更为逼真。

🔸 篆文站着的人形写成介。

🔸 隶书的写法彻底失去人形。

· 字有乾坤 ·

立，会意字。《说文·立部》："立，住也。从大，立一之上。"本义为站立不动。甲骨文、金文在"大"的下面加一横，表示立于"一"之上。

"立"的本义是站立，站得正、站得直。如《庄子·内篇·养生主》里面提到的庖丁解牛的情景"提刀而立，为之四顾，为之踌躇满志"，是说庖丁解牛之后，神情愉快地昂首站立。"立"字由"站"引申"竖立""竖起"。如立竿见影：把竹竿竖起来，竿的影子就出现了。"站"还引申为"成立""设立""建立"，如建立邦交关系，成立人民政府。"立"又引申出存在、生存、独立的含义，如"三十而立。""立"还表示时间短暂，如立刻、立即、立马就走。

"立"字是一个常用字，充满着人生哲理，告诉我们如下的道理：

第一，人生的价值在于立德、立功、立言"三不朽"。《左传·襄公二十四年》："太上有立德，其次有立功，其次有立言，虽久不废，此之谓不朽。""三立"可以说是人生的最高目标，也可以说是成功人生的"三部曲"，即修养完美的道德品行，建立伟大的功勋业绩，确立独到的学说。一言以概之，就是做好人、干好事、创学派。当然，这个要求很高，大多数人无法达到的，但是，努力争取达到一个也是不错的。

第二，人生的成功在于自立、自强。"立"字音通"力"，表示一个人站立，必须靠自己的力量自力更生、自食其力。打铁还需自身硬，一个人要有成就，一靠自立，二靠他力，三靠天命。《论语·为政篇》中有夫子自道："吾十有五而志于学，三十而立。"孔子说："我十五岁时，立志于学习，三十岁时，可以自立，独立处世。""立"在这里是指成家立业，三十岁的时候，应该确立自己的人生目标，职业理想，成熟的技能，组成了家庭，已经能够独立生活，独立工作，不依赖父母的庇护。

第三，人生的境界在于为"天地立心"。宋代大儒张载说："为天地立心，为生民立命，为往圣继绝学，为万世开太平。"这四句话激励了一代又一代追求远大理想的中国人。在这"四句话"中最有气魄而又最难理解的是"为天立心"。古往今来，许多学者都作了各种各样的解读，儒家认为是"立"仁爱之心，儒家认为要立"慈善之心"，道家则认为应"立"虚空清静之心。总之，"立"什么样的心，具有广阔的解释空间，不过，这折射出不同时代、不同社会阶层的中国人对自我和社会的期许，可以作为修身养性的动力。

第四，人生的待人态度"立正"。"立"字的字形就像一个人双脚合拢，身体呈上耸之势，表示神情敬肃，如立正状。"立"表现了一个人的仪表和待人的态度。老一辈的人常常教育孩子要"站有站相，坐要有坐相。"《礼记·曲礼》对人的站姿作了很具体的规范，《礼记·曲礼》说："立必正方，不倾听。"意为站立是要端端正正，不斜着身子听讲。贾谊在《新书·容经》中要求"立"，要有"四种"姿态，即"体不摇肘曰经立，因以微磬曰恭立，因以磬折曰肃立，因以垂佩曰卑立。"

由"立"字组成的字还是不少的，大概可以分为几类：一是表示"立"的姿势，如"竖"指直立，与"横"立相对。"站"是并肩而立。"站"指直立不动；二是表示"立"的神态，如"端"，指端正、端庄。"竦"（sǒng）指肃敬。"靖"指停立时仪容安静。三是表示"立"的境界，如"位"，这是指人所处的位置。一个人要立德、立功、立言，必须先需做人。同时，又表示了一个人要找准自己的"方位"、"位置"，才能有为有位。

· 汉字寻趣 ·

成语接龙

立身处世→世风日下→下里巴人→人走楼空→空穴来风→风急浪高→高山仰止→止暴禁非→非诚勿扰→扰乱人心→心高气傲→傲然屹立

令 lìng

持节发号，下达命令

· 前生今世 ·

甲骨文	金文	篆文	隶书	楷书	行书	草书
𝌆	𝍖	令	令	令	令	令

𝌆 甲骨文，上半部分"𝌆"为木铎形，即铃，下半部分"𝍖"为跪着听候命令的人，古代振铎以发号令，会向人发出命令之意。

𝍖 金文承续甲骨文字形。当"令"成为常规名词后，金文再加"口"另造"命"代替其动词功能。

令 篆文将金文字形中的跪着的人形𝍖写成"卩"𝍖。

令 隶书将篆文字形中的 𝌆 写成"人"加一点的 𝌆，将篆文字形中的𝍖写成𝍖，至此"令"的"口"形和"人"形消失。

· 字有乾坤 ·

令，会意字。《说文·卩部》："令，发号也。"本义为发布命令。如《诗经·齐风》："倒之颠之，自公令之。"《孟子·离娄上》："既不能令，又不受命。"

"令"字非常形象地描写了古代将帅对下属发号施令的状态。"令"字从"卩"，古字像一个跪着的人，听从调遣，表示顺从、遵从。徐灏《段注笺》："合者，持节以号召于人也。故从卩，从亼。亼者，集也。"古代发布命令，将领持节，即用兵符调兵遣将，下属则跪伏以听，一只脚屈膝，一只脚跪地，表示恭敬听命。为此，令，是上对下有所指示，指命令、军令、法令等。《诗·齐风·东方未明》："东方未晞，颠倒衣裳。倒之颠之，自公令之。"天还未亮，我便颠颠倒倒穿衣服，齐公的命令让我紧张。"朝令夕改"是早上发布的命令，到了晚间就有所改动，形容命令或制度时常更改，十分不稳定，让人无所适从，亦说"朝令暮改"。

"令"是古代官名。战国、秦汉时，县的行政长官称"令长"；大县称"令"，小县称"长"；隋唐以后皆称"令"；宋代虽置县令，但由知县理县事；明清改称知县。历代中央最高级机构的主官亦有称令者，如中书令、尚书令。

令，本义是发布命令，即上对下有所指示，是个动词，如命令、军令、法令、酒令等。"令"也有使动之义，如"令人兴奋"。

令，引申为表示美好、敬称。如：令尊、令堂、令郎、令爱。

古人认为，天的运行有其节律，人应根据时序的变化行事，各有所禁止，以顺应时节的变化，这就叫时令，故令又引申指时节、时令，如春令、夏令等。

"行令饮酒"是中国一种酒席文化，是酒席上的一种助兴游戏，一般是指席间推举一人为令官，其他人听令轮流作诗词、联语或其他类似游戏，违令的人或负者就罚饮。

我们可以从"令"字看到发号施令者的"神气""威风"，其次，我们也要看到发号施令者必须有德行、有能力，不但要运筹帷幄，精心谋划，而且要身先士卒，率先垂范。《论语·子路》中孔子说："其身正，不令而行；其身不正，虽令不从。"意思是说，作为领袖自身行为端正，就是不下命令，百姓也会行动起来；如果他自身行为不端正，即使三令五申，百姓也不会听从。这就是要求身处高位的人，要率先做出表率，正如打仗一样，变"给我上"为"跟我上"。

"令"字也很形象地揭示了今天的努力和明天的收获是成正比的。"令"字可以拆分为"今""人"一点，寓意只有今天努力一点，才有资本明天对他人发号施令。

由"令"字组成的"字"，大致有几类：一是对用品，如"铃"，是指用金属制作而成的摇铃；二是指声音，如"玲"，指玉石相击发出的清脆声；"聆"，指用耳朵细心倾听；三是指引导，如"领"，"页"为头，有头脑的人可以成为领导。

· ❀ 汉字之树 ·

聆
囹 怜
岭 邻
翎 领 玲
命 呤

立

汉字寻趣

飞花令

飞花令，原本是古人行酒令时的一个文字游戏，源自古人的诗词之趣，得名于唐代诗人韩翃《寒食》中的名句"春城无处不飞花"。古代的飞花令要求，对令人所对出的诗句要和行令人吟出的诗句格律一致，而且规定好的字出现的位置同样有着严格的要求。这些诗可背诵前人诗句，也可临场现作。

行飞花令时可选用诗词曲中的句子，但选择的句子一般不超过七个字。比如说，酒宴上甲说一句第一字带有"花"的诗词，如"花近高楼伤客心"；乙要接续第二字带"花"的诗句，如"落花时节又逢君"；丙可接"春江花朝秋月夜"，"花"在第三字位置上；丁接"人面桃花相映红"，"花"在第四字位置上；接着可以是"不知近水花先发""出门俱是看花人""霜叶红于二月花"等，到花在第七个字位置上则一轮完成，可继续循环下去。行令人一个接一个，当作不出诗、背不出诗或作错、背错时，由酒令官命令其喝酒。

例如：

甲：花自飘零水自流，

乙：稻花香里说丰年，

丙：云鬓花颜金步摇，

丁：映日荷花别样红，

戊：东风夜放花千树，

己：东风无力百花残，

庚：隔江犹唱后庭花。

命 阴阳和合，有节成命

· 前生今世 ·

甲骨文	金文	篆文	隶书	楷书	行书	草书
命	命	命	命	命	命	命

命 甲骨文字形命与令是同一个字。从 Ａ（木铎）从 ≥（跪人），古代振铎以发号令，会向人发出命令之意。

命 金文加一口字，以强调命令之意。

篆文命整齐化，命与令分为两个字。命与令的区别，《增韵》里也写道："大曰命，小曰令，上出为命，下禀为令。"

· 字有乾坤 ·

命，会意字。《说文·口部》"命，使也。从口，从令。"本义为差遣。《列子·汤问》："命夸娥氏二子负二山。"意思是说，上帝号令，派夸娥氏的两个儿子背走两座山。

"命"又指生命、性命。如《周礼》"掌王后之命"。

古人认为人生下来就有注定的贫富、寿数等。"命"引申为天命、命相、命运。《史记·李将军列传》："岂吾相不当侯邪？且固命也？"命数就是命运，指预先注定的事情的进程，泛指人的生死、贫富和一切遭遇，都是老天注定的。"命"又引申为：奉命、遵命、使命等等。"命"还有给予（名称等）、拿起的涵义，如：命名、命题、命笔……

人的生命是什么？今天科学还不能作出精确的回答。我国古代则通过汉字作了朴素的解答。

首先，"命"字告诉我们生命的来源。"命"由"人"、"合"组成，意为阴阳交合，即男女异性交合，精子和卵子的结合，从此产生了生命。从生物学的意义上看，有"性"才有"命"，命是男女的欲望，性的行为和性的结果，所以才有生命之说。古人认为生命是大自然的产物，足数则生，增数则长，减数则衰，尽数则亡。

其次，"命"字告诉我们命为天命。"命"音通"冥"，冥冥之中自有定数。"命"字，带着天赋的人性，从一，合成一气，有气则成命，地赋人命，从口，口吃五谷，获得地气。父母赋身，即阴阳交合，合成一口人。命包含着人性心身的信息，冥冥之中都是天的安排。《论语·颜渊》中孔子说："死生有命，富贵在天。"即生死各有命运，富贵由天安排。孔子在这里不是提倡"宿命论"，而是要求"乐知天命，顺其自然"，是一种豁达的人生态度。事实上"命"不能改变，"运"则是通过自身的努力可以改变的。既要"安命"，对先天的命运安之若素，又要勇于"革命"，通过自身的努力改变自己的命运。

再次，"命"字告诉我们生命长度的延长必须节欲。"命"字从口，口为食，从卩（节）即节制，表示生命的成长和延长需要饮食和节欲，否则会短寿。

· 汉字寻趣 ·

考考你，命令在古代还有哪些说法？

1.古代帝王的命令（　　）

2.帝王所发布的文书命令（　　）

3.上级对下级的命令（　　）

4.聚集众人发布的命令（　　）

5.古代帝王对臣下封土、授爵、免官（　　）

6.古代帝王对臣子的命令（　　）

（答案：1. 制；2. 诏；3. 命；4. 令；5. 策；6. 诰。）

qǐ

企 止于人下，踮足企望

· 前生今世 ·

甲骨文	金文	篆文	隶书	楷书	行书	草书
🦶	🦶	🦶	企	企	企	仚

🦶 甲骨文，从人、从止（脚），会人踮起脚跟远望之意。
🦶 篆文，基本承续甲骨文的字形。

· 字有乾坤 ·

企，形声字。《说文·人部》："企，举踵也。从人，止声。🦶，古文企从足。"意思是企，踮起脚跟。字形采用"足"作偏旁，采用"止"作声旁。🦶 这是古文写法的"企"字，字形采用"足"作偏旁。

"企"的本义就是踮起后脚跟，如"企者不立，跨者不行"。《山海经》："有企踵国。其人足跟不着地。"现在多引申用为"盼望"的意思：如"日夜企而望归"。"企盼"是指盼望达到。"企足而待"是说迫切期待。"企及"就是盼望赶上。

"企"有引申为希求、企及。"企及"表示盼望赶上，希望自己能达到更高的层次。《新唐书·文艺传·王勃》："勃文章宏放，非常人所及，炯、照邻可以企之。"王勃的文章风格意旨宏放开阔，非常人所能比，只有杨炯和卢照邻可以企及。

"企"字今天用得最多的是"企业"，企业是指开展生产、经营和流通业务，向社会提供产品的部门。"企"字揭示了企业生长、发展之道。"企"字上"人"下"止"，寓意企业要发展必须以人为上，以人为本，延揽人才，用好人才，人尽其才，留住人才，是企业发展的先决条件；开发人才，发现人才，挖掘人才，培养人才，是企业发展的重要保证。"企"下为"止"，意为企业必须脚踏实地，一步一个脚印，实实在在，才能稳步发展。

"企"字蕴含着为人处世的道理：一是企望必须脚踏实地，不能好高骛远，不切实际，我们所确定的目标，必须是踮起脚跟或跳起来就能达到，不能高不可攀；

二是企望必须适可而止。"企"从人，从止，止就是知止不殆，过高的期望会变成奢望，会带来无穷的烦恼，甚至会使人陷进迷途；三是必须遵循契约精神。"企"音通"契"。待人处世也好，办企业也好，必须有契约精神，讲诚信，这样，才能行得正，走得稳。

· 汉字寻趣 ·

成语接龙

一二三四玩法：四个成语，第一个成语的第一个字，第二个成语的第二个字，第三个成语的第三个字，第四个成语的第四个字相一致，接第一个成语的第二个字。

别有企图→区别对待→琵琶别弄→依依惜别

仄

zè

人侧身斜，心中不安

甲骨文	金文	篆文	隶书	楷书	行书	草书
𠆢		仄	仄	仄	仄	仄

𠆢 甲骨文像一个人挤在狭小的空间里只好弯着腰歪着头。

仄 篆书基本承续甲骨文的字形。

字有乾坤

仄，象形字。《说文·厂部》："仄，倾侧也，从人，在厂下。"意思是说：仄就是像人在山崖之下，扭着脖子让身子向一侧倾斜，本义为倾斜。如"日极则仄，月满则亏"。是说太阳过了正午就倾斜了，《后汉书·光武纪》："每旦视朝，日仄乃罢。"多用于形容空间狭窄，让人很不舒服、不能得到舒展。逼仄一词就是这个意思。另外，它还由这个意义引申出了局促、紧张、不安的意思，如"每进一说，愧仄愈增"。

由于"仄"字形容人处于山崖之下，故表示低下。明扬仄陋，指明察荐举那些出身卑贱而德才兼备的人。"仄陋"是指地位低微而有品德才干的人。例如，曹操在赤壁被打败后，痛定思痛，在建安十五年春，下了《求贤令》，说："今天下还未安定，正是国家求贤最紧急的时候……你们要帮助我"明扬仄陋，唯才是举"。

中国的诗词要求押韵，平仄和对仗。平即是平声，仄则是汉语中的上、去、入声。现代普通话里的"四声"为阴平、阳平、上声、去声。平声为一、二声，仄声为三、四声，平仄的运用要求句内平仄相间，联内平仄相对，联间平仄相粘，如"栏杆拍遍""落日楼头"分别是"平平平仄""仄仄平平"，仄常用于指声调中的平仄，仄声是汉语声调上、去、入三声的合称，如通篇平声，贵飞扬；通篇仄韵，贵矫健。通常仄声发音较短。平仄在诗词中是怎样交错出现的，我们可以概括为两句话：

（1）平仄在本句中是交替的；

（2）平仄在对句中是对立的。

这种平仄规则在律诗中表现得特别明显。

例如毛主席《长征》诗的第五、六两句：

金沙水拍云崖暖，大渡桥横铁索寒。

这两句诗的平仄是：

平平｜仄仄｜平平｜仄，仄仄｜平平｜仄仄｜平。

就本句来说，每两个字一个节奏。平起句平平后面跟着的是仄仄，仄仄后面跟着的是平平，最后一个是仄。仄起句仄仄后面跟着的是平平，平平后面跟着的是仄仄，最后一个是平。这就是交替。就对句来说，"金沙"对"大渡"，是平平对仄仄，"水拍"对"桥横"，是仄仄对平平，"云崖"对"铁索"，是平平对仄仄，"暖"对"寒"，是仄对平。这就是对立。

🟫 汉字寻趣 ·

绕口令

中国话

扁担宽，板凳长，

扁担想绑在板凳上，

伦敦玛莉莲，买了件旗袍送妈妈，

莫斯科的夫司基，爱上牛肉面疙瘩，

各种颜色的皮肤，各种颜色的头发，

嘴里念的说的开始流行中国话，

多少年我们苦练英文发音和文法，

这几年换他们卷着舌头学平上去入的变化，

平平仄仄平平仄，

好聪明的中国人，好优美的中国话。

běi

北 二人相背，天南地北

甲骨文	金文	篆文	隶书	楷书	行书	草书
扒	扒	𠈈	北	北	北	𠬝

扒甲骨文，像一个朝左的人"⺈"与一个朝右的人"𠄌"背靠背，朝相反方向站立的样子，会背离之意。

扒金文，𠈈篆文，承续甲骨文字形。

字有乾坤

北，象形字。《说文·北部》："北，乖也。从二人，相背。""乖"就是违背的意思。北，以二人背对背，表示两人相逆反，相违背。如《战国策·齐策六》"士无反北之心"，其中的"反北"，就是反背，造反逃离的意思。"北"是"背"的本字。后来，用"背"表示违背，而"北"主要用于表示方位，如东西南北。"北"后借为方位词。东南西北、北面南面、向北，北行等。"北"在现代组词不少，大家最熟悉的是"北京"，北京是中华人民共和国首都。中国有个宋代，宋代分北宋、南宋。北宋时期，中国的文化艺术特别发达。北宋的诗词、陶瓷、绘画、书法，直到今天都令人叹为观止。"北"字的词语还用于指天文中的位置，如北极、北斗等。

《孙子兵法》讲用兵之法，说"佯北勿从"，意思是说对于假装败逃的敌人，不要盲目追击。北，在这里是败逃的敌人的意思。除此之外，古人还常常将打败仗称作败北。不称败南或败东、败西，单单称败北，是因为"北"字最初的意思，是相背。

甲骨文中的"北"，是两个人背靠背站立着，即"背"的初文，不过由于读音相近，甲骨文中就将其假借作为南北之北，而另造了"背"来表示其本义。虽然北被用来做方位名词，但其字形所包含的意义，仍然遗留在它身上。所谓"败北"是打不过人家，转身逃走，这时逃走的人是背对着追赶的人的，于是，北就有了败逃的意思。《韩非子·五蠹》："鲁人从君战，三战三北。"汉贾谊《过秦论》：

"追亡逐北，伏尸百万。"

与南相对，这是北最为常用的意义。北边有什么？古人所能想到的北方最远的大海，叫做北冥。它无边无际，深不见底，或许连太阳都照射不到，但在它的怀里，却孕育了一条名叫鲲的大鱼，几千里大，能化而为鹏。唯其深广旷远能成鲲之大，唯有深厚的土壤，才能养育一个伟大的民族。

江水长，秋草黄，心中是北方家乡。秋风乍起，大雁飞，而春风送暖，它们又飞回北方，年年岁岁如此。长途的跋涉似乎从未阻拦它们，因为大雁北归，是回到了故乡。

越鸟南翔，鸿雁北归，两乡云路各言归，人生亦是如此：怀念故土，思念家乡，东西南北，吾心安处是吾家。"北"虽然身是相背的，心却一直向着家的方向。

· 汉字寻趣 ·

东南西北

制作方法：取一张正方形纸，左右对折一次然后展开，再上下对折一次然后展开，这样形成一个"田"字形，中间有两条折痕。将正方形纸的四个角对折进去，在中心点汇拢，形成一个新的正方形。然后整个翻过来，再将四个角对折进去，在中心点汇拢，这时候应该有八个小三角形两两拼成一个大三角形。接着用笔在这八个三角形上从外边到中心分别写上一个词，如仙女、妖精、孙悟空、猪八戒、傻瓜、聪明、农民、皇帝等（褒义、贬义词混搭），最后在四个正方形上顺序写上"东""南""西""北"四个字，将东南西北所在的四个正方形保持展开，四个手指就可以套在展开的正方形下，制作完成（如下图）。

jiè

介 人披鳞甲，耿介正直

甲骨文	金文	篆文	隶书	楷书	行书	草书
𠆦	𠆦	𠆦	夵	介	夯	勹

𠆦 甲骨文，在"人"𠆦的四周加四点指事符号 ⍮⍮，表示人的腿足陷入泥沼之中，两根会意，以人的两腿分跨两处，表示介入两处之义。

𠆦 金文、𠆦 篆文，承续甲骨文字形，把四点写成两点。

· 字有乾坤 ·

介，象形字。《说文·八部》："介，画也。从八，从人。人各有介。"意思是说介，画界。字形采用"八、人"会义，表示人们各守自己的分界。

"介"字又像人披甲的形状，故"介"好指穿着铠甲的人。如介胄（铠甲与头盔、披甲戴盔）、介马（披甲的战马）。《史记·老庄申韩列传》："急则用介胄之士。"介胄之士就是武士。如：介士是指穿着甲胄的兵士，介卒就是穿着铠甲的士卒。

由于人披甲护身，甲在外，身在内，故引申指夹在中间，间隔，如"介居二大国之间""道里辽远，人物介绝"。

甲衣通常是武士穿着用于打仗，故"介"又引申出耿直独立、品行卓越的涵义，耿介之士，即指有骨气的耿直的士人。介虫指有甲壳的昆虫。

由于"介"有居中传言之意，又引申出"媒介"，现代社会我们几乎都与大众媒介打交道，我们的日常生活已经离不开"媒介"。

由"介"字组成的字挺有意思，如"价"，可以理解为一个品行卓越、有操守的人，人生才有价值；"芥"，如细小的草，象草芥一样不起眼；"界"，是田地里的边界；"阶"是人们向上走的台阶；"尬"则是处境难堪之状的"尴尬"。

· 汉字之树 ·

界
价
芥
阶 尬 蚧
介

· 汉字寻趣 ·

成语接龙

比翼双飞玩法：四个成语，第一个成语的字头和第二个成语的字尾一致，第二个成语的字头和第三个成语的字尾一致，第三个成语的字头和第四个成语的字尾一致，接第一个成语的第二个字。

煞有介事→凶神恶煞→趋吉避凶→画地而趋

二　首字族

shǒu

首 有发有眼，面部为首

· 前生今世 ·

甲骨文	金文	篆文	隶书	楷书	行书	草书
岀	岚	闉		首	首	乡

岀甲骨文以简单的线条描绘出人的头和头发。

岚金文上面是头发和头皮，用以表示头盖；下面是眼睛，用以代表面部。

闉篆书，上面为头发，下面闄为头部，即页字上半部分之形。

· 字有乾坤 ·

首，象形字。《说文.首部》："首，闄同，古文闄也。巛象发，谓之鬈，鬈即巛也。凡闄之属皆从闄。"意思是说：首，与百字同。是百的古文。巛象征头发，发又叫做鬈，鬈就是巛字。凡是首的即属都从首。

"首"的本义是指头、头面。从文字的演变和许慎的解说，我们知道首就是指人的头，屈原的《九歌·国殇》："首身离兮心不惩。"首身离兮就是头首和身体分离了。

"首"由人的头，引申指领袖、领导，在一群人中对有地位、有权威的人叫"首领"，在一个国家里最高的领导人叫"元首"，在一个部队里高级的指挥官叫"首长"。

由于"首"处于人的最高处引申出开端、最早、第一、最重要的含义。如"夫礼者，忠信之薄而乱之首。""求治之道，首于用贤""首领""首次""首届""首倡""首要""首当其冲""首屈一指"等。

我们答应人家的事，通常用"点头"表示同意，故"首"，也表示赞成，如"首肯"。

古代通缉坏人，张贴告示，告示上通常有疑犯的"人头像"，以方便人举报。故引申出告发之意，如出首、自首。

我们计算人的数量通常点人头，故"首"也可作为量词，如一首诗、三首歌。

鲁迅先生有两句勉励自己的诗："横眉冷对千夫指，俯首甘为孺子牛。"表达了他对敌人怒目而视，决不屈服，即使受到他人的指责也不在乎。俯首，是低头，这就是对人民大众甘心像牛一样俯首听命，体现了他的为民情怀和爱憎分明。

由"首"字组成的"字"不多，大多与道路有关，一个是"道"，寓意走正确的道路，必须有英明的首领的指引；另一个"馗"，指四通八达的大道。

下面，让我们朗读"首"字族的歌诀：

有发有眼，面部为首。（首）

脑想足行，行走大道。（道）

九达之道，钟馗捉鬼。（馗）

❀ 汉字之树

▨ 汉字寻趣

成语接龙

浪子回头：四个成语，第一个成语的字尾和第二个成语的字头一致，第二个成语的字尾和第三个成语的字头一致，第三个成语的字尾和第四个成语的字头一致，第四个成语的字尾和第一个成语的字头一致。

首当其冲→冲口而出→出鬼入神→神龙见首

dào

道 脑想足行，行走大道

· 前生今世 ·

甲骨文	金文	篆文	隶书	楷书	行书	草书
𣥂	𧗢	𧗢	道	道	道	道

𣥂 甲骨文从行 𠀹，表示四通的大路，从人 𠂊，表示行走者，描绘了一个人脚踩在十字大道上，意为一个人行走在路上。

𧗢 金文用"首"和"止"𧗢 代替甲骨文字形中的"人"𠂊，"首" 𦣻 表示动脑筋，"止" 𣥂 表示行走，𧗢 表示且思且行。有的金文 𧗢 用"又"𠂆（抓）代替"止"𣥂（行走），表示牵拉引路。有的金文 𧗢 用由"爪"𠂆（抓）、"又"𠂆（抓）、"曰"𠙴（说明）构成的 𧗢 代替 𧗢，强调"牵引、说明、向导"的含义。

𧗢 篆文，综合金文字形，省去"又"𠂆 和"曰"𠙴。隶变后楷书道将篆文字形中的"辵"𧗢 写成"走之底"辶；将篆文字形中的 𧗢 写成 首。

· 字有乾坤 ·

《说文·辵部》："道，所行道也"。"道"的本义是指路，方向，途径。比如道路、大道。《史记·陈涉世家》："会天大雨，道不通，度已失期。"道不通就是道路被堵塞了。成语"康庄大道""阳光大道""分道扬镳"都是取"道路"的本意。"道不拾遗"指无人捡取路上失物占为己有。形容民风淳朴，社会安宁。成语出自春秋时期，子产依法治国，制定公示了严厉的刑罚，惩治犯罪行为，国内大治，晚上睡觉也不用关门，反映了当时良好的治安环境和道德风尚。

"道"是人们行走的路径，故引申指"方法""法则"。朱熹在《四书集注·中庸》中讲："即以其人之道，还治其人之身。"意思是说，用那个人对别人的方法来对付那个人，也就是"以牙还牙，以眼还眼"。又如"门道""医道""老道"等。

"道"是给人走的，而人必须遵守一定的交通规则，为此，"道"也引申指"道理"。韩愈《师说》说："师者，所以传道、受业、解惑也。"韩愈说老师有三大使命：传授道理、教授学业，解答疑惑。

由"道理"这一意义又延伸指"道义""道德"。《孟子·公孙丑下》所谓"得道者多助,失道者寡助",意思是说,拥有道义的人得到的帮助就多,反之就很少。孟子主张"施仁政",讲的是以德服人,而不是靠武力去夺取天下。有一句俗话叫"魔高一尺,道高一丈"。"魔"指邪气,"道"指正气,表示邪不胜正,正义的力量必将战胜邪恶的力量。

"道"字用得最多的是指万物的本源及其运行规律,是中国道家特别推崇的一个哲学概念。老子写的《道德经》是我国古代哲学经典著作,这里讲的"道"是指自然宇宙的来源和根本规律,"德"是指认识这个根本规律,得到和掌握这个根本规律的方法、途径和结果。

"道"又引申为学术或宗教的思想体系,如:道家(指老庄等顺应自然的思想主张)、道教、道学、传道、修道,道观(guàn)、道士、道姑。

"道"还指一门专门的技巧和方法,如书法有书道,绘画有画道,"内行看门道,外行看热闹"。

"道"还引申为说、讲。如:道别、道乏、常言道。用语言来表示情意。如:道喜、道歉、道谢。"道"还作量词,如:一道彩虹,两道题目,上三道漆。又指线条,如:铅笔道儿。中国历史上行政区域的名称也曾叫"道",唐代的"道"即一个省。

"道"字包含着丰富的哲理:首先,世间本无路,道路是人蹈(走)出来的。道,从辵,这是指人的脚走出来的路子。世上本无路,只不过有人开山劈石,闯出一条路来,人越走越多,路就自然形成了。为此,我们要勇于探索,走前人没有走过的路子;其次,道,表示人们要在实践中循道而行。"道"是潜藏在宇宙、自然、社会、人类背后的看不见、摸不着的规律,但又是无时无处不起作用。顺道则昌,逆道则亡。智可通道;器用可达;人事之道;和而不同、共生共荣;圣哲之道;协和万物、独化高远;再次,道,要求我们选择一个正确的向导,即领袖。"道"字通"导",有英明的领路人,就会顺利、吉祥,反之就会遇到挫折,失败。

悟道、修道、成道是一生的一种高远的追求,《论语》中孔子及其弟子从不同的角度去讲"道",把"道"作为普遍真理,作为事物运动发展的规律,作为道德情操,作为人生正途。同时也提出了"道"的实践方法。第一,要执着地追求"道"。如《论语·述而篇》:"志于道,据于德,依于仁、游于艺。""志于道",就是立志追求真理,发现规律和人格的完善,这就是知"道"、悟"道";第二,要遵道、践道。《论语·里仁篇》:"子曰:朝闻道,夕死可矣。"早晨获得了真理,要我当晚死去也可以。孔子在这里要求"守死善道",即使付出生命的代价，也死而无憾；第三，要有刚毅的精神取"成道"。《论语·泰伯篇》曾子说："士不可以不弘毅，任重而道远。"有志之士不可以没有恢弘的气度和刚毅的性格，因为他承担着重任而路途遥远。"道"的实现必须经历一个漫长而又艰巨的过程，必须刚毅、坚持，持之以恒地努力，才能达到"成道"的目标。

🀄 汉字寻趣

绕口令

一个一个拾到（十道）黑

一道黑，两道黑，三四五六七道黑，八九道黑十道黑。

买个烟袋乌木杆儿，抓住两头一道黑。

二姐描眉去打鬓，照着个镜子两道黑。

粉皮墙写川字儿，横瞧竖瞧三道黑。

象牙的桌子乌木的腿儿，放在炕上四道黑。

买个小鸡不下蛋，圈在笼里捂到（五道）黑。

挺好的骡子不吃草，拉到街上遛到（六道）黑。

买了个小驴不拉磨，鞴上鞍鞯骑（七）到（道）黑。

姐俩南洼去割麦，丢了镰刀拔到（八道）黑。

月窠儿孩子得了疯病，尽点儿艾子灸到（九道）黑。

卖瓜子的没注意，唰啦撒了一大堆，笤帚簸箕不凑手，

一个一个拾到（十道）黑。

kuí

馗 九达之道，钟馗捉鬼

· 前生今世 ·

甲骨文	金文	篆文	隶书	楷书	行书	草书
		馗	馗	馗	馗	馗

馗 篆书，从九从首，表示九达之道。

· 字有乾坤 ·

馗，会意字。《说文·九部》"馗，九达道也。似鬼背，故谓之馗；馗，高也。"本义为九达之道。

道，表示道路多，纵横交织，四通八达。"九"为表示最大、数量大，古称中国为九州；"首"有方位、朝向、方向之意，也可看做"道"的省字，指道路。"九"首为"馗"，指通向全国各地的道路。"馗"指四通八达的大道，同"逵"。王粲《从军诗》："馆宅充廛里，女士满庄馗"。庄馗，指四通八达的大道。指店铺屋舍鳞次栉比，充满里巷之中；男男女女熙熙攘攘……"馗"还比喻路头多，词语"馗龙"即九头龙。用四通八达的道路比喻头很多。

"馗"的本义今已少见，人们多因钟馗而识"馗"字，钟馗是中国民间传说中驱鬼逐邪之神，是俗神信仰中最为人们熟悉的角色。贴于门户的是镇鬼克邪的门神，悬在中堂是去灾的灵符。所以，有一句俗话叫"为了捉鬼，借助钟馗"。

· 汉字寻趣 ·

猜谜语

谜面：钟馗来也（打一成语）

谜底：神出鬼没

【解析】"钟馗"是捉鬼的神，钟馗一出来，小鬼们全完蛋。

三　毛字族

máo

毛 〉鸟兽之尾，有毛丛生

甲骨文	金文	篆文	隶书	楷书	行书	草书
	𡳿	𣬚	毛	毛	毛	毛

𡳿 金文，像是在土地 ♦（土）上长出枝蔓茂盛的草 𣬕（两个"屮"，即"丰"）。有的金文 𣬚 和篆文 𣬚 省去了"土"。

毛 隶书，变形较大，从此不见"屮"（草）形。

· 字有乾坤 ·

《说文·毛部》："毛，眉发之属及兽毛也，凡毛之属皆从毛。"毛字的本义是指人须发之类及禽兽的毛，从"毛"的字大都与毛发有关，如毡、毫、毯等。

由于"毛发"是细小的，故由毛引申出表面、细小、未经加工的、粗糙的等含义；植物皮上的丝状物也称毛。

"毛"可指人的须发，如"鬓毛""眉毛"。俗话说："嘴上没毛，办事不牢。"意思是没有经验的年轻人办事不牢靠。其中的"毛"即指胡须。唐代贺知章《回乡偶书》："少小离家老大回，乡音无改鬓毛衰。"这里的"毛"即指人的鬓发。

动物的毛都长在皮上，故"毛"亦指带毛的兽皮。带毛的兽皮是没有加工的，由此，"毛"又引申指粗糙的、未经过加工的，为形容词。如"毛坯"指已基本符合要求，但还需要再加工的半成品。

人在受到极度惊吓或暴怒时，常有毛发竖立之感，故在口语中，"毛"有急躁、发火、发怒、惊恐之意。如"毛骨悚然"形容十分恐惧的样子。

动物身上的毛是很细的，故"毛"有细微、细小之意。如"毛毛雨""毛细血管"，前者指很细小的雨，后者指动物身上最细小的血管，又指孔径特别细小的管子。用"一毛不拔"形容为人非常吝啬自私。

物质变质后长出的霉菌，像动物身上的毛一样细，故"毛"又指物体上生出的霉菌。例如：好久没有见太阳，馒头都长毛了。

"毛"字族的字并不是很多，它们大都是和"毛发"有关的身体部位、现象或是由毛制成的物品。

第一类跟毛有关的部位或现象，如尾、鬃、髦、牦、毫、毳。

第二类是由毛制成的物品，如毡、毯、毽、麾等。

第三类是表示长寿，如耄。

下面，让我们朗读"毛"字族的歌诀：

鸟兽之尾，有毛丛生（毛）

脊椎后端，位置在尾（尾）

毛绒织品，地上毛毯（毯）

毛发揉粘，制成毡子（毡）

三毛众多，细毛为毳（毳cuì）

羽毛做成，脚踢毽子（毽）

年老毛少，八旬耄耋（耄mào）

· 🌱 汉字之树 ·

· 汉字寻趣 ·

绕口令

毛毛和猫猫

毛毛有一顶红帽，猫猫有一身灰毛。

毛毛要猫猫的灰毛，猫猫要毛毛的红帽。

毛毛把红帽交给猫猫，猫猫给毛毛几根灰毛。

wěi

尾　脊椎后端，位置在尾

甲骨文	金文	篆文	隶书	楷书	行书	草书
屋	尾	尾	尾	尾	尾	尾

　　屋 甲骨文从"人"了，"人"身后有"毛"木，并在"毛"木下面加"二"二（性器及肛门），表示会阴所在。

　　尾 金文把"人"字变为"尸"了字，屮为向下长的毛，表示人体臀部有毛的部位，又在毛下加"又"（抓）习表示尾巴可以抓住。

　　尾 篆文承续甲骨文、金文字形。隶变后楷书尾将篆文字形中的尸写成尸，将篆文字形中的木倒写成毛。

· 字有乾坤 ·

　　尾，会意字，从尸，从毛。《说文·尾部》："尾，微也。从倒毛在尸后，古人或饰系尾，西南夷亦然。"意思是说：尾，微细的尾巴。由倒着的"毛"字古"尸"字之后会意。古人有的装饰着尾巴，西南少数民族也是这样。尾的本义为毛饰尾巴。"尾"指人或动物脊椎后端的一段，通常指动物的尾巴，引申为末端、末尾或后面跟随。

　　"尾"音通"美"，为此，"娓"字表示顺从，也表示美丽、有趣味。在人类的狩猎时代，头饰和尾饰均是狩猎者为靠近猎物的伪装，进入农耕社会后，"尾"成为祭祀和舞蹈活动的道具，"尾"成为艺术性和美感的装饰物。如今，在一些以狩猎为主的边远少数民族地区还至今保留着这种习惯。

　　从尾的位置看，"尾"通常指比较偏僻的地方，如"省尾国角"；"尾"通常指落后的状态，正如排队站在末端，称为最"尾"；"尾"的形状比较小，为此，"尾"也指微小，如"虎头蛇尾"，有些人做事开始时声势很大，后来就马马虎虎，草草收场。

　　由于"尾"处于身体末端的位置，故"尾"通常指尾巴。动物大多有尾巴，且有其独特的功能。比如鳄鱼的尾巴可以用来做攻击的武器，猴子的尾巴可以让它们吊在树上，鱼的尾巴是行进中的定位器和平衡器，壁虎的尾巴在危难的时候可以断掉以迷惑敌人。但有利有弊，尾巴有时也会给动物带来危险，尤其尾巴长于身后，遇到敌人，欲逃跑时，往往顾之不及，很可能会被对方抓住尾巴，而使自己丧生。有一个成语叫"尾大不掉"，比喻下强上弱，难以控制和调动的情况。

一般动物的尾巴是长在其身体末端的，故"尾"引申为末端、末尾。如船尾、年尾、末尾、扫尾、收尾等。也可用做形容词，表示末端的，后面的。如：尾灯、尾声、尾数等。

因为动物的生殖器官多长在尾部的下方，因此人类就将动物的交配称为"交尾"或"尾"。

"尾"作为量词，用于鱼。大概因为先民渔猎时，认为鱼的外形类似于尾巴，故以"尾"作量词，用于鱼，例如"一尾鱼"。

与"尾"有关的一些成语，多为贬义词，如狗尾续貂、摇尾乞怜、藏头露尾等。长辈常常告诫晚辈，做事不能"有头无尾"，"虎头蛇尾"，不可"畏首畏尾"。

· 汉字寻趣 ·

绕口令

耷拉尾巴耳朵狗

南边来了他大大伯子家的大耷拉尾巴耳朵狗，
北边来了他二大伯子家的二耷拉尾巴耳朵狗。
他大大伯家的大耷拉尾巴耳朵狗咬了
他二大伯家的二耷拉尾巴耳朵狗一口；
他二大伯家的二耷拉尾巴耳朵狗也咬了
他大大伯家的大耷拉尾巴耳朵狗一口。
不知是他大大伯家的大耷拉尾巴耳朵狗
先咬了他二大伯家的二耷拉尾巴耳朵狗；
还是他二大伯家的二耷拉尾巴耳朵狗
先咬了他大大伯家的大耷拉尾巴耳朵狗。

háo

毫 小而尖毛，明察秋毫

甲骨文	金文	篆文	隶书	楷书	行书	草书
		毫	毫	毫	毫	毫

毫 篆文，下为毛，上为高的省形，高为声旁，兼表示长义。毫与豪同源，指秋天野兽身上细长的秀毛。

· 字有乾坤 ·

毫，形声字。从毛，高声。《集韵·豪韵》："毫，长玩秀毛。"本义为细而尖的毛。如"三危之山，其上有兽焉。其状如牛，白身四角，其毫如披蓑""明足以察秋毫之末"。

"毫"多用于指较小的形体，较轻的重量和较短的长度单位。如"一丝一毫""不差分毫"。毫当做计量单位用，中国市制计量单位，十毫等于一厘（长度、重量单位），一百平方毫等于一平方厘（面积单位）。与某一物理量的单位连用时，表示该量的千分之一：毫米（公制长度单位，"米"的千分之一。）当"毫"用来表示数量极少、一点儿的含义时，只限用于否定式中，如毫不费力、毫不犹豫、毫无二致等。

由于毛笔多用毫毛制成，如狼毫、羊毫，故书法绘画称为挥毫泼墨。"毫"虽然细小、微小，但一点不能疏忽大意。假如为官能做到"秋毫无犯"（意思是丝毫不侵犯人民的利益），断案能做到"洞察秋毫"（比喻人目光敏锐，任何细小的事物都能看得很清楚），那将是人民最大的福祉。此外，我们常常所说的"失之毫厘，谬以千里"，也意在告诫人们，一点微小的误差，结果就会造成很大的错误，所以做任何事，一定要认真地做好，如果做差了一丝一毫，结果会发现相差很远。

· 汉字寻趣 ·

成语接龙

明察秋毫→毫不避讳→言听计从→从善如流→流芳百世→世外桃源→源远流长→长盛不衰

zhān

毡 毛发揉粘，制成毡子

甲骨文	金文	篆文	隶书	楷书	行书	草书
		氈	氈	毡	毡	毡

氈，小篆，从毛，从亶。亶，本指仓廪多谷，引申为厚。

· 字有乾坤 ·

毡，繁体字写作"氊"，简化后写作"毡"，无论繁、简体，都是形声字。《说文·毛部》："亶毛，撚毛也。"简体的"占"，通"粘"，表示杵毛黏合而成。毡以毛，指毛制品，故毡的本义为加工羊毛或其他动物毛而成的块片状材料，有良好的回弹、吸震、保温等性能。可用作铺垫及制作御寒物品、鞋帽料等。现代仍沿用了本义。

我国古代制毡，是把羊毛或鸟兽毛洗净，用开水烧烫，搓揉，使其黏合，然后铺在草帘或木板上，擀轧而成。《说文》解释为"撚毛也，或曰撚熟也。蹂也，蹂毛成片，故谓之毡"。《释名》说："毛相着旒旒然也，称为毡。"《考工记》说："毡之为物，无经无纬，文非织非衽。"

毡并没有经过纺捻和编织加工的过程，纺织学上称为无纺织物。它的出现，远比任何一种毛织毯早，新疆地区气候较冷，在原始社会时期，已经广泛使用。周朝宫廷中已设了"共有其毳皮为毡"，监制毡子的官吏，称为"掌皮"。

毡是无经无纬压成之物。在我国的少数民族中有不少关于制毡的文化，比如哈萨克民族的《擀毡舞》，就是民间艺人按擀毡工序，把打毛、铺毛、洒水、捆绳、拴绳、晒毡等整个擀毡过程，将劳动的过程和情景用舞蹈的形式表现出来，是对劳动者的讴歌和赞扬。

"毡"在草原兽牧业比较发达的地方是常见的，如毡房是我国北部少数民族居住的帐篷；毡布是用毛织成的布；毡席是毡制的铺垫用具，还有毡帽、毡房、毡裘、毡子等。

汉字寻趣

对联欣赏

上联：天作芦苇地作毡，日月星辰伴我眠

下联：夜间不敢长伸足，恐踏山河社稷穿

mào

耄 年老毛少，八旬耄耋

· 前生今世 ·

甲骨文	金文	篆文	隶书	楷书	行书	草书
		耄	耄	耄	耄	耄

耄 小篆的字形上为"老"的省写，下为"毛"，从老，指老年人，从毛，指没有多少毛发。

· 字有乾坤 ·

耄，形声字。从老，毛声。耄的本义为年老。"老""毛"为"耄"，强调了人到老年，衰老最快的通常是毛发、皮肤。故"耄"又可理解为皮毛老了，失去光泽、干枯涩黄，即指人已到老年。"耄"表示年迈。"毛"也表示不沉着、不稳妥，如发毛、毛手毛脚。老年人身体各项功能衰退，做事情往往不利落，没把握，心里容易发毛。引申为年老昏乱，如耄思（思绪纷乱）、耄耄（纷乱貌）、耄乱（谓年老昏乱的人）、耄夫（年老昏庸之人）、耄昏（年老昏聩）、耄聩（年老糊涂）、耄朽（老朽、衰老）、耄衰（衰老）。古人对各个年龄段有不同的称谓，如不满周岁的孩童为"襁褓"，"总角"泛指幼年，"垂髫"是童年泛称，年满30岁为"而立之年。"

"耄"中"毛"字的另一寓意——时常梳理毛发可以助人长寿。早在隋代就有医学家巢元方提出"梳头有畅通血脉、使发不白的作用"。梳发的一般方法是从发际正中开始向头顶、枕部、颈项顺序梳理，然后再向两侧梳划。每次梳理一百次左右，使用力量要适中。每日坚持梳理，于健康大有裨益。

人进入"耄"年，身体日渐衰退，生理上会出现明显的退行性变化，如视力模糊、两耳失聪、行动不便、记忆力下降等。老人生理方面的改变也常常引起性格心理的变化。如变得唠叨啰唆，多疑善感，容易激动，对周围事物总感到看不惯，不称心；变得固执己见，自以为是；担心死亡将至，变得郁郁寡欢，苦闷压抑，情绪低落。有关学者制订了衡量老年人心理健康的十条标准：一是充分的安全感；二是充分地了解自己；三是生活目标切合实际；四是与外界环境保持接触；五是保持个性的完整与和谐；六是具有一定的学习能力；七是保持良好的人际关系；八是能适度表达和控制自己的情绪；九是有限度地发挥自己的才能与爱好；十是在不违背社会道德规范的前提下，满足自己的需要。因此，耄耋之人安度余生，拥有健康的身体固然重要，但拥有健康的心态则更为重要。

· 汉字寻趣 ·

猜谜语

谜面：三旬之后耄耋（打一成语）

谜底：月下老人

【解析】"三旬之后"为"一月之下"，"耄耋"为"老人"。

四　目字族

mù

目 视觉之官，心灵之窗

前生今世

甲骨文	金文	篆文	隶书	楷书	行书	草书
		目	目	目	目	囚

甲骨文为眼睛的象形，外为眼睛轮廓，内为瞳孔。

金文与甲骨文大致相同。

小篆将眼睛竖起来并整齐化。隶变后楷书写作"目"。

字有乾坤

《说文·目部》："目，人眼，象形。"本义为人眼。先秦时期多用"目"，西汉以后渐用"眼"，"目"多用于书面语言。

"目"是指人的视觉器官——眼睛。甲骨文的字形就是一个象形字，与人的眼睛的形状一样，有眼睑、瞳孔。"美目盼兮""目中无人""历历在目"均指人的眼睛。人的眼睛是视觉器官，主要用来观看，故目引申出目光、视线的意思，如王之涣在《登鹳雀楼》中写道："欲穷千里目，更上一层楼。"告诉我们只有站得高，才能看得远，只有高瞻，才能远瞩，只有站在更高的视角看问题，才能获得新的突破。

目又是人心灵的窗户，最能反映一个人的气质和品性。一个人心地善良必然是慈眉善目，目光柔和；目光平和公正，大多是坦荡、正直之人。相反，一个人"獐头鼠目"，必是相貌丑陋、神情狡猾。"鸢肩豺目"则是指耸肩似鹰，目凶如豺，相貌阴险凶恶。"目中无人"必是高傲之人。看一个人首先要看"目"的形状、神采、目光，从中可以判断一个人的品性优劣。俗话说："眼睛不会说谎。"直视一个人的眼睛可以看到他的内心世界。《红楼梦》中写林黛玉有"一双似喜非喜含情目"，薛宝钗则是"眼如水杏"，而泼辣心狠的王熙凤则是"一双丹凤三角眼"。从三人的眼中就足以看出性格的差别：黛玉高洁出世，超凡脱俗，只遵从心意，不与世苟同；宝钗积极入世，努力进取，遵从礼仪，循规蹈矩；而王熙凤则是精明能干、能说会道、凌厉辣手。

目是人之七窍之一，"窍"即"孔"，故"目"引申指孔洞、孔眼。如"善张网者，引其纲，不一一摄其万目而后得。""网之一目"比喻离开整体，孤立的一个不起作用。又如"纲举目张"，比喻抓住事物的关键，带动其他环节。

目是人的五官之一，与五脏相连。《黄帝内经·素问·阴阳应象大论篇第五》："肝主目。其在天为玄，在人为道，在地为化。化生五味，道生智，玄生神。神在天为风，在地为木，在体为筋，在藏为肝，在色为苍，在音为角，在声为呼，在变动为握，在窍为目，在味为酸，在志为怒。"肝脏开窍于目，肝脏的一些疾病会通过人的目表现出来，如肝类的黄疸会表现在目的角膜上。古人形容人生气、愤怒常用"目眦尽裂""金刚怒目"等略显夸张的成语来表示。

由于"目"处于人的上部、脸面，故"目"多用于表示要目、标题，如书籍、文卷为便于检索，通常都编有"目录"，文章为了起到提纲挈领的作用，往往要有一个醒目的"题目"，以起到画龙点睛的作用。

"目"字用得最多的是"目标"，即指人生必须有目标、有追求。有了目标，就有了前进的方向和努力的动力。有的人没有职业理想，没有人生目的，浑浑噩噩过日子，一事无成。有的人认定了人生目的，一辈子做好一件事，脚踏实地，取得不平凡的业绩。当然，人生目标的追求是一个充满艰辛的过程，也许不能实现全部的理想，但关键在于享受过程。只要努力过、体验过，即使"失败"也无所谓，只要不虚度年华就是最大的收获。

"目"字根的字非常多，它们大都是和"目"有关的器官、现象、行为等有关，形成了庞大的"目族"，大致可以分为三大类：

第一类是跟目有关的部位，如眼、睛、眸、眉、面、睫、睑、眶等。

第二类是与眼睛有关的现象，如盲、直、眨、眩、眯、盼（眼睛黑白分明的样子）、瞑、眇（一只眼小）、盰（睁大眼睛）、盹、眈、瞌、眠、睡、瞎、睁、瞒（眼睑低）、着、睚（大眼睛）、睦、瞢、睿、眵等。

第三类是与眼睛有关的动作，如眙、睹、眷、督、瞿、瞻、相、省、睚、眦、盯、看、眺、瞅、瞄、睽、睬、睢、暇等。

下面，我们读读"目"字族的歌诀：

以手遮目，向前远望。（看）

目上之毛，黛眉饰美。（眉）

用目视之，看见真相。（见）

十目相视，公正正直。（直）

丧失视力，茫然如盲。（盲）

鼻梁山艮，眉目两眼。（眼）

眉清目秀，睛睛有神。（睛）

目光如钉，盯住目标。（盯）

目标细苗，瞄准射击。（瞄）

目被伤害，失明为瞎。（瞎）

闭目解乏，瞬息一眨。（眨）

少目外视，三省我身。（省）

张目争看，眼珠圆睁。（睁）

共居一陆，交目和睦。（睦）

亲眼见者，耳闻目睹。（睹）

眼皮垂下，闭眼沉睡。（睡）

目光聚焦，仔细瞧瞧。（瞧）

在"目"字族只选取上下结构的字，其他的放在偏旁部分。

· 汉字之树 ·

· 汉字寻趣 ·

"目"字歌谣

分别盼重逢，泪水眼角流。

相见杨柳下，久别笑眯眯。

kàn

看 以手遮光，向前远望

甲骨文	金文	篆文	隶书	楷书	行书	草书
		看	看	看	看	看

看 小篆的上半部分是一只手，手的下面是一个"目"字，表示人的眼睛，整个字合起来就表示手放在眼睛上方的额头部分，向远处望。隶变后，写作"看"，表示集中视力注视某一固定目标。

· 字有乾坤 ·

看，会意字，从手，从目。《说文·目部》："看，睎（望）也。从手下目。"本义为远望。唐代李白《望庐山瀑布》："日照香炉生紫烟，遥看瀑布挂前川。飞流直下三千尺，疑是银河落九天。"远远地望去，瀑布就像在眼前的山川挂着，让人怀疑是银河从九重天上落下来。又如"看万山红遍。"

"看"由远看之义引申指为瞅、瞧、观察。如"醉里挑灯看剑""却看妻子愁何在，漫卷诗书喜欲狂。""出门看伙伴，伙伴皆惊忙。同行十二年，不知木兰是女郎。"（《乐府诗集·木兰诗》）

看，从目，引申为使视线集中接触人或物，如"看书""看报"。如果两个人在商量事情时，一个人提出了自己的想法，说出经过观察或考虑后得出的结论，这就是"看法"。如"不知天下士，犹作布衣看。"

"看"还有看待、对待的意思，如"另眼相看""看重"。"看望"的看表示访问、拜访，而"看病"的看，是诊治的意思。"看"还有提防、小心的意思，如"别跑，看摔着"。也可以表示先试试以观察它的结果的意思，如"做做看"。此外，"看"还有安排的含义，如"看茶""看座"等。

"看"读作kān时，是守护、照料的意思，如"看门""看护""看守"等。

对联欣赏

从前乡下演戏，在一晒谷场上搭戏台，观众自带凳子而坐，后面的人均站立观看。由于人多，站在前面的人为观看清楚，不断地挪动位置。有人为此撰一联，云：

看不见姑且听之，何须四处钻营，极力排开前面者；

站得高弗能久也，莫仗一时得意，挺身遮住后来人。

联语明则劝喻观众，实则影射官场，极具寓意。

méi

眉 ▷ 目上之毛，黛眉饰美

🐂 前生今世 ·

甲骨文	金文	篆文	隶书	楷书	行书	草书
🏷	🏷	眉	眉	眉	眉	眉

🏷 甲骨文，下面是一只眼睛，眼睛上面画了三根很形象的眉毛，而且突出了眉毛弯曲的特点。

🏷 金文表现得更加细腻、美观，不仅眉毛的线条更加柔美象形而且眼睛更加逼真。

眉 小篆在眉毛和目之间加区分符号，把眉毛与睫毛区分开来。隶变后楷书写作眉。

☯ 字有乾坤 ·

眉，象形字。《说文·眉部》："眉，目上毛也。从目，象目之形。"本义为眉毛，如："敢将十指夸针巧，不把双眉斗画长。"

眉是一个人的形象的重要标志，对人的容貌起着装饰作用。"施脂憎太红，傅粉未云美。淡扫两春山，盈盈映秋水"。人们常用"眉清目秀"，形容人的面貌秀丽俊俏。有时一个人不需太多脂粉，只要眉毛清清爽爽，整个人就清爽起来。而古时文人在塑造人物形象时，大多通过眉目的特征和细节来表达。因此，历代文人的诗词曲赋、传奇笔记之中，以眉来描写美人者俯拾皆是。《诗经·卫风·硕人》中有："手如柔荑。肤如凝脂，领如蝤蛴。齿如瓠犀，螓首蛾眉。巧笑倩兮，美目盼兮。"螓是一种体小、方头、广额的昆虫，因此用螓首来比喻女子美丽的额头；蛾形似蝴蝶，触须细长而弯曲，因此用娥眉来比喻女子美丽的眉毛。在这几句形容美人的诗句中，没有提到美人的眼睛、鼻子、嘴唇，却寥寥几笔刻画出一个活泼生动的美女形象：手指纤纤如嫩荑，皮肤白皙如凝脂，美丽脖颈像蝤蛴，牙如瓠籽白又齐，额头方正眉弯细。微微一笑酒窝妙，美目顾盼眼皮俏。由于眉毛对美化一个人的形象起着重要的作用，人们为了增加美感掩饰某些不足，常常要化妆，化妆的重点是黛眉饰美，如描眉、画眉。

眉最能体现一个人的性格。如比较粗犷的人，常常有又粗又浓的猪鬃眉，性格温柔的人长着又细又长的柳叶眉，刚强耿直的人长着威武的提剑眉，而奸诈小人常有倒八眉，"貌由心生"，这不全是迷信的相术，但从一定程度上体现了人的性格特征。《红楼梦》第三回，有一段对王熙凤的描写："一双丹凤三角眼，两弯柳叶吊梢眉，身量苗条，体格风骚，粉面含春威不露，丹唇未起笑先闻。"贾母说她是"凤辣子"。冷子兴说她是"模样又极标致，言谈又极爽利，心机又极深细"。王熙凤的"丹凤眼"配"吊梢眉"，体现了这个人物的性格特征——心机深细而又泼辣。

人的眉毛与眼睛是构成一个整体的，眼睛是人心灵的一个窗口，故眉也能表达人的感情，传达内心的喜怒哀乐。古人说"眉目传情"，仿佛一切不能明言的感情，都能靠眉目传达。尤其是女子的眉，仿佛是可以说话的：眉头紧缩则是犯愁或烦恼，眉开眼笑则是高兴或得意，横眉表示生气，低眉表示顺从。李清照《一剪梅》："花自飘零水自流。一种相思，两处闲愁。此情无计可消除，才下眉头，却上心头。"对丈夫赵明诚的相思之情笼罩心头，无法排遣，蹙着的眉头方才舒展，而思绪又涌上心头，心中绵绵思绪挥之不去，道之不走，怎一个"愁"字了得。

文学作品中，描写眉眼最传神的，当属《红楼梦》了。第三回中，宝黛初相见，描写黛玉是"两弯似蹙非蹙罥烟眉，一双似喜非喜含情目"，描写宝玉是"眉如墨画目若秋波，虽怒时而若笑，即嗔视而有情"，宝玉和黛玉两人第一次互相凝视对方的眉目，他们心里都在说：何等眼熟！何等似曾相识！眉目含情，早已心心相印！

然而，"有情人难成眷属"，最终的命运却只能用叹歌《枉凝眉》来概括："一个是阆苑仙葩，一个是美玉无瑕。若说没奇缘，今生偏又遇着他。若说有奇缘，如何心事终虚化？"而"枉凝眉"这三个字，就写出了宝黛二人共同的生命形态：是黛玉枉自蹙眉嗟叹的无果，是宝玉枉费才下眉头、却上心头的牵挂，是宝黛爱情的悲叹！最后，黛玉早逝，宝玉出家，"枉凝眉"暗示了爱情的悲剧！

由于人老了，眉毛就会变长，"眉"字故而也引申出长寿之义，因此古代神话中老寿星的形象，总是长着长长的白眉。《诗经》中屡屡出现"眉寿"一词，用以表示长寿，如"十月获稻，为此春酒，以介眉寿"，意思是说，十月收获了稻谷之后，要酿制春酒，为长寿的老人祝寿。"眉寿"，指长寿；"百龄眉寿"是祝人高寿的颂辞。唐代虞世南《琵琶赋》："愿百龄兮眉寿，重千金之巧笑。"

由于眉毛居人体的上端，故延伸指上端或旁侧，如"书眉""眉批"等。

省

嵋 鹛

湄 媚 镅

楣

眉

· 汉字寻趣 ·

三尺郎君七尺妻

从前，有一个矮身材的男子，娶了一个身材高大的女子为妻。新婚之日，有好事者，赋诗一首：

三尺郎君七尺妻，画眉须要架木梯。

夜来并卧鸳鸯枕，凑得头齐脚不齐。

众人见了，无不捧腹。

jiàn

见 見 用目视之，看见真相

· 前生今世 ·

甲骨文	金文	篆文	隶书	楷书	行书	草书
𤉩	𤉩	見	見	見	見	见

𤉩 甲骨文下面是一个跪坐的人，人的头上是一只眼睛，非常突出。

𤉩 金文的下部是一个半站立的人，头部的大眼睛炯炯有神。

𤉩 小篆下部的人变得不像了，人头上的大眼睛变成了"目"。

楷书是由小篆直接演变而来，其上仍然是"目"，其下部的"人"已看不出来。"见"是其简化字。

· ☯ 字有乾坤 ·

见，会意字。《说文·见部》："见，视也。从儿，从目。"本义为看见。段玉裁解释"见"与"视"的区别："析言之有视而不见者，听而不闻者；浑言之则视与见、闻与听一也。"意思是说：如果要精确地理解，则有"视而不见"的说法，可见"见"要比"视"看得更加仔细，"视而不见"就是看了但是没看清楚；如果要笼统地解释，则"见"跟"视"是一个意思，所以许慎才说"见，视也。"

见，不但是看见，而且看到。俗话说："百闻不如一见。"听到别人说的，不如自己亲眼看到的。因为亲眼看到的更真实、更深刻。孔子在《论语》中说："见贤思齐焉，见不贤而内省也。"看到德才兼备的人，就要向人家学习、看齐，看到缺德无能的人，就要引以为戒，不犯同样的错误。

见，不但要用目看，也要用心悟。事实并不等于真相。看见事物的表象并不等于事物的本质，只有用目看，用心想，才能找到事物背后的本质。这就需要专注。《礼记·大学》："心不在焉，视而不见，听而不闻，食而不知其味。"假如心不在焉，必然是熟视无睹，见也等于未见。

由"见"的本义，又引申表会见、接见、召见，如《史记·廉颇蔺相如列传》："秦王坐章台，见蔺相如。"秦王接见了蔺相如，对蔺相如来说有被动的意思，凡是一样东西被看到也都有被动义，见就这样又引申出"被"的意思，从实词变为虚词。《吕氏春秋》说："君子之自行也，故人而不必见敬，爱人而不必见爱。""见敬""见爱"即被尊重、被喜爱。《史记·屈原列传》中形容屈原"信而见疑，忠而被谤"，"见疑"也是被怀疑、受到怀疑的意思。

"见"字的引申义很多，如接触、了解、知道、主张、看法、预见、比试等等。

生活中，见，表现了人无比深厚的情感。见，表达的是亲密，如繁体的"親"字，从"亲"，从"見"，亲人要常见，如果永不见面，亲情就会疏远；见，表达的是甜蜜的，李清照《点绛唇·蹴罢秋千》写道："见客入来，袜刬金钗溜。和羞走，倚门回首，却把青梅嗅。"害羞的少女看见客人来，鞋都来不及穿，穿着袜子含羞跑开，却又禁不住好奇，想要看一看那客人，回头望，却又怕羞，以嗅嗅门前的青梅作掩饰。见，有时是思念，"一日不见，如隔三秋"，相爱的人无不希望朝夕厮守，一分一秒的分离都让人难以接受，以至于一天不见面，就仿佛隔了三年。见，有时是苦涩的，"相望知不见，终是屡回头"，明明知道再也看不见送别的友人，仍然一次又一次地回头怅望，此刻一别，真不知何时何地才能再见，真是别时容易见时难。为此，要珍惜见的日子和时光，让亲情、友情长驻。

佛教中有"正见"之说，"正见"是对宇宙、社会、人生的见解，其中包含了丰富的人生感悟、体验，也是人类生存与发展的智慧结晶。

与"见"有关的词语很多，我们要多出去走走"见世面"，这样我们的阅历才能"见长"；做人做事要守得住自己的原则和立场，不能"见风使舵""见异思迁"。

· ❀ 汉字之树 ·

· ▦ 汉字寻趣 ·

序数雪片诗

清代有一首序数诗，描绘雪景。诗的前三句平淡无奇，末句却境界高远，读来令人叹绝。诗云：

一片两片三四片，五片六片七八片。

九片十片片片飞，飞入梅花都不见。

zhí

直 > 十目相视，公正正直

甲骨文	金文	篆文	隶书	楷书	行书	草书
(图)	(图)	直	直	直	直	直

甲骨文从目，从丨。上部"丨"代指标杆，下部是一只眼睛，会用目正对标杆以测端直之意。

金文繁化，另加一矩尺，以突出测量之意。

小篆把横写的目变为竖起，从十，从目，从乚，表示用目光跟随曲尺，来测试、调整物体，以达到最直的程度。

· 字有乾坤 ·

直，会意字。《说文·乚部》："直，正见也。从乚，从十，从目。"本义为用眼正对标杆测端正，如《礼记》："君子之容舒迟，足容重，手容恭，目容端，口容止，声容静，头容直。"

直，首先是指不弯曲、正视。《荀子·劝学》："蓬生麻中，不扶而直。白沙在涅，与之俱黑。"蓬草长在大麻中，不去扶持它能长直；雪白的沙子混在黑土中，就会和黑土一样黑。这里强调了环境对一个人能否正直有很大的关系。一个人是否正直，首先取决于个人的品质，也取决于所处的环境。在一个说假话盛行，小人得道的社会，正直其实是很困难的，难免说假话和违心话。

直，是一个人的道德情操。直，从十，从目，从一。十，表示众多，一表示事物的真相，直寓意众目共见，注重事物的本质和真相。《尚书》强调为人要讲四德——直、宽、刚、简（《尧典》）、九德——宽、柔、愿、敬、毅、直、简、刚、强（《皋陶谟》）、三德——正直、刚克、柔克（《洪范》），"直"字已由原来单纯的外在行为动作转变为一种道德品质和行为规范。在《论语·宪问》中讲到为人要遵循正直之道。孔子或曰："以德报怨，何如？"子曰："何以报德？以直报怨，以德报德。"有人说："用恩德来回报怨恨，怎么样？"孔子说："那用什么来回报恩德呢？应该用正直回报怨恨，用恩德来回报恩德。"道家的老子主张以德报怨，试图用高尚的德行去感化他人。这必须有较高的修养才能做到，对大多数人来说是很难做到的，并且在客观上会助长恶行。孔子主张以德报德，人家敬我一尺，我敬人家一丈，投桃报李。而对于怨恨，他反对"以怨报怨"，因为冤冤相报无穷期，也不主张以德报怨，而是"以直报怨"，这就是正直而行，对我好的回报其恩德，对我不好的不加理睬，凡事分清是非对错，直道而行，采用正直、公正、坦率的方式去对待。

直，体现了一个人率性、正直的性格特征。《广雅·释诂二》："直，义也。"直，就是遵循正义，是光明磊落和直率的性格。"亦余心之所善兮，虽九死其犹未悔"，体现了屈原的一身正气；"吾不能为五斗米折腰，拳拳事乡里小人邪"，体现了陶渊明的傲骨；"安能摧眉折腰事权贵，使我不得开心颜"，体现了李白的率真。当然，在生活中直与曲往往相伴而生，各有其动人之处。有时，人生同样也需要适时的"曲"，比如韩信甘受"胯下之辱"的忍耐，李白"举头望明月，低头思故乡"的依恋，蒲松龄落第之时依然秉持着"苦心人，天不负，卧薪尝胆，三千越甲可吞吴"的执着壮志。

· 🌼 汉字之树 ·

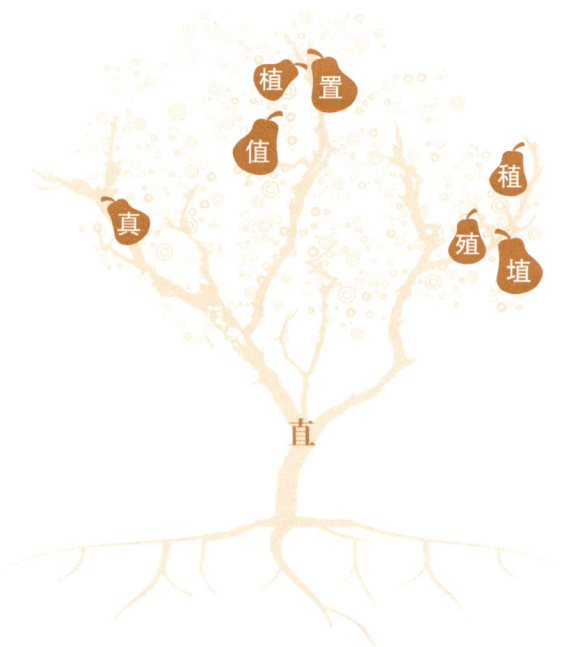

对联欣赏

《巧对续录》载，其时有作《鸦片烟赋》者，内出一联云：

直吹无孔之箫，原非引凤；

卧握不毛之管，岂是涂鸦！

"无孔之箫"与"不毛之管"，皆指烟枪。拿着烟枪直吹卧握，既非引凤，亦不涂鸦，是讥其不关风雅。

máng

盲 丧失视力，茫然如盲

甲骨文	金文	篆文	隶书	楷书	行书	草书
		盲	盲	盲	盲	盲

盲 小篆，从"亡"为丧失，从"目"即眼睛，在这里代指视力。视力丧失了，就意味着看不见东西。

· 字有乾坤 ·

盲，形声字。《说文·目部》："盲，目无牟子也。"本义为眼睛失明，看不见东西。如"目不能决黑白之色则谓之盲"（《韩非子·解老》），"目不见青黄曰盲"（《论衡·别通》），"五色令人目盲，五音令人耳聋"（《老子》）。

盲，由视力丧失，引申指对某种事物不能辨别或分辨不清，用来形容糊涂、无知、不明事理。如比喻愚昧无知叫盲聋；盲目刻写，胡乱刻写为盲书；男女双方互不了解，仅凭父母之命、媒妁之言的一种包办婚姻为盲婚。

明眼之人假如犯盲人一样的错误，不辨是非，不明真假，这便为"盲目""盲动""盲从"。不独立思考，不权衡利弊，盲目地追求名利，盲目地崇拜偶像、明星等，将为盲目而付出代价。

· 汉字寻趣 ·

成语接龙

盲人瞎马→马到功成→成人之善→善体下情→情深义重→重义轻生

五　耳字族

ěr

耳 耳廓之形，听觉之官

前生今世

甲骨文	金文	篆文	隶书	楷书	行书	草书
𝑪	𝑬	耳	耳	耳	耳	𝑟

𝑪 甲骨文像人耳的形状，还有清晰的"耳郭"。

𝑬 金文像半个圆包着一个横躺着的"大"字，"耳郭"内部的状况比较清晰地展示出来了。

耳 小篆笔画变得简练以便于书写，耳朵的轮廓逐渐没有了，但还是能看出耳朵的样子。

耳 隶书字形趋于线条化，之后这样的形象性就完全丧失了。

字有乾坤

耳，象形字。《说文·耳部》："耳，主听也。"意思说，耳，主管听觉的器官。耳本义为耳朵。《诗·大雅·抑》："匪面命之，言提其耳。"意思是当面教导他，而且揪着他的耳朵向他讲，这就是"耳提面命"的成语的来历，形容恳切教导。成语"耳闻目睹""耳鬓厮磨""洗耳恭听""耳濡目染""言犹在耳"，都是耳朵的意思。

耳，是听觉器官。人和动物均有耳，其主要功能是听声辨音。古代的大将征战沙场时，要眼观六路，耳听八方。今天，我们的日常生活每时每刻都离不开耳，人与人之间的交流要用耳去倾听，观看电影、戏剧要用"耳"去聆听，欣赏音乐更是离不开"耳"。人都长有两个耳，但只有一个口，这是要人多倾听，少说话。以耳去组成的字也说明了这个道理，如"聪"字，是要求我们用耳去倾听，用脑袋去思考。"良药苦口利于病，忠言逆耳利于行"，"耳"不但要求我们乐于听赞美的话，也要乐于听批评的话。

耳，也指形状像耳朵的器物。如"木耳""银耳"称为"耳"，因为它们的形状像耳朵。岭南民居的建筑有一个特征就是屋顶的"镬耳"，故称为"镬耳屋"。

耳，又指位置在两旁的东西。由于"耳"长在人的两侧，故指处于两旁的东西。如"耳房"是正房左右两旁与之相连的小房。《红楼梦》："原来主夫人时常居坐宴息，亦不在这正室，只在这正室东边的三间耳房内。"

"耳顺"是60岁的代称。一个人年龄达到60岁，人生的阅历丰富，人情练达，已经具备辨别是非的能力，这就达到了"耳顺"的境界。《论语·为政》中孔子说："吾十有五而志于学，三十而立，四十而不惑，五十而知天命，六十而耳顺，七十而从心所欲，不逾矩。"孔子在这里讲的"六十而耳顺"是说，六十岁时，可以乐知天命、顺从天命。

以"耳"字组成的字族，大致有四个方面：

一是指耳的形状：耽、聃、耿、耷。

二是指听觉官：听（聽）、聆、聋、声（聲）、闻、聊。

三是听的动作：耸、聘、职、联、聊、聂。

四是听的品德：聪、聩、耻、聆、圣（聖）。

下面，让我们读一读"耳"字族的歌诀：

蒙笼之内，丧失听力。（聋）

门内有耳，知声听闻。（闻）

虔诚供奉，主地为圣。（圣、聖）

耳从其声，竖耳耸动。（耸）

洗耳恭听，遵命聆听。（聆）

耳闻相关，息息关联。（联）

三耳重叠，小心为聂。（聂）

外耳内囱，心悉聪明。（聪）

心贵昏愦，耳聋昏聩。（聩）

✿ 汉字之树 ·

耻 聂
闻
聘 职
联 聆
耿 聒
聽 聆 聋
取 聪

耳

🛏 汉字寻趣 ·

对联欣赏

1943年，云南路南县县长许良安侵吞田赋，前征酒赋，派款摊丁，激起民变。十一月廿三日，路南中学师生掀起"驱许运动"，许十分惶恐，只好潜逃。路南人为庆祝胜利，撰一联云：

耳闻群怨载道，足乱手忙，已觉置身无所。易服以行，冥冥如脱网之獐。三只脚本领非凡，不畏长途之苦。倘曹孟德能遇此人，则潼关一役，何庸割须弃袍。方其下车伊始，耀武扬威，县长俨同省长；

目睹众怒形声，心惊胆战，不免负隅窥视。饱囊落荒，累累如丧家之狗。两条腿功夫出众，堪称斯世之冠。使孟尝君得逢彼辈，便函谷三更，焉用鸡鸣狗盗？及至出城遁走，销声匿迹，大人竟是小人。

lóng

聋 > 蒙笼之内，丧失听力

甲骨文	金文	篆文	隶书	楷书	行书	草书
龍	龍	聾	聋	聾	聋	聋

甲骨文左边为耳朵，右边为龙（龍）。龙是我国古代传说中的一种有鳞有角的神异动物，能飞善游，却没有听觉。故"龙""耳"合体会听觉失灵。

金文从耳、从龙，与甲骨文的位置对调。

小篆把左右结构变为上下结构。

字有乾坤

聋，形声字。《说文·耳部》："聋，无闻也。"本义为耳朵听不到声音。"聋者无以与乎钟鼓之声"（《庄子·逍遥游》）；"耳不听五声之和为聋，目不别五色之章为昧"（《左传·僖公二十四年》）。

"聋"是指听不到声音，或是听觉失灵、听觉迟钝。耳朵是接受外界信息的器官，一个人如果失去了听觉，就容易出现语言障碍，从而造成语言表达能力的丧失。因此，有"耳聋""聋子""震耳欲聋"之说。

"聋"也指糊涂、昏聩。"振聋发聩"是指唤醒糊涂麻木的人，比喻用某种言论或行动使人警醒。不过，也有一种假装糊涂的情况，明明知道却假装不知道，如"装聋作哑""装聋卖傻"，这是心里明白，表面却装糊涂。

汉字寻趣

猜谜语

谜面：皇上的耳朵（打一字）

谜底：聋

wén

闻　门内有耳，知声听闻

甲骨文	金文	篆文	隶书	楷书	行书	草书
𦔻	𦕡	聞	聞	聞	闻	闻

𦔻 甲骨文左边像一人跪坐，附耳谛听，右边是一只耳朵，似乎正在聚精会神地听什么东西。人的姿势、面部神态都强调一只耳朵，表明在这个字中，耳朵是最重要的。

𦕡 金文将耳朵移下，人头上加点，象征声音。

聞 小篆从耳、门声。甲骨文与小篆的闻有同有异，同就同在都突出一只"耳"，异则异在一个是会意字，一个是形声字。

· 字有乾坤 ·

闻，形声字。《说文·耳部》："闻，知闻也。"本义为听见。闻，从门，门指房屋等建筑物的出入口，"耳"为耳朵，指听觉。"闻"字为门中有耳，指声音具有穿透性，穿门而进。《红楼梦》第三回《接外孙贾母惜孤女》，描写王熙凤的出场是不见其人，先闻其声，体现了王熙凤口蜜腹剑，善于作秀的性格特征。林黛玉正和贾母说话，"一语未完，只听后院中有笑语声，说：'我来迟了，没得迎接远客！'黛玉思忖道：'这些人个个皆敛声屏气如此，这来者是谁，这样放诞无礼？'心下想时，只见一群媳妇丫鬟拥着一个丽人从后房进来。"从这个描写中，虽然未见来人，但闻声已经可以看到来人的泼辣、圆滑的个性。《史记·项羽本纪》中"夜闻汉军四面皆楚歌"，是说深夜，项羽听到汉军在四面唱着楚地的歌。成语"闻一知十"说的就是听到事情的一方面，就可以推断出事情的全部。这是孔子评价他的学生颜回的话，《论语·公冶长》里，孔子夸赞颜回："回也闻一以知十。"这是说颜回聪明，领悟能力强。

人的耳朵听到声音反馈到脑海里，人脑对这些信息进行加以处理，就会产生"知道"的意识，故"闻"又指知道。《论语·里仁》："朝闻道，夕死可矣。"意思是说早上明了大道，即上晚上死去也没有什么可以遗憾了。

"闻"从"耳"，强调了通过听觉传输某种信息，因此闻也指听见的事情、消息，如新闻。在古代由于主要传播的媒介是语言，故新闻是用"耳朵"听来的。

"闻"与"听"的意思相近，但又有些差别。清代段玉裁注："往曰听，来曰闻。"意思是说主动去获取、搜猎声音叫听；而无意中接受到声音的称为闻。听只是听的行为，是不仅是听，还表示"听见了"的结果，《礼记·大学》"心不在焉，视而不见，听而不闻"，其中"听而不闻"是说表面在听，但实际没听到，非常清楚地显示了听和闻的区别。

一个人见多识广，听到的东西，自然见识广，故闻又有知识、见闻、学识之义。如好的朋友是"友直、友谅、友多闻"。形容一个人学习能力强，可以说是"博闻强记"。

现在"闻"最常用的意思是嗅到。从听觉到嗅觉的转化，是一种通感。《孔子家语·六本》："与善人居，如入芝兰之室，久而不闻其香，即与之化矣。"意思是说，与善良贤德的人居住在一起，犹如在有芝草兰花的房间待久了，嗅觉就会变得迟钝，闻不到它们的香味了。闻从表示听觉到表示嗅觉，这是源于人的通感，人的视觉、听觉、嗅觉、味觉、触觉，是可以相互渗透，相互转化的。例如，我们会将颜色划分为冷色、暖色，冷、暖二字本属于触觉，但在这里则被用于表示视觉的颜色，这就是视觉与触觉的通感。

中医有"望、闻、问、切"的"四诊法"，其中"闻诊"是通过听声音和嗅病气来辨证施治。如病人语声低弱，少气懒言、多为虚证；语声响亮，烦躁多言，多为实证。医生通过听其声，闻其味，就可以判断具体病症，对症下药。

汉字寻趣

成语接龙

闻一知十→十年树木→木已成舟→舟中敌国→国强民富→富贵花开→开拓创新→新陈代谢

shèng

 圣　聖　虔诚供奉，主地为圣

· 前生今世 ·

甲骨文	金文	篆文	隶书	楷书	行书	草书
			聖	聖	聖	圣

  金文像一个人竖起大耳朵倾听的样子，旁边有一个口，表示说话，寓意听觉灵敏，口齿伶俐。

  小篆调整为左上为"耳"，表示倾听；右上为"口"，表示说话；""像一个低头弯腰的恭谨之人。

· 字有乾坤 ·

圣，会意字。繁体为"聖"。从"耳"表示耳聪目明，从"口"表口才伶俐。从"呈"表能见微知著。这三个字的组合表示"圣者能见人之所未见，萌芽初动，形兆刚显，能超然独见存亡之机，得失之要，预禁于未然之前。圣者闻声知情，通天地，畅万物。"《说文·耳部》："圣，通也"。本义为耳口通顺，圣者通达事理。

简体的"圣"字，以"又"表示"手"，以"土"表示"地下"，意为致力于地下。唐宋之后，由于"圣""聖"本义相近，多用"圣"代替"聖"。《说文解字》中含有对"圣"的解释："圣，汝颖之间，谓致力于地曰圣。从土，从又。"意思是说，汝河、颍水一带，人们将致力于土地的开发利用称作"圣"，字形采用"土、又"会义。在古人看来，主天者为神，主地者为圣。三国时期吴国的徐整曾在《三五历纪》中记载："阳清为天，阴浊为地。盘古在其中，一日九变。神于天，圣于地。"

圣是人的最高荣誉，是上智之名，通达之称，是贤者之师。万人为杰，万杰为圣。圣人是道法才智极高的人，仅次于神。

在中国神仙排名中，有"一祖二圣三清"之说。我们知道，中国的神话人物和派系众多，有的学者将中国最有名的两部神话作品《西游记》和《封神演义》进行调和，以此呈现出整个中国神话系统的神仙位序，得出排在前三位：一"祖"，如《封神演义》中的鸿钧老祖，是神仙的始祖；二"圣"，如玉帝和王母，二圣为治世之尊，统领三界；三"清"，指太清道德天尊、玉清原始天尊、上清通天教主等。可见，"圣"在中国神话体系中的地位是极高的。

圣人指在某个领域里有着至高地位的人。唐代韩愈在《师说》中的"是故圣愈圣，愚益愚"，句中的第一个"圣"是名词，指在某个领域中至高无上者。中国古代有"十圣"，包括了我们熟悉的文圣孔子、酒圣杜康、史圣司马迁、诗圣杜甫、医圣张仲景、书圣王羲之、武圣关羽、画圣吴道子和草圣张旭及兵圣孙武。

圣人指能够洞察真相的预言者。如《书·洪范》中有云，"思则睿，睿作圣"，意思是说经常思考就让我们的思维活跃，思想开阔了，就可以达到圣人的境界。又如《管子·四时》中的"听信之谓圣"，是听从贤能之人的意见叫做圣智。

圣人也指代宗教信徒信仰的神，围绕这个意义延伸出很多熟悉的词语，比如圣徒、圣经、圣诞、圣母等。法国文学家维克多·雨果曾创作出著名长篇小说《巴黎圣母院》，作品揭露了宗教的虚伪，歌颂下层劳动人民的善良、友爱。

"圣"字非常形象地概括了"圣人"的三大特征：一是圣人是耳聪善变、通达事理的人。"聖"字从耳，表示虚怀若谷，谦虚恭谨，乐于、善于倾听他人的意见，"三人同行，必有我师"，博采众长，取长补短。从"口"表示善于表达，口才超群，善于教化别人；二是心怀天下，乐于奉献的人。"聖"，从"呈"，意为呈上、呈献，意为乐意把自己的聪明才智奉献给社会，对国家、对人民有所作为。从"壬"，字形与"王"相同，表示帝王、王者，"聖"代表了一种至高无上的境界。三是自强不息，辛勤耕耘的人。简体的"圣"，从"又"、从"土"。"又"为手，表示勤劳、劳作。"土"表示土地、大地，象征着淳厚、厚实、方正、宽阔。圣人总是勤勉不息，孜孜不倦，不畏劳苦的人，品德淳厚的人。

以上所见，要成为一个"圣人"，标准是很高的，不是每一个人都可以做得到。但我们可以向圣人学习，至少可以做到，一是乐于、善于吸取不同的意见，甚至是反对自己的意见；二是"口伶"，既不耻下问，又诲人不倦；三是"手勤"，甘于吃亏，勇于担当，不辞辛劳地工作，脚踏实地做好本职工作。这就是追求"内圣"的人最高境界，使自己的人生更加充实和有意义。

· 汉字寻趣 ·

拆字诗

从前，有三个神仙相聚饮酒作拆字诗比赛，第一个仙人吟道：

　　　　口——耳——王，聖人饮酒亦何妨。

　　　　壶中有酒盘无菜，借汝青峰割一方！

第二个仙人接着道：

　　　　臣——又——貝，賢人饮酒亦何碌。

　　　　壶中有酒盘无菜，自把青峰割一块！

第三个仙人又不服输，道：

　　　　禾——火——心，愁人说字圣人听。

　　　　壶中有酒盘无菜，拔把眉毛当点心！

三个仙人各把"聖（圣）""賢（贤）""愁"字拆为一首诗，各有千秋！

六　自（鼻）字族

自 zì

目识自我，自省自强

· 前生今世 ·

甲骨文	金文	篆文	隶书	楷书	行书	草书
𤾤	𦣻	𦣹	自	自	自	自

𤾤 甲骨文，像人的鼻子，有鼻梁、鼻翼。

𦣻 金文，相对于甲骨文略有变形，中间用两横代表鼻翼。

𦣹 篆文，承续金文字形。

· 字有乾坤 ·

"自"，象形字，是"鼻"的本字。《说文·自部》："自，鼻也，象鼻形。凡自之属皆从自。""自"的本义是鼻子，脸部中央突出的呼吸器官。

由于人在向他人称说自己时，习惯用手指着自己脸部的中央位置（即鼻部位置），于是"自"（即鼻子）便成了第一人称，即我们现在理解中的"自己"。这个字的来源体现了古人的自我意识。"自"通常表示自己，如孟子云："人必自侮，然后侮之。"

"自"还引申为始、开头，如"自东自西，自南自北，无思不服"。

"自"要求我们自己定好位，选好路，否则就会出现不同的结果。

含有"自"的成语很多，如"自强不息""抚躬自问""发愤自雄""毛遂自荐""自力更生"，"自"的许多成语告诉我们要立足于自身，强大自己、相信自己，这样才能有所作为。也唯有这样，我们才能达到"挥洒自如""谈笑自若""超然自逸""自由自在"这样超脱世事的人生境界。

"自"又指自然、当然，故有"自不待言""公道自在人心"之说。但事实上，"不识庐山真面目，只缘身在此山中"，很多时候，其实人最大的敌人是自己，所以又有"故步自封""自高自大""自吹自擂""自命不凡""自欺欺人""夜郎自大""刚愎自用"等情况，结果则是"作茧自缚""自取咎戾""自掘坟墓""自食其果""自讨苦吃"。可见，人要成为自己的主人，是一件多么意义重大而又费尽艰辛的事情。

与人类自身相关的词，从来都暗藏着人类自身的希求。自由是希望自身能够不受限制和约束，自足是希望对自己所得感觉满意不多奢求，自适是希望能自得其乐悠然闲适，自信是希望对自己充满信心……但凡事都不是绝对的，自由必须以守法为前提，并且遵守公德良俗，自足必须节制自己的欲望，自适和自信必须有强大的内心。

自己与我们最近，又离我们最远。离我们最近的东西往往却是最难以认清的东西。第一，要认识自己。"自"字从目，表示一个人要有明确的人生目标，要看清自己，不断地提升自己。有人问古希腊哲学家泰勒斯："你认为人活在这个世界上，什么事情是最困难的？"泰勒斯回答："认识你自己。"事实上，对自身的存在进行探索，自人类一诞生时就开始了。以往的人们抬头看天，想从茫茫星河中探寻结果；他们低头沉思，向幽暗处挖掘人生的意义。其实认识我们自己，代表人在"知"方面的一种态度——与其去了解世界，不如多了解自我，因为人对世界的了解是永远都不可能足够的，也不可能停止，所以了解自我才是每个人最需要做到的。

现代文明的发达和科技的进步，使人类能够在宏观上遨游于太空，在微观上能够直探物质的本原，发现物质的基本组织结构。但遗憾的是，这所有的一切都还不能帮助人类进一步认识自己。人类对于自身的许多东西仍然存在许多未知的东西，如基因、细胞、免疫能力、神经等，仍然有待于生命科学作出回答。

"自"字的"目"字上面有"丿"，既表现一叶障目、以偏概全的意思，又会意做人不可目中无人，目空一切。其实这种态度是人性中的一种劣根性，如自卑、妄自菲薄会使人不思进取；自负、自高自大会使人骄傲自满，自取其咎。老子曾说："知人者智，自知者明。"因此，一个人要找准自己的方位，一定要知道自己的内心追求，自己的兴趣、爱好，自己的能力，这才是真正地认识自己，回答"我是谁"这个谜一样的问题，才能获得有意义的人生。

"自"字告诉我们，要用好自己。"自"字是指每一个人的鼻子，鼻子有存在的价值，这也说明每一个人的存在都有独特的意义。认识自己是人生的第一步，关键还要用好自己。这就如人的鼻子一样，要摆好自己的位置，居于人脸的中间，鼻孔要向下。假如鼻子长到头顶上，不但不雅观，而且无法呼吸。人也一样，生命的价值在于如何发挥自己。一个才华横溢的人一旦站错了位置，往往会被人忽略。一个人的价值往往取决于所在的位置，这个位置不在于高贵或者卑贱，而在于合适。德国有一句名言："垃圾是放错位置的人才。"一个人有学问、有能力、有经验，而能够发挥出来，关键在于他处于什么位置上，合适则能施展才华，不合适则"英雄无用武之地"。

"自"字告诉我们，一个人要成就自己必须改变自己。"自"字是"一叶障目"，这个"一叶"往往是自卑、自大，只想改变他人，不想改变自己。其实，只有改变自己才能改变世界。改变世界不容易，改变自己从现在就可以开始。要想改变世界，你必须从改变你自己开始；要想撬起世界，你必须把支点选在自己的心灵上。每一个到过威斯特敏斯特大教堂的人，都会被一块普通的墓碑所震撼。在这块墓碑上，刻着这样一段话：

"当我年轻的时候，我的想象力从没有受到过限制，我梦想改变这个世界。当我成熟以后，我发现我不能改变这个世界，我将目光缩短了些，决定只改变我的国家。当我进入暮年后，我发现我不能改变我的国家，我的最后愿望仅仅是改变一下我的家庭。但是，这也不可能。当我躺在床上，行将就木时，我突然意识到：如果一开始我仅仅去改变我自己，然后作为一个榜样，我可能改变我的家庭；在家人的帮助和鼓励下，我可能为国家做一些事情。然后谁知道呢？我甚至可能改变这个世界。"

当年轻的曼德拉看到这篇碑文时，竟有醍醐灌顶之感，声称自己从中找到了改变南非甚至整个世界的金钥匙。回到南非后，这个黑人青年从改变自己、改变自己的家庭、亲朋好友、社区着手，经历了艰辛磨难的几十年，终于改变了他的国家，迎来了和平。

以"自"为偏旁部首的字，多与"自"的本义"鼻子"有关。自加心为息，表示以心为鼻，古人称张口吐气为"呼"，称张口吞气为"吸"，称胎儿在娘胎里不用口鼻的呼吸为"息"。自加犬为臭，狗用灵敏的鼻子辨识气味。自加木为臬，指测日影的仪器上南北两端的标杆。

下面，让我们读一读"自"字族的歌诀：

狗用鼻子，辨别气味。（臭）

自己之畀，嗅觉之官。（鼻）

✿ 汉字之树

鼻

鼻　息　泪

自

汉字寻趣

郑板桥教子

郑板桥老年得子，但他并不溺爱。据传，他在病危时，要吃儿子亲手做的馍。儿子不会做，郑板桥命他请教厨师。谁知，待馍馍做好端上来时，郑板桥已经断气，只留下几句遗言：

淌自己的汗，吃自己的馍，

自己的事业自己干。

靠天靠地靠祖宗，

不算是好汉！

xiù

臭

狗用鼻子，辨别气味

· 前生今世 ·

甲骨文	金文	篆文	隶书	楷书	行书	草书
𥤭		臭	臭	臭	臭	臭

𥤭 甲骨文从自，从犬，会用狗鼻子闻，会闻到气味，因为狗鼻子灵敏。
臭 篆文笔画整齐化，隶变后楷书就写成了现在的字形。

· 字有乾坤 ·

《说文·犬部》："臭，禽走臭而知其迹者，犬也。从犬，从自。""自"与"犬"联合起来表示"犬能通过吸气找准地点"。本义为用鼻子辨别气味。如"三臭不食"。"臭"是一个多音字，不同的读音，意思不同。

臭读xiù时，指闻气味。这个意义后来加了义符口，构成了嗅字来表示。如"树橘柚者，食之则甘，臭之则香"。

臭读chòu时，表示恶味，难闻的气味，如臭味、臭气。又引申指腐朽，败坏，丑恶。如臭名昭著、遗臭万年。还有惹人厌恶的意思，如臭架子、名声很臭。还引申指拙劣，技艺低，如臭棋、臭诗。也引申指狠狠地，如臭骂、臭美。还能表示失效、枪炮子弹打不响，如臭子，这个炮弹臭了。

· 汉字寻趣 ·

成语接龙

臭味相投→投其所好→好逸恶劳→劳而无功→功成名就

七　口字族

kǒu

口 脾胃之窍，出纳之官

甲骨文	金文	篆文	隶书	楷书	行书	草书
𠙵	𠙵	𠙵	口	口	口	口

𠙵 甲骨文像一个向上张着的人的嘴，多用于指发音说话。

𠙵 金文承接了甲骨文的字形。

𠙵 小篆略同金文，但字形上下拉长。隶书、楷书以直笔方折代替小篆的弧笔圆折，就不太像嘴的形状了。

· 字有乾坤 ·

口，象形字。《说文·口部》："口，人所以言食也。象形。"意思是说，口，人用来说话饮食的器官。口的本义为嘴巴，口舌、口语、口头皆是的这一意义，如"张口结舌""可口"等。

口是人进纳食物的器官，又是辨别味道之窍，故"口"引申指口味。不同地方的人，口味各有不同，因此，有"众口难调"之说。今天，健康的饮食要求"轻口味"，不能追求口味过重的食物。

口又是人物吐纳食物的通道，相当于一扇门，口开则可进，口闭则不能进，故"口"表示进进出出，沟通内外的端口。如《桃花源记》："山有小口，仿佛若有光。便舍船，从口入。"又如"门口""洞口""港口""关口"。在古代，为了抵御外敌的入侵，各国均在险要的山口设置关卡，以达到"一夫当关，万夫莫开"的目的。

口，不但可以进食，还是人说话的器官，故又指语言。人用"口"来表达思想，进行人际的思想交流。一方面，语言为人类带来了便利，同时，又给人带来了麻烦。俗话说："病从口入，祸从口出。"佛教中所说的十种恶行中，其中之一就是口舌之恶。口舌之恶有四：乃虚诞语，乃离间语，乃粗恶语，乃杂秽语。因此，一个有修养的人，要管住"口"，说好话，有礼貌。

由于"口"中有牙齿，可以主动攻击，因此，武器或工具的锋刃也用口来比喻，如枪口、刀口。"砍铜剁铁，刀口不卷。"

"口"的用途广泛，还用指牲口的年龄和用作量词，如"牙口""四口人"等。

以"口"字作为字根和偏旁的字很多，达275个之多，大致上可以分为如下几类：

一是表示与口相关的器官：唇、嘴、喉。

二是表示吃喝：吐、吃、喝、合、吞、含、品、味、嚼、吸。

三是表示语言：号、叫、叨、名、召、叹、叽、问、吓、叩、吱、唔、呓、吵、呀、吟、吼、呻、咒、呼、呛、咏、哄、哑、响、哮、唠、哽、唤、哼、唱、唯、嗔、啸。

四是用口的相关动作：吻、吹、吮、咽、咬、咳、叼、含、呕、品、味、哺、哨、哭、啜、噬、唾、吸、咨。

下面，让我们读一读"口"字族的歌诀：

冥不见面，呼叫名字。（名）

一口尝味，三口品味。（品）

今口有物，含容海涵。（含）

手执权杖，君王发令。（君）

口发声音，管乐律吕。（吕）

口音延伸，哼哼呻吟。（呻）

口头托付，关心嘱咐。（咐）

事业昌盛，开心歌唱。（唱）

口干舌燥，饮水为喝。（喝）

大口朝天，把物吞咽。（吞）

口如利刀，伤人唠叨。（叨）

土生植物，形若口吐。（吐）

用口触及，吮取为吸。（吸）

牛角触人，口传相告。（告）

口未进食，先闻其味。（味）

❀ 汉字之树 ·

古　吸
知　句
味　吞
告
可　唱　吐
　　　呻
叨
口

🔲 汉字寻趣 ·

字谜

有一则由"口"字的组合的字谜让人觉得妙不可言：

二个"口"字是什么字？回首凝望美山河。

三个"口"字是什么字？品味人间景如画。

四个"口"字是什么字？田园美景碧似玉。

五个"口"字是什么字？吾心沉醉此景中。

十个"口"字是什么字？古人亦怀此胸襟。

十一个"口"字是什么字？吉人福地常相依。

八十八个"口"字是什么字？谷中无夏岁月长。

一千个"口"字是什么字？舌根常嚼菜根香。

míng

名 冥不相见，呼叫名字

· 前生今世 ·

甲骨文	金文	篆文	隶书	楷书	行书	草书
𝕙	名	名	名	名	名	名

𝕙 甲骨文从口，从夕。"口"为说话发声的器官，"夕"为黄昏、傍晚。会天黑互相看不见只好呼叫名字之意。

名 金文变为上下结构，把"夕"移到"口"上。

名 篆文整齐化。

· 字有乾坤 ·

名，会意字。《说文·口部》："名，自命也，从口，从夕。夕者，冥也，冥不相见，故以口自名。"本义为呼叫名字。"名"字非常形象地描述了夜晚敲门的情景，门外的人敲门，门内的人问是谁，应答者报出自家的名字，于是，门打开了。"名"指人的名字，作为代表自己的一个符号。起一个好听的名字很重要，古语云："遗子千金，不如教子一艺；教子一艺，不如赐之佳名。"名字，代表着父母对子女的期待和祝福，名字赋予深厚的中国文化内涵，因此，起名字也是一个文化活动。由"人"的名字延伸到企业、学校、街道、商品等都要有名字，即好听、好意又吉祥的名字。

人有名，物也有名。所以，"名"又指事物的名称。《释名·释言语》认为，名即明，就是给实事命名，以区别明了，如花、鸟、虫、鱼、山、河、湖、海各有其名，各有所指。这就是指命名，如"秦氏有好女，自名为罗敷"。

名，还有名声、名誉、名望之意。《礼记·中庸》说："故大德必得其位，必得其禄，必得其名，必得其寿。"古人认为有德行的人，必有好报，必定能升官、发财、出名、高寿。古人很重视获得一个好名声，如勤奋读书参加科举考试，以期"一举成名天下知"，成名成为读书的一大动力。

但是，凡是都必须把握好一个"度"，追求名利必须遵循正当的途径。要知道名利也是身外之物，人也不能成为名利的奴隶，假如为名利牵着鼻子走，人就失去了自由、自在，就会处于被奴役的状态。同时，也要注重名实相符，要始终抱着谦虚和审慎的态度，防止"捧杀"带来的伤害。

苏轼说："有名而无实，期其名不行；有实而无名，则其实不长。"做人做事，还是得名副其实。

❀ 汉字之树 ❀

铭

茗

酪

洺

名

▦ 汉字寻趣 ▦

猜谜语

谜面：总把新桃换旧符（打《红楼梦》一人名）

谜底：迎春

pǐn

品 一口尝味，三口品味

· 前生今世 ·

甲骨文	金文	篆文	隶书	楷书	行书	草书
品	品	品	品	品	品	品

品 甲骨文从三口，表示人口众多。

品 金文承接甲骨文字形。

品 篆文整齐化。

· 字有乾坤 ·

品，会意字。《说文·品部》："品，众庶也。"意谓"品"表示人口众多、人多嘴杂。段玉裁解释："三人为众，故从三口。"古人造字，用一张嘴巴象征一个人，所以，"品"的本义便有众多之义。

由于人一多，就会有各种各样的人，故品又引申指事物的种类、等级，如上品、下品、精品、极品。

由人的等级，又引申指人的品行、风貌，如"人品""品行""品格"。

品字，从三个口，指品尝、品味，是人们运用官能去感受美的方式，因此，成为中国美学中的一种审美方式。

首先，只有一口一口地品，才能品出味道。"品"字由三个口组成，这说明"品"字的内涵与味觉有关。这种来自最原始的审美意识是在生活环境与实际体验中产生的，我们也可以将它理解为一小口一小口地啜吃，慢慢地辨别滋味、享受食物。这说明，人们在"品"食物的时候，已经超越了原始社会最初填饱肚子的阶段，而进入审美、享受的境界。美食品评师对美食的品鉴，亦有循序渐进的流程，他们往往要先观察食物的"颜值"、闻闻食物的味道，接着动用食具切下食物进行品尝，细嚼慢咽，吃得很少、很慢。因此，我们可以理解"品"在审美范畴中的第一层次的意思——审美不是一蹴而就的，而是一种渐入佳境的过程。

在中国传统美学中，"品"包含审美体验、鉴赏，品评，品第和确立范式四个方面的审美层次要求。这意味着，"品"字融合了一种审美理想，体现了人们对文学艺术的鉴赏从被动接受转向主动批评的过程。明代冯梦龙在《东周列国志》中描写了人们品味乐曲的状态："才品一曲，清风习习而来。奏第二曲，彩云四合……"与品曲用法相同的，还有品诗、品词、品书、品碑、品心……可见，"品"的美学意义涵盖了诗、词、曲、画、书法、文章、道义等各个文学艺术范畴，"品"的语义特征在行为鉴赏评价艺术类中得到广泛运用。因此，"品"的语义特征主要是评论、衡量、鉴别、玩味等。

其次，只有众口调和，才能品出境界。"品"字从三"口"，在中国传统文化中，"三"是实数，也是虚数，虚指往往言其多。《易经·乾》："品物流形"中的"品"即释为"众多"。因此，我们可以理解"品"在审美范畴中的第二层次的意思：审美强调美的大众性，它不是小美，而是一种大美。

俗话说：众口难调。什么样的味道能堪称上品、堪称大美？这恐怕要从中国传统思想中寻找答案。《礼记·中庸》："喜怒哀乐之未发，谓之中，发而皆中节，谓之和；中也者，天下之大本也，和也者，天下之达道也。"意谓人的喜怒哀乐没有失去控制，叫做"中"；喜怒哀乐情绪表现出来的时候，能够恰到好处，叫做"和"。"中和"之道是天下最大的根本，也是大道之所在。中庸之道，指不偏不倚，折中调和的处世态度。《论语·雍也》："中庸之为德也，其至矣乎。"

中国传统思想把天下万物分为阴阳二极，阳为刚，阴为柔；推之于审美，则体现为阳刚之美与阴柔之美。阳刚与阴柔的协调，即是一种"中和"之美，中和之美堪称大美，是中国古典艺术的理想境界。清人刘熙载说"沉着屈郁，阴也；奇拔豪达，阳也"，"书要兼备阴阳二气"，"阴阳刚柔不可偏颇"，皆是强调刚中有柔、柔中有刚、婉而愈劲、婀娜中含遒健的"中和"的审美境界。

中和之美为何能堪称大美？因为这是一种"崇高"的美。中和之美突出了审美过程中主体与客体、人与自然、感性与理性及各种形式美因素的协调统一，给人以愉悦、轻松的审美快感。中和之美是处于优美与壮美两极之间刚柔相济的综合美。其意蕴刚柔兼备，情感力度适中，杂多或对立的审美因素和谐统一，具有含蓄、典雅、静穆等特性。

再次，只有注重范式，才能品出高度。观乎"品"字，三个"口"字高下不一，排列有先后，这即象征着一种品类、一种评价，它往往遵循于某种美学范式，体现了某种美学价值观。

以"品"论诗，如唐代司空图的《二十四诗品》以雄浑、冲淡、纤秾、沉着、高古等二十四"品"为审美标准来论述诗歌的意境美和风格美。由此，"品"成了中国古代文论、古代美学中表示艺术风格的核心审美范畴之一，它与"气""骨""韵""神""逸"等术语构成一个审美范畴群落。

以"品"论画，首见于南齐谢赫的《古画品录》。他以六"品"诠次当时画家，将画家分为这六个等级。谢赫在序中说道："六法者何？一、气韵生动是也；二、骨法用笔是也；三、应物象形是也；四、随类赋彩是也；五、经营位置是也；六、传移模写是也。"以"品"鉴画是中国古代美术批评的重要方式，它为中国艺术史留下了丰富的理论遗产。清代的袁枚对诗画的品鉴两句话来概括："品画先神韵，论诗重性情。"说出了诗画的核心内容，"神韵"和"性情"是画与诗品鉴的主要特性。

· 汉字寻趣 ·

对联欣赏

上联：品罢之茗，客分主次席前坐
下联：味过五荤，事由轻重宴后陈

hán

含 今口有物，含容海涵

甲骨文	金文	篆文	隶书	楷书	行书	草书
	𤔔	含	含	含	含	含

𤔔 金文，从口，从今（饮），会将东西放在口中之意。

含 小篆承续金文字形。

· 字有乾坤 ·

含，形声字。《说文·口部》："含，嗛（衔）也。"本义为把东西放在嘴里，不咽也不吐出。如《庄子·外篇·马蹄》："含哺而熙（嬉），鼓腹而游。"《韩非子》："医善吮人之伤，含人之血，非骨肉之亲也，利所加也。"意思是说，医生从别人的伤口中将污血吸出来，含在口中，并非本着救死扶伤的医德，也不是骨肉之亲的缘故，而是出于利益的追求。韩非子看法是从人的利己的本性出发作出的判断，过于绝对和片面，古今中外，从医者多舍己救人，救死扶伤，不顾个人安危。

把东西含在口里，外人看不到，故"含"字有包含、容纳之意。战国时期辞赋家宋玉《登徒子好色赋》："华色含光，体美容冶。"又如：含元（包含万物的本原；包含元气）、含气（含藏元气）、含孕（包含；孕育）、含光（内藏光彩，包藏美德）。杜甫《后出塞五首》："少年别有赠，含笑看吴钩。"

"含"是不吞也不吐，引申为带着某种思想感情不表露出来，如"含怒未发""含情脉脉"等。

· 汉字寻趣 ·

杜甫作诗

相传有一次，高适来看望好友杜甫。可是，杜甫已经穷困潦倒，没有酒肉招待客人。家里仅有的是母鸡刚下的两个蛋，刚从院子里割下的一把韭菜和邻居送过来的一碗豆腐渣。杜妻用这三样东西做饭菜招待客人。

首先端上来的是一盘炒韭菜，上边放着两个鸡蛋。高适笑着对杜甫说："子美，这道菜又是一句名诗啊。"杜甫笑着说："两个黄鹂鸣翠柳。"

第二道菜端上的是炒鸡蛋清，因为少，在盘里只摆了一条，杜甫看了又脱口而出："一行白鹭上青天。"

一会儿，又上了第三道菜：清炒豆腐渣。杜甫又吟诗一句："窗含西岭千秋雪。"

最后上的是一碗蛋壳汤，两个蛋壳在汤里飘动。杜甫和高适相视一笑，一起吟出诗的最后一句："门泊东吴万里船。"

宾主尽欢，成为诗坛一段佳话。

jūn

君 手执权杖，君王发令

· 前生今世 ·

甲骨文	金文	篆文	隶书	楷书	行书	草书
𠣏	𠁁	君	君	君	君	君

𠣏 甲骨文上部是"尹"，下部是"口"。尹像手执权杖形，一说像以手执笔形，本义是治理；口表发号施令。上下两部分合而会意，表示古代大夫以上据有土地的各级统治者之通称。

𠁁 金文将甲骨文字形中的手和权杖 𠂤 连写成 𠃍。

君 篆文承续金文字形。

· 字有乾坤 ·

君，会意字。《说文·口部》："君，尊也。"本义为君子，指地位尊贵、执掌政权的人。古人称使用带刃的木制武器的首领叫"帝"；称手持特大战斧的首领叫"王"；称文治天下的首领叫"君"；称头戴金冠之王叫"皇"。君，天下至尊。字形采用"尹"作偏旁，表示管理万千事务；因为发号施令，所以同时采用"口"作偏旁，这是古文的"君"字，像君主端坐的样子。本来是指执政治国的君主、君王。引申为有德行的人，对人的尊称。

君子在古代地位很高，享有盛名，如君子之交淡如水，指贤者之间的交情平淡如水，不尚虚华。如做生意、借贷等事情，要"先小人，后君子"。先做小人，后做君子，先把计较利益得失的话说在前头，然后再讲情谊。如果去送别朋友，可以说"送君千里，终须一别"，不管送多远的路，终究要分别，虽然依依不舍，还要说再见。

"君子"一词在西周时期就已流行，主要是贵族和执政者的代称，后来，从"职位君子"向"德位君子"转变，指有地位、有德者。被誉为"群经之首"的《周易》很推崇君子人格，"君子"一词出现20多次，广为人知的名句"天行健，君子以自强不息""地势坤，君子以厚德载物"，就是对君子的生动描绘，更是对中华民族精神的高度概括。

君子人格不但为儒家推崇，也为墨家、法家、道家所欣赏。墨子说："君子不义不富，不义不贵，不义不亲，不义不近。"韩非子说："君子不蔽人之美，不言人之恶。"这些都是对君子人格的高度肯定。影响深远的道家学派，虽然诸多思想观念与儒家学派迥然相异，但在如何看待君子人格这一点上，两者却颇为一致。老子说："兵者不祥之器，非君子之器，不得已而用之，恬淡为上，胜而不美。"庄子说："君子之交淡如水，小人之交甘若醴，君子淡以亲，小人甘以绝。"他还说："以仁为恩，以义为理，以礼为行，以乐为和，薰然慈仁，谓之君子。"凡此种种，无不表明道家学派对君子人格的认同和称许。

在《论语》中，孔子从君子的基本内涵、内在气质和俊秀风貌，多视角地给予阐述。他认为君子是儒家的人格典型，是有理想、有原则、不断进德修业、追求至善境界的人。在孔子看来，君子既有理想又现实，既尊贵又亲切，既高尚又平凡，是可见、可感，又可学、可做，并且是应学、应做的人格范式。

在孔子看来，君子是一种介乎圣人与小人之间的人格，君子与小人之间是根本对立的。

为了让人们对"君子"有一个鲜明的印象，孔子采用对比的手法，论述了圣人、君子和小人的区别。关于"圣人"，他对弟子把他奉为"圣人"的做法表示不满和反对，"若圣与仁，则吾岂敢"。他还明确说："圣人，吾不得而见之矣，得见君子者，斯可矣。"关于"小人"，他在与君子一系列比照中予以贬责和否定。

那么，君子与小人有哪些差别呢？归纳起来，大致有如下几个方面：

——在人生追求方面，君子心系社稷百姓，追求进德修业；小人只知追求个人利益，拼命保住自己的荣华富贵。孔子说"君子喻于义，小人喻于利""君子怀德，小人怀土；君子怀刑，小人怀惠"，意为君子不断上进，实践道义；小人放纵欲望，追求利益。君子关心的是法度，小人在乎的是实惠。

——在人际交往方面，君子坦荡正直地团结人，小人则结党营私和较小圈子。孔子曰："君子周而不比，小人比而不周。"意思是说：君子以道义团结人而不勾结，小人为私欲相互勾结而不团结。

——在为人处世方面，君子宅心仁厚、成人之美；小人心胸狭窄、成人之恶。孔子云："君子成人之美，不成人之恶。小人反是。"君子见到别人有好事总是努力帮助其梦想成真，但不会促成别人完成恶行。小人则正好相反。小人由于心胸狭窄、嫉贤妒能，看到别人成功，就陷害打击。别人挫折，则幸灾乐祸，甚至落井下石。

——在行为方式方面，君子讲求和谐相处，又宽容友善；小人则强求一致而不允许差异。孔子云："君子和而不同，小人同而不和。"这就是说，君子能够互相包容、互相欣赏，只有在大的方向、大的原则一致的基础上，可以存在一些小的差异，而不强求一致；而小人则强求一致，而不协调差异。在同一性和多样性的问题上，君子是求同存异，小人则针锋相对。

——在心态情志方面，君子舒泰安祥、自由自在；小人则骄傲自满、喜欢炫耀。孔子曰："君子泰而不骄，小人骄而不泰。"君子舒泰而不骄傲，小人骄傲而不舒泰。君子的心态是平和的，泰然自若，追求心安气闲，是内敛和安详的，不必向人示威。小人总是向人夸耀，一旦失落就难过，因此无法舒泰。

——在待人待己方面，君子严于律己，宽以待人；小人则对人严，对己宽，不反省自己而责怪他人。孔子云："君子求诸己，小人求诸人。"就是说，君子要求的是自己，小人要求的是别人。君子有很强的自省精神，常常躬亲自问，检讨自己，出了差错，多从自身找问题，少去责怪他人。小人则是贪功诿过，有功为己，有过归他人。

——在胸怀格局方面，君子大器大度、宽容宽厚；小人则小肠小肚、耿耿于怀。孔子说："君子坦荡荡，小人长戚戚。"君子心胸广阔，为人宽容，处事泰然；小人心胸狭窄，斤斤计较，局促不安。君子容人纳物，做事坦荡，不迷恋荣辱得失，所以不忧不惑，不惧不扰。小人役于物，为名利欲望牵行，患得患失，所以才会戚戚不安。

· 汉字寻趣 ·

对联欣赏

清末，朝廷之达官，多贪生怕死之辈。有人写一联讽之：

君在，臣何敢死！

寇至，我则先逃。

联语用达官口吻，是为假称。《论语·先进》有"子在，回何敢死"一语，上联由此化出。下联出自《孟子·离娄下》"寇至，则先去以为民望"一语。去，离开。为民望，给百姓做坏榜样。

八　齿字族

chǐ

齿 口中长牙，密麻一把

甲骨文	金文	篆文	隶书	楷书	行书	草书
ᅟ	ᅟ	齒	齒	齒	齿	齿

⿙ 甲骨文象口中有牙齿的形状。

⿙ 金文在牙齿上加"止"，表声。

⿙ 篆书为上下结构，承接了金文。

· 字有乾坤 ·

齿，象形字。《说文·齿部》："齿，口龈骨也。"本义为门牙，指人和动物嘴里咀嚼食物的器官（通常称"牙"）。如：牙齿、齿龈，明眸皓齿。

《大戴·礼记·易本命》："男以八月而生齿，八岁而龀，女七月生齿，七岁而龀。"男孩八个月开始长出牙齿，八岁而换牙。女孩七个月长出牙齿，七岁而换牙。《黄帝内经》认为男人的生长周期每八年为一个阶段，女人每七年为一个阶段。牙齿的生长也是如此。

牙齿与人的生长密切相关，故人们常用"齿"指"年龄"。年龄的"龄"字，也用"齿"作为构件。柳宗元《捕蛇者说》："退而甘食其土之有，以尽吾齿。"尽吾齿就是过完我的年岁。《黄帝内经·素问·上古天真论》"发堕齿槁"，就是说人老了，头发丢了，牙齿也不中用了。"黄发垂髫"的"髫"通"龆"，也指刚换牙的小孩。用"没齿难忘"，指年老牙齿也掉光了，也不会忘记这事。用"牙齿徒增"，是说自己年龄白长，知识才能没有长进。用"唇亡齿寒"，比喻双方息息相关，彼此关系密切、荣辱与共，应相互爱护、尊重。

牙齿都按一定的次序排列，由此，"齿"引申指"次序"，又指并列、次列。《庄子·天下》："百官以此相齿。"相齿就是相并列。

"齿"的主要功能是咀嚼，帮助下咽，故引申表示录用、收纳，如终身不齿（终身没有被录用），齿召（予以录用征招）。

牙齿可以辅助人的嘴巴讲话，又引申指"闲话"，如唐柳宗元《韦中立论师道书》："平居望外遭齿舌不少，独欠为人师耳。""齿冷"，起初指牙齿受凉，后来变成"耻笑"的意思了。

齿还用于形容带齿或齿状物，如齿轮、锯齿。由"齿"字组成的字一是与年龄有关，如"龄"，一是与牙齿相关。人们常用"打落牙齿和血吞"，表示吃了哑巴亏，而形容忍辱负重，等待复仇的机会。如：龈、齗两字相通，指的是牙龈。龋是指牙齿有病了。牙齿发生腐蚀的病变，在牙齿上形成龋洞，逐渐扩大，最后可使牙齿全被破坏。"嚙"是指用牙齿嚙咬。"龌、龊"原指口腔牙齿里的脏东西，后引申泛指那些不好的品德行为了。如：这个人气量狭隘，言行龌龊，不好交往。

下面，分享"齿"字族的歌诀：

口生一齿，以岁计龄。（龄）

髫发年龄，龆童换齿。（龆）

露此牙齿，龇牙咧嘴。（龇）

牙齿之根，称为牙龈。（龈）

牙床如屋，齿嚼龌龊。（龌龊）

牙齿不齐，龃龃龉龉。（龃龉）

·　🌸　汉字之树　·

· 汉字寻趣 ·

对联欣赏

《醒睡录》言，某解元在乡里无恶不作，在家中亦时凌辱父母，目无尊长。时人讽一联云：

嚼齿咬牙，骂令尊之令正，并非继母；

摩拳擦掌，打胞叔之胞兄，不是伯爷。

令尊之令正，即父亲之嫡妻，也即是这位解元之生母。胞叔之胞兄，即亲叔叔之亲哥哥，也就是这位解元之生父。联语不直言其父母，而通过亲属间的关系定位表达，更富于变化。

líng

龄　口生一齿，以岁计龄

甲骨文	金文	篆文	隶书	楷书	行书	草书
		龄	龄	龄	龄	龄

　　龄 篆书，左边"齿"为牙齿，人们只要用手一摸马的牙齿就可以根据牙齿的数目和磨损程度来判定它们的年岁，因此"齿"代表从牙齿来看年龄的长幼；右边"令"为声旁，亦可理解为时令、季节，四季更替为一年。故"齿""令"为"龄"，表示根据牙齿数目判定年龄大小。

　　龄 隶书承续了篆书的字形。

· 字有乾坤 ·

　　龄，繁体字为"齡"，形声字，从齿，令声。《说文·齿部》："齡，年也。从齿，令声。" 本义为年龄，如"芳龄""高龄""低龄化"。又指年数、年限。引申为生物体发育过程中的不同阶段所经历的时间，如学龄、工龄、年龄、教龄等。陶渊明《责子》："通子垂九龄，但觅梨与栗。"这里的通子是陶渊明的小儿子，九龄即九岁，还只是找果子吃，不好好学习。鲍照《代升天行》："暂游越万里，少别数千龄。"

　　"龄"现在一般也都是指年龄，龄齿就是年齿、年龄岁数。龄期是指到某一个年龄的时期。如：十三岁前后是少儿急促发育的龄期。有个成语叫"龟鹤遐龄"，遐龄就是高寿、长久。传说龟、鹤都能活一千年，因此用龟鹤比喻长寿，亦作"龟龄鹤算"。《龟经》载："龟一千两百岁，可卜天地终结。"传说神仙和道人云游都有仙鹤随行，仙鹤因此被称为"一品鸟"。相传龟鹤皆有千年寿，这里喻长寿。郭璞《游仙诗》："借问蜉蝣辈，宁知龟鹤年！"短命的蜉蝣，怎么能知道龟鹤的年岁呢？

汉字寻趣

对联欣赏

30岁女寿

上联：三十初进延龄酒

下联：百年喜开益寿花

40岁女寿

上联：宝婺星辉歌四秩

下联：蟠桃瑶献祝千秋

50岁男寿

上联：海屋筹添春半百

下联：琼池桃熟岁三千

60岁男寿

上联：甲子重新新甲子

下联：春秋几度度春秋

70岁男寿

上联：三千珠履随南极

下联：七十霞觞进北堂

80岁男寿

上联：百岁能预期廿载后如今日健

下联：群芳齐上寿十年前已古来稀

yín

龈 牙齿之根，称为牙龈

· 前生今世 ·

甲骨文	金文	篆文	隶书	楷书	行书	草书
		齦	龈	龈	龈	龈

齦 篆书，左边为"齿"，指牙齿；右边为"艮"，有坚硬、坚固之意，同时"艮"也代指不易咬碎或嚼烂之物。"齿""艮"为"龈"，即指使牙齿坚固的组织，即牙根肉、牙龈。

· 字有乾坤 ·

龈，繁体字为"齦"，形声字，从齿，艮声。《说文·齿部》："齦，齧也。""齧"（niè）同"啮"，"啮"同"啃"，即"龈，啃也"。本义为咬啮；后引申为使牙齿坚固的组织，即牙根肉、牙龈。

"龈"本意就是指牙根肉、牙龈。是围绕牙颈及覆盖上下颌牙槽的组织。龈齶指牙床和腭，是包住齿颈的黏膜组织，粉红色，内有血管和神经。"龈"是牙的根基，故比喻为事物的根底。为刨根问底必然引起争拗。"龈"又与"齗"通，"齗齗"是辩争的样子。《史记·鲁世家》："孔子曰：'甚矣，鲁道之衰也。洙泗之间，齗齗如也。'"意思是，孔子说，"鲁国道德的衰败实在是太厉害了啊！洙水和泗水之间，人们为了一些小事而激烈争吵、齗齗计较。"

· 汉字寻趣 ·

成语接龙

龈龈计较→较短比长→长揖不拜→拜倒辕门→门殚户尽→尽入彀中→中饱私囊→囊匣如洗→洗心换骨→骨鲠在喉

bāo

龅 牙齿外露，包裹嘴唇

🏺 前生今世

甲骨文	金文	篆文	隶书	楷书	行书	草书
			龅			龅

龅，形声字，从齿，包声。

☯ 字有乾坤

龅，繁体字为"齙"，"齿"指牙齿，"包"是声旁，也指包覆。牙齿本应被包裹在嘴唇之内，"龅"的字形可视为牙齿包裹嘴唇，意指牙齿突露在唇外。《玉篇·齿部》："齙，露齿。"《集韵·爻韵》："齙，齿露。""齙"本义为牙齿突露在唇外。

《资治通鉴·后梁均王乾化三年》："蜀太子元膺，猱喙龅齿，目视不正，而警敏知书，善骑射，性猜急猜忍。""龅齿"指突出唇外的牙。龅齿一般是天生的，但小孩子的一些不良习惯也容易造成龅齿。

📜 汉字寻趣

绕口令

龅牙好

龅牙好，龅牙好，
龅牙有啥好，
龅牙可以刨西瓜，
吃饭可以当刀叉，
喝茶可以隔茶渣，
下雨可以遮下巴。

jǔ

龃 > 齿不对应，意见不合

· 前生今世 ·

甲骨文	金文	篆文	隶书	楷书	行书	草书
			龃			龃

龃，形声字，从齿，且声。

· 字有乾坤 ·

龃，繁体字为"齟"，"齿"指牙齿；"且"是声旁，也可视为"阻"省，意为阻滞、遏阻；"龃龉"为联绵字，指牙齿不齐。《说文·齿部》："龉，齿不相值也。"《模韵》："龉，齿不齐。"《六书故》："锯齿出入亦曰龃龉。"

《汉书·东方朔传》："令壶龃，老柏涂。"宋代苏辙《和子瞻凤翔八观·石鼓》："亦如老人遭横暴，颐下髭秃口齿龉。""龃龉"用来比喻不平整、参差不齐。明代徐弘祖《徐霞客游记·滇游日记三》："始甚峻，一里，转西渐夷，于是皆车道平拓，无龃龉之虑矣。"又比喻不协调、差失，多用来指文辞。南朝梁刘勰《文心雕龙·练字》："状貌山川，古今咸用，施于常文，则龃龉为瑕。"还有不顺达的意思。《新唐书·王求礼传》："然以刚正故，宦龃龉。神龙初，终卫王府参军。"别离也可以称为"龃龉"。宋代王安石《酬冲卿见别》："两地尘沙今龃龉，二年风月共婆娑。"

· 汉字寻趣 ·

成语接龙

龃龉不合→合浦珠还→还淳反素→素绠银瓶→瓶沉簪折→折腰升斗→斗米尺布→布衣之交

tiáo

龆 小儿换牙，幼童时代

· 前生今世 ·

甲骨文	金文	篆文	隶书	楷书	行书	草书
			齿召			龆

龆，形声字，从齿，召声。

· 字有乾坤 ·

龆，繁体字为"齠"，"齿"为牙齿；"召"是声旁，也可视为"髫"省，古代时指小孩前额下垂的头发，引申指童年。"召""齿"为"龆"，指儿童换牙。"召"又为召唤、召回，"召""齿"为"龆"，表示乳齿脱落又长出恒齿。

《韩诗外传》："男八月生齿，八岁而龆齿；女七月生齿，七岁而龆齿。"晋代陶潜《祭从弟敬远文》："相及龆齿，并罹偏咎，斯情实深，斯爱实厚。""龆齿"指儿童换牙之时，引申指幼年。"龆年"指儿童换牙之年，即幼年。有一个成语叫"龆年稚齿"，指的是童年。出自《南齐书·武十七王传论》："龆年稚齿，养器深宫，习趋拜之仪，受文句之学。"

"龆"还可以引申指幼童。明代袁宏道《虎耳岩不二和尚碑记》："好奇者至附益之以古神僧事，家谭户艳，虽龆男稚女靡不道。""龆容"指儿童时代。

· 汉字寻趣 ·

猜谜语

谜面：牙齿在刀口上（打一字）
谜底：龆

wò

齷

牙齿细密，紧密相贴

甲骨文	金文	篆文	隶书	楷书	行书	草书
			齷屋			齷

齷，形声字，从齿，屋声。

字有乾坤

齷，繁体字为"齷"，"齿"为牙齿，牙齿相贴近而紧促；"屋"是声旁，义为屋子、居室，可储物，也表示空间有限。"齿""屋"相结合，表示牙齿在有限的空间内紧密相贴。"齷"常与"齪"连用为"齷齪"一词，本指牙齿细密。《广韵·觉韵》："齷齪，齿相近也。""齷"也指气量狭窄的样子。从这层意义来看："齿"有触、挡之意，表示有抵触，不能包容；"屋"表示空间有限，意寓容量小。二者合而为"齷"，强调气量狭隘。后引申泛指事物狭小、局促。

"齿"为牙齿，也指并列；"屋"也指覆盖物。"齿""屋"，即牙齿所在之处。"齷"的字形既体现了牙齿因长期咀嚼食物而经常有残渣留存，从而腐败、变质。同时也表示有秩序、有序列的事物被覆盖，意谓正规的、正面的东西被蒙蔽，只余反面的、肮脏的东西。"齷"既是齿间藏物，又是正气被掩，故而为肮脏、不干净之意。后常用"齷齪"形容人的品质卑劣。

"齷"，由本义引申为急促局狭。西晋陈寿《三国志·魏书·陈思王曹植传》："若夫齷齪近步，遵常守故，安足为陛下言哉！"

齷齪指肮脏、不干净，常用来形容居室内环境的脏乱不洁，狭小而凌乱，也指一个人的形态打扮不利索，不注意个人卫生；又指人气量狭窄，拘于小节，此由本义牙齿紧密引申而来。

由环境的脏乱进而引申，"齷齪"也比喻人的品质恶劣，谓某个人的思想品质很齷齪，如"卑鄙齷齪"。

《三国演义》里有个与齷齪相关故事，有一次，晚上要齪灯（持灯，也指持灯的人）了，有兵士请问晚上口令，曹操随口说个"鸡肋"。却被杨修参透用意，说是要退兵，曹操很是生气，说杨修扰乱军心，把杨修杀了。可是，第二天上阵，内心矛盾的曹操被魏延一箭射掉了门牙，疼死了。那年曹操六十多岁，掉牙齿本也正常，只是想想，真是因果报应：以后曹操吃鸡肋，更加嚼不动了。也许这是龌龊的行为遭到的报应。

汉字寻趣

对联欣赏

上联：千里马，五更鸡，龙眼对马蹄

下联：行龌龊，色匆匆，文竹对武松

九　舌字族

shé

舌 辨味器官，心窍舌现

· 前生今世 ·

甲骨文	金文	篆文	隶书	楷书	行书	草书
舌	舌	舌	舌	舌	舌	舌

舌 甲骨文，像张口伸舌有所舔动之形。
舌 金文另加出食物的碎屑，也像唾液。
舌 篆书整齐化。

· 字有乾坤 ·

　　舌，会意字。"舌"是辨别滋味的器官。《说文·舌部》："舌，在口，所以言也，别味也。从干，从口，干亦声。凡舌之属皆从舌"。意思是：舌，在口中，用以言说、辨味的器官。字形采用"口、干"会意。段玉裁《说文解字注》："言犯口而出之，食犯口而入之。""干"也是声旁。所有与舌相关的字都采用"舌"作边旁。舌的本义就是舌头。《虞初新志》中有"人有百口，口有百舌，不能名其一处也"。

　　"舌"是说话、言辞的工具。《易·说卦》："兑为泽，为少女，为巫，为口舌。"口舌这里是指说话的工具。如唇枪舌剑，白费口舌。

　　舌刺刺是形容嘴舌不停地说话。"巧舌如簧"，指舌头灵巧，象簧片一样能发出动听的音乐。形容花言巧语，能说会道。"舌敝唇焦"指舌烂唇枯焦，舌烂唇干。

　　"舌"是辨味的器官。舌头通过辨味，移动把食物送进胃中。人的味觉来自舌头，人的舌头有丰富的"味蕾"。味蕾在舌头的表面上，密密麻麻。在儿童时期，味蕾分布较为广泛，而老年人的味蕾随着年龄的增长有所萎缩而减少。人吃东西之所以能品尝出酸、甜、苦、辣、咸等味道，全靠舌头上的味蕾。正常成年人有一万多个味蕾，绝大多数分布在舌头背面，尤其是舌尖部分和舌侧两端，空腔的腭、咽等部位也有少量的味蕾。人吃东西时，通过咀嚼、口舌、唾液的搅拌，味蕾受到不同气味物质的刺激，将信息由味觉神经传送到大脑味觉中枢，便产生味觉，品尝出食物的滋味。

"舌"是通心之窍。中医"望"的判断方式，经常要看"舌"头，舌头的颜色、舌苔、大小反映了身体的状况，中医称为"舌"诊。

"舌"后又引申为像舌头一类的东西，如火舌、帽舌、金铃木舌等。道家的鼻祖老子曾经用"舌"与"牙"之对比，讲述了以柔胜刚的道理。老子说，你看看我口里有多少牙？我年纪越大，牙齿越少，这是牙齿经常吃坚硬的东西，而舌头和原来的没有任何差别。这说明柔能胜刚。其实，我们为人应该是刚柔相济，既有"牙"的坚毅，又有"舌"的软和。

由"舌"字组成的字，可以分为如下的几类：

一是指味道，如"甜"，舌头遇到甘味的东西，产生"甜"的感觉；

二是舌头移动的动作，舐、舔、憩；

三是指言辞、说话，如敌、辞。

四是指生命的状态，如"活"，舌头有津液，表明身体健康，如口干舌燥，则是身体出了毛病。

下面，让我们分享"舌"字族的歌诀：

舌尝甘味，心里香甜。（甜）

用舌取食，老牛舐犊。（舐）

舌尖朝天，以舌取物。（舔）

诉讼辩词，陈述案情。（辞）

口舌之争，打敌要害。（敌）

用到平削，刮平表面。（刮）

丝线混杂，散乱无序。（乱）

· 🌸 汉字之树 ·

乱

辞 活

甜 刮

敌 舔

舐

舌

· 🟫 汉字寻趣 ·

舌字歌

有口便有舌，有水把活干。
有言话就多，有手全包括。

tián

甜 〉 舌尝甘味，心里为甜

甲骨文	金文	篆文	隶书	楷书	行书	草书
		甜	甜	甜	甜	甜

甜 篆文，从甘、从舌，会舌尝到甘味之意。

· 字有乾坤 ·

甜，会意字，从甘、从舌。

"甘"是"甜"的本字。 甲骨文字形，在"口"中加一横指事符号，指口中含有甜美的食物，表示口腔、舌头所体验到的舒服、美妙的味觉。当"甘"被习惯性用于书面语后，另造"甜"代替。

"甜"是味甘，像糖或蜜的味道。《说文·甘部》："甘，美也。从甘从舌。舌，知甘者。"本义为像糖或蜜的味道。如韩愈《苦寒》："草木不复抽，百味失苦甜。""失苦甜"就是尝不出苦和甜的味道了。又如"事没双全，自古瓜甜蒂苦"。

甜字表示用舌头去尝味道。味道有"酸、甜、苦、辛、咸"五味，当舌头尝到甘味，就叫甜。"甜"字的发音也正是从舌头上发出来的。因此"甜"引申为美，比喻幸福、快乐。如甜沃沃，形容幸福愉快；甜差，形容美差；甜言蜜语等。"甜"也指睡得香熟，如"更长酒力短，睡甜诗思苦。"

"甜"来自辛勤的劳动和努力的奋斗。"甜"音通田，田是土地，是富裕的资源，过好甜蜜、富裕的生活，不但要有田，而且要辛勤耕耘田地，这样，才能有收获。田也指心田，一个人有丰富的心田，热爱自己的事业，再苦再累，心里也是甜的。

汉字寻趣

拆字诗

　　传说，代江南"四大才子"唐伯虎、祝枝山、文徵明和周文宾，在平常聚会时就常常吟拆字诗联取乐。一天，祝、文、周三人应邀到唐府做客。一进门，看到唐伯虎和家人正在影壁墙前种桂树，便一齐上前打招呼。祝枝山开口道："闲种门中木。"唐伯虎听完暗思：门中有木是个"闲"字，随即开口答道："思耕心上田。"文徵明不甘落后，连忙说："秋点禾边火。"周文宾曰："甜生舌后甘。"刚一落音，祝枝山击掌称妙。说："我们四人的拆字联连起来正好是首诗呀！"

shì

舐 用舌取食，老牛舐犊

甲骨文	金文	篆文	隶书	楷书	行书	草书
		舐	舐	舐	舐	舐

舐 篆书左边是"舌"，右边是"氏"。

· 字有乾坤 ·

舐，形声字，从舌，氏声。"舐"的本义是用舌头取食或舔物，与舔含义通。"氏"为声旁，也兼表义，意为"基底""基本面""受物面"。"氏"与"舌"联合起来表示"以舌为基底承受食物"。如：舐食；火苗儿舐（烧舔）着锅底。

舐，也表示长辈对小辈的疼爱和深情。舐，从氏，姓统于上，氏别于下，这是老对小、上对下的关爱。

· 汉字寻趣 ·

绕口令

施氏食狮史

施氏适师室，侍师匙食。师狮视施氏，恃矢势。
师拭施氏试，施氏识势，市十石，师誓是事。
时使施氏舐师矢，适时，师释，湿施氏。
施氏视师示十石誓，师食是誓。施氏屎视是师。
施氏恃石弑师，噬师尸，始释，师逝。

121

tiǎn

舔 舌尖朝天，以舌取物

· 前生今世 ·

甲骨文	金文	篆文	隶书	楷书	行书	草书
		舔	舔	舔	舔	舔

舔 篆书，从舌，忝声。

· 字有乾坤 ·

"舔"字左边为"舌"，即舌头，代表舌头的动作；右边为"忝"，为"捺"省，指用毛笔蘸墨汁在砚台上弄均匀，是以笔蘸取得意思。因此，"舌""忝"为"舔"，表示以舌取物之意。

《说文·舌部》："舔，以舌舔物。"舔：以舌取食。舔用舌头接触东西或取东西。如：舔手指头、舔干净、舔笔、舔碗、舔盘子等。

"舔"是用舌头接触东西，感知东西的味道。舔从舌，舌是味觉器，忝从天、从心，表示舔特别小心。"舔"生动地表现了上对下的爱心。舔，从"忝"，忝，上从天，是尊大之称，下从心，表示爱心。

· 汉字寻趣 ·

绕口令

买盐

玲玲买来盐，用舌舔一舔。
是咸不是甜，是甜不是盐。
是咸才是盐。

辞 诉讼辩词，陈述案情

甲骨文	金文	篆文	隶书	楷书	行书	草书
	辭	辭	辭	辞	辞	辞

辭 金文，从嗣（理丝），从"司"（执法、施刑），用辩理刑狱会讼辞之意。

辭 篆书，从受，从辛，用接受刑罚人将拒绝，会不受之意。

辞，会意字，从舌，从辛。繁体字为"辭"。《说文·辛部》："辭，讼也。从嗣，嗣犹理辜也。嗣，理也。嗣，籀文辭从司。"意思是说，辞，打官司的文辞。字形采用"嗣、辛"会意。"嗣、辛"好比说治理罪过的意思。嗣，籀文辭字，由嗣、由司会意，司也表声。

繁体字"辭"的左边是"乱"的省字；"辛"小篆是古代的刑具，本义为大罪。"辭"可视为通过诉讼，将纷繁复杂的案件抓住线索，理出头绪，搞清真相，进而定罪。辭是打官司。简体字"辞"从舌，从辛。"舌"为口舌，为言语；"辛"有辛苦、辛辣之意。"舌""辛"为"辞"，意为口舌辛苦，言语辛辣。如推辞、辞退、辞别、辞职、告辞时，通常都要费一番口舌。

"辞"是经过不断修饰的词，所以"辞"也通"词"。词成为一种文体，我国的宋词是中国文学的高峰之一。

"辞"有辞别、离开、告别、推辞的意思。李白《朝发白帝城》："朝辞白帝彩云间，千里江陵一日还。"其中"辞"就是离开之意。

古代把审判案子叫做"狱讼"，相当于现在的诉讼。"辞"就是当事人双方关于狱讼的口供。诉讼当事人在判案人员面前大都是极力为自己辩解、开脱罪行，期望减轻处罚或免除处罚。由此，"辞"引申为辩解、解说之意。

"辞"也指政令之词。《诗·大雅·板》："辞之辑矣，民之协矣。辞之绎矣，民之莫矣。"政令和缓不苛，百姓心中自然舒畅。政令若不合理，百姓就会遭受灾祸。

· 汉字寻趣 ·

成语接龙

含糊其辞 →辞简意足 →足不逾户→户告人晓 →晓行夜宿

 十　言字族

yán

言 〉 庄重严肃，唇口出言

甲骨文	金文	篆文	隶书	楷书	行书	草书
𠮚	𠱒	𠱒	𡭥	言	言	言

𠮚 甲骨文，从口，上像箫管乐器形，含吹乐器之意，与音同源。

𠱒 金文，上为舌，下为口，是张口伸舌讲话的象形。

𠱒 篆文承续甲骨文、金文的字形。

𡭥 隶书，将篆文字形中的 𠱒 写成 舌 。晚期隶书把 舌 简化成三横加"口"的 言 。言，有人认为是"吹大箫"，也有人认为是"讯言"，即开口发声。

· 字有乾坤 ·

言，指事字。《说文·言部》："言，直言曰言，论难曰语。从口，产声。凡言之属皆从言。"意思是：言，直说叫"言"，论争辩驳叫"语"。字形采用"口"作偏旁，采用"产"作声旁，本义为吹奏乐器，引申指陈说，如"知无不言，言无不尽。"

"言"的字形，可以看成是从二、从口，二表示人的上下两片嘴唇，唇下是一张口，这表明人的言语，源发于大脑，启齿于两片嘴唇，出于这张口。

古人认为庄重严肃为言，教谕晓解为"语"，所以有"一言为定""君子一言，驷马难追""言必信，行必果"之说。"言"有三种形式：上者之语曰为"云"，审慎之语为"曰"，通俗清楚说为"白"。

"言"首先指出了语言发出的器官是人的"口"和"舌"。金文的"言"字，从口、从舌，只有口和"舌"的配合，才能说出清晰的语言。"口吃"的人说话不流利，是因为舌头运作不顺畅。为此，必须通过含石头的训练进行矫正。

"言"是人的心声的表现，言语是人的内心思想的反映。《周易》讲了许多从人的言语中，识别是非曲直的方法，如叛者词惭、疑者词支、诬人者词游、失守者词屈、躁人者词多、吉人者词寡、君子词慎。

《法言·问神》："言，心声也。"即"言"是心里的声音、心里的话。有什么样的心性，就会说出什么样的言语，所以人的语言有多种多样：既有忠言，也有谗言；既有真言，也有谎言；既有良言、箴言、昌言，也有胡言、妄言、谣言。

语言与文字密切相连，文字是对语言的记录，使知识、思想、技艺不会失传，故"言"又引申为字。文字可以书写，恰恰弥补了语言的不足。通过文字记录，前人的语言得以保存下来并流传至今。白居易《琵琶行》序："凡六百一十六言，命曰《琵琶行》。""六百一十六言"指六百一十六个字。古诗分五言诗、七言诗等。"言"在古时也代指文章。如"言之无文，行而不远"。

语言是我们表达思想，交流感情，沟通信息的工具，体现了一个人的道德品质，学养素养和智慧能力，是一个人待人处世的基本功之一。星云大师曾提出要"存好心、做好事、说好话"。怎么样才能说好话呢？一是要说良言。俗话说："良言一句三冬暖，恶语伤人六月寒。"说良言，就是说与人为善的话，说礼貌的话；二是要慎言。《论语·先进》中孔子说："夫人不言，言必有中。""言必有中"就是讲中肯、得体的话。俗话说"病从口入，祸从口出"，言多必失，必须慎言、少言，说话要说心里话，一开口说话，说到关键之处；三是要讲真言，《论语·公冶长》："听其言而观其行。"认识、考察一个人，不但要看他怎么说，而且要看他怎么做，为此，孔子要求做人要知行合一，表里如一，不能说假话、空话、套话，说言不由衷的话，要说真实的话和自己能够做到的话，真正地做到"言必信，行必果。"

由"言"组成的字非常之多，大约有270个之多，是一个庞大的族群，大致可以分为几大类：

一是言之本：言语、说话、讲谈、评议、讨论、咨询、许诺、读诵、诠释、训诲。

二是言之用：认识、记住、认证、设计、调试、课诊、诏谋、诉讼、诛诘、诤谏。

三是言之雅：诗词、歌咏、誓谟、诰谕、谏讦、谛诀、诂谱、详该、诙谐。

四是言之俗：谣谚、谜谶、诸谓、讵谁、诌谎、诨谑、诧讶、讪讷、讥讽、谄谀、讧诿。

五是言之善：谢谅、谦让、请谒、讳谥、谅诚、谆诚、谨谌、谨详、谐谊。

六是言之恶：诡诞、谴谪、诋谩、谬误、诽谤、讹诈、诱诓、诳讥、诬谗、讪讧。

这里只选取有"言"字的字进行解读，偏旁"讠"放在偏旁识字法中介绍。

下面，让我们分享"言"字族歌谣：

折箭立言，发下誓言。（誓）

众人评说，认同称赞。（誉）

威言敬肃，警醒之言。（警）

言辞精辟，比以晓譬。（譬）

大网罩口，责骂詈言。（詈lì）

说话啰唆，喋喋不休。（詹zhān）

惠邦非议，此为訾言。（訾zǐ）

反复言辞，递迫訄言。（訄qiú）

· 汉字之树 ·

· 汉字寻趣 ·

"言"字歌

兑字加言把话"说"，仑字加言议"论"多；

吾字加言"语"言美，已字加言"记"心窝；

果字加言正上"课"，卖字加言"读"书多；

荒字加言爱说"谎"，若字加言常许"诺"。

shì

誓 折箭立言，发下誓言

· 前生今世 ·

甲骨文	金文	篆文	隶书	楷书	行书	草书
𣂁	誓	誓	誓	誓	誓	誓

𣂁 甲骨文，从言折声。本义指古代军中告诫，约束将士的言辞。

誓 金文承接甲骨文的字形。

誓 篆文把金文中的"丰" ✦ 和"斤" 𠂤 写成"折" 𢿍 。

· 字有乾坤 ·

誓，形声字。"誓"，从言，指严肃的话；折，为折断，表示折箭宣告决心。誓是古代军人信约某事，决不食言的一种方式。《说文解字》："誓，约束也。从言，折声。"意思是：誓，用以约束自己行为的发咒似诺言。字形采用"言"作偏旁，采用"折"作声旁。誓，以折箭宣告决心，表示言必信，行必果。

"誓"字形象地描写了出征前"誓师"的场景。"誓"从"斤"，"斤"是古代打仗的武器。《周礼·秋官·士师》："王戒，一曰誓，用之于军旅。"军旅的戒律成为"誓"。如"不获全获，决不收兵。""誓"是战前的动员，是为了鼓舞斗志，提高战斗力。

"誓"字形容地表达了立誓、发誓的态度和决心。"誓"字从折，折为折断，古人发誓时常以断物之举表示绝不违背，并伴有"若违此约，如同此物"之类的语言。随着不同的时代，不同的场景，立誓的信物发有所不同。如"义结金兰"，有的是滴血饮酒。

"誓"是也很生动地反映了立誓、发誓的程式。"誓"字从"言"，"言"是指所立的誓言，即誓词。《上邪》有一则表达对爱情忠贞不渝的誓言："上邪！我欲与君相知，长命无绝衰。山无陵，江水为竭，冬雷震震，夏雨雪，天地合，乃敢与君绝！"今天，我们入职、入党都有一个宣誓的仪式，宣誓都有特定的誓词。

"轻诺者必寡信"。对天发誓以人格担保，通常可以取得对方的信任，但也不能把"我发誓"常常挂在嘴边，关键还是量力而行，见诸行动。

· 汉字寻趣 ·

成语接龙

誓不两立 → 立雪程门 → 门无杂宾 → 宾至如归 → 归心似箭

警　威言敬肃，警醒之言

· 前生今世 ·

甲骨文	金文	篆文	隶书	楷书	行书	草书
	警	警	警	警	警	警

　　 金文即"敬"字，从口，从干，从人。"口"，是说话的意思；"干"，是树杈的形状，古人以树杈为捕猎工具，代指武器、武力、暴力；" "为"人"。" "合起来表示以武力威胁进行严重告诫，使之保持谨慎，谦卑恭肃，由衷尊重。

　　 篆文，将金文字形中的" "写成" "。当"敬"原本"严重告诫，使之谨慎恭肃"的意思消失后，再加 （言），另造"警"代替。

· 字有乾坤 ·

　　警，会意字。从言、从敬，敬亦声。"敬"是"警"的本字。《说文·言部》："警，戒也。从言，从敬，敬亦声。"本义为戒敕，即以武力威胁相告诫。如《周礼·宰夫》："正岁，则以法警戒群吏。"《礼记·文王世子》："所以警众也。"《左传·宣公十二年》："今年或者大警晋也。"

　　警是恭敬、端肃的态度。"警"字从"敬"，表示以恭敬之心，用严肃的语言、郑重地告诉对方，使之引以为戒，使之警觉、警醒。"警"首先要有敬畏之心、恭敬之心、与人为善，适时地提醒以引起他人的警觉和改过。

　　警要善于运用好语言的力量。"警"字从"言"，表示他人要巧妙地说话，有时是用严肃的话，警醒他人，这是"良药苦口"，有时又必须运用赞美的话去警醒他人，这是"良药爽口"，这必须依对象、场合而定。警告、警醒是出之于关心，但如果言辞过于傲慢，态度粗暴，也会适得其反。

　　"警"字在我们生活中，用得最多的是可以作为座右铭的"警句"。在日常生活中，经常产生和流传着大量的格言警句。这些警句透过纷繁复杂的表象，直指生活的本质，精辟深邃，耐人寻味。警言、警语、警句是人类思想的精华，是人生经验的高度概括。它们能陶冶性情，激励上进，发人深思，让人警醒。

　　"警"，又表示戒备、警惕、防卫。即防范可能发生的危险，如警卫、戒备、警备、警惕等。《左传·宣公二十年》："且虽诸侯相见，军卫不彻，警也。"王侯会面，警卫却没有撤去，这正是有所警惕的表现。"警"也指通过警力来履行对他人的告诫、劝阻、防卫等职责的人或组织，如警备队、警卫区、警卫员、警署、警察等。

警又指戒备、警惕、防卫，如："将军杀臣，则吴必警守矣。"警又指危急的信息，如：警情、警报。警还指语意凝体新颖，如"立篇言而居要，乃一篇之警策。"大凡警句，都是给人以启迪和警醒的名言。

· 汉字寻趣 ·

猜谜语

谜面：出言示警
谜底：敬

yù

誉 众人评说，认同称赞

甲骨文	金文	篆文	隶书	楷书	行书	草书
	𦥸	𦥊	誉	誉	誉	荟

𦥸 金文，从與，即"舉"（举），众人认同、推选，从言，即评说，表示众人评说，一致认同。

𦥊 篆文承续金文字形。

誉 隶书将篆文字形中的 𦥸 简写成 與，将篆文字形中的 𩛿 写成 言。

· 字有乾坤 ·

誉，形声字，从言，與声。繁体为"譽"。《说文·言部》："誉，称也。"。本义为赞美、称赞。《墨子经》："誉，名美也。"《礼记·表记》："君子不以口誉人。""誉人"就是称赞人，就是君子不空口赞美人的意思。

"誉"是运用荣誉去对高尚的道德的行为和先进的创造给予激励。"誉"从"與"，即"与"，即给予、赠予。对人的正面激励不外是两个方面，一个是物质利益，一个是精神荣誉，都可以起到褒奖的作用。俗话说，"好孩子都是夸出来的。"适当的赞美，肯定可以增强人们的荣誉感而更加努力。"誉"字上为头，下为"言"，意为称赞的言语能使人高兴，这是快乐的源泉。为此，我们常以评选、表彰先进事迹、先进人物，给他们授予"荣誉称号"，在全社会产生正面激励的效用。

"誉"寓意赞美要用适当的言辞。"誉"从"言"，即使人高兴，喜悦的语言。"言"于"誉"下，表示赞誉他人要适度、适时，实事求是，不能夸大其词，"捧杀"其实也是一种加害，"过誉"会使人产生骄傲自满的情绪而不思进取。当然，对于受誉的人也要保持清醒的头脑，防止飘飘然，忘乎所以。

"誉"也要求我们有团队精神和广阔的胸怀。"誉"中之"與"意为参与、一起。荣誉往往不是单枪匹马的战斗，而是集体智慧的结晶。一个人或一项事业取得成功，离不开众多人员的协助、铺垫、支持、栽培。《管子·禁藏》："誉不虚出，而患不独生。"荣誉美名不会凭空出现，祸患也不会偶然产生。要想获得荣誉，必须踏踏实实做人，勤勤恳恳做事。不要为了获得荣誉、赞誉而做事，功利目的太强，往往得不偿失。

汉字寻趣

成语接龙

誉不绝口 → 口若悬河 → 河倾月落 → 落落大方 → 方枘圆凿 → 凿壁偷光 → 光彩夺目 →目中无人 → 人定胜天 → 天外有天 → 天伦之乐

詹

zhān

说话啰唆，喋喋不休

· 前生今世 ·

甲骨文	金文	篆文	隶书	楷书	行书	草书
		詹	詹	詹	詹	詹

詹，籀文从 （人，警哨）从 （穴，岩穴）从 （言，预言、警告），造字本义：远古时代的哨兵站在所居住的岩穴之上，远眺、预警。

詹篆文，将籀文字形中的"穴" 简写成 。当"詹"的"远眺、预警"本义消失后，再加"目"另造"瞻"代替。

字有乾坤

詹，形声字，指说话繁琐、喋喋不休的样子。《说文·八部》："詹，多言也。"

詹的本义是说话繁琐，喋喋不休。《庄子·齐物论》："大言炎炎，小言詹詹"。"詹詹"指喋喋不休，话多。

"詹"字告诫人们要慎防祸从口出。"詹"，上为"厃"，"厃"为"危"字头，意为危险。下为"言"，意为多言。《韵会》："或作谵。"这是告诫人们语多必失，多言必危，而喋喋不休，更是令人生厌。一个人唠叨，耗时误事，正如"叨"字一样，唠叨就像一把刀，会对人产生伤害。

"詹"字告诉我们要向前看、向远看。"詹"字还通"瞻"。清代朱骏声《说文通训定声·谦部》："詹，假借为瞻。""瞻"是目光远大，高瞻远瞩，把握大势，掌握未来。

"詹"字今天多用于指姓。周宣王封庶子于詹，子孙以国维氏。詹氏的家训很有特色，其内容为："心存俗务，当持恭俭为本；慎行为务，汛爱亲贤；维忠维孝，居朝廷克赞其君；贵不僭上，富不骄下，贫不滥取，急无苟免。"可见，对詹

姓的子孙要求很高。我国铁路事业的创业者、开拓者詹天佑是詹姓的名人之一。

汉字寻趣

绕口令

竹竿和洋枪

一个老张拿竹竿，一个老詹拿洋枪，

两人走上山，走上山的小土岗，

老张打老詹，老詹打老张，

老张的竹竿打老詹的洋枪，老詹的洋枪打老张的竹竿，

两人打得乒乓响，打完谁也没受伤。

pì

譬　言辞精辟，比以晓言

甲骨文	金文	篆文	隶书	楷书	行书	草书
		譬	譬	譬	譬	譬

譬 篆文，上半部分为"辟"（辟），避开、分开、分析之意；下半部分为"言"（言），说、语言的意思。譬，下言上辟，寓意用语言来避开疑难，引申为通过生动的打比方解疑释惑。

譬 隶书将篆文"譬"中的"言"简写成"言"。

· 字有乾坤 ·

譬，形声字，从言、辟声。譬，从辟，辟，也可以理解为精辟，引申为法理，表示以语言明法理。"譬"音通"匹"，表示匹比而论。即直告之不明，举物类比晓谕之。《说文·言部》："譬，喻也。"喻就是打比方把事情说明白的意思。本义是譬如、比喻。如《诗·小雅·小弁》："譬彼舟流。"《战国策·齐策》："臣窃为公譬可也。"

"譬"是比喻、打比方，以便把事情说明白，为一种精辟的修辞手法。"譬"从"辟"，即精辟，从"言"，即言辞。比喻可以使语言生动形象，可以丰富联想和想象，可以把事理说得更通俗易懂。如比喻女人美丽的诗句有"北方有佳人，绝世而独立。一顾倾人城，再顾倾人国。"比喻春雨的诗有"好雨知时节，当春乃发生"等。

"譬"还指晓示述说。"譬"字从"言"，这是运用语言去打比方。《后汉书》："言之者虽诚，而闻之未譬。"譬在这里指晓，即让人明白。我们讲话，写文章要使人明白、知理，必须善于譬如。

· 汉字寻趣 ·

成语接龙

方桃譬李 → 李下瓜田 → 田夫野老 → 老朽无能 → 能近取譬

十一　心字族

（一）基础思维

xīn

心 > 神明之主，高洁如莲

· 前生今世 ·

甲骨文	金文	篆文	隶书	楷书	行书	草书
ᐁ	ᐁ	ᐁ	心	心	心	心

ᐁ 甲骨文，像人和动物的心脏的形状，上面的左右短斜可以看做是心脏上的血管或瓣膜。

ᐁ 金文，是一个惟妙惟肖的心形，少了左右的斜线，多了中间的一点，表示心脏是有血的。

ᐁ 篆文，中间像人体内椭圆形心脏的形状，图案突出了该心脏上端的动脉入口管道、静脉入口管道。

· 字有乾坤 ·

心，象形字。《说文·心部》对"心"的解释是："心，人心，土藏，在身之中。象形。博士说以为火藏。凡心之属皆从心。"意思是，人的心脏，是属火的脏器，藏在身躯的中部。依博学之士说，心是属火的脏器。所有与心相关的字，都采用"心"作偏旁。从"心"的字形看，心的甲骨文、金文均像心脏的形状。古人早已认识到心脏在人体中处于主导地位，将其看作主宰身体的器官，"耳目鼻口手足六者，心之役也。"人的"心"起着泵血、运送血液的功能。心有新陈代谢、推陈出新之功，是人的生命存在和生机勃发的条件。从"心"的生理功能看，心是人的一个发动机。心脏一收一放，把营养和新鲜氧气送到毛细血管，为细胞提供新的物质，又把废物排到体外，实现了新陈代谢。一个人心脏一旦停止了跳动，就意味着生命的结束。因此，要保持心的活力，必须强心，保持好心血管的畅通。中医认为，心是神之舍、血之主，脉之宗。在五行中属火，为阳中之阳，起着主宰人体生命活动的作用。

现代人以为汉字"心在人的中心"的观点是违背生理常识的，其实，"心居中心"不是指位置，而是心在五行中居中，其重要性居中心的地位。心脏位于身体的中部，故引申为中心、中央。白居易《琵琶行》："东船西舫悄无言，唯见江心秋月白。"

古人以为心不但是泵血的器官，还是感知器官、思维器官。他们说："心者，生之本，神之变也。"《黄帝内经》说："心者，君主之官也，神明出焉。"又说："心藏神，主神明。"心是人一身之主，主宰着人的精神、思想、意识、情感，掌握着人的气血盛衰以及精、气、神和思维功能。《礼记》也指出："总包万虑谓之心"，认为心是用来思考的。心助大脑思考是古人的深刻洞见。当代临床医学表明：心脏移植手术中，不少受体的性情或多或少与供体生前的性情有很大的关系。因此，"心"引申指头脑、思想，《孟子·告子上》："心之官则思，思则得之，不思则不得也。"心又指一个人的内心，心还引申指心意、心思，《诗经》："他人有心，予忖度之。""二人同心，其利断金。"

今天，我们的"心"延伸到更为广阔的领域，不但指生理之心，情感之心，而且还用于指思想、精神、意念、心理、心境、心态等等，特别是用于人格的完善。在人格完善中，儒家提出"修身"，佛学提出"修心"，其实，应该是身心兼修。修心是修身的基础，修身是修心的依据，相辅相成，而修心是更为重要的修养方法。

那么，如何修好"这颗心"，首先是要有善良之心。人者，天地之心。天地之心何以见？就在人心的善念之间，人心之善便是天地之正理。孟子认为仁义礼智根于心，心是道德善性的源泉，人心固有的善要通过尽心、存心、养心来实现，以仁存心，以礼存心。张载说"为天地立心"，这个心，就是人的善良、恻隐、仁德之心，为天地立心，就是效法天地之德，为社会建立一个以道德为核心的价值体系，让人们有一颗向善向美的心，为自己的目标和信念而努力。

其次是要有高洁之心。"心"字的字形不但其形状似人心，也似一朵含苞待放的莲花，意味着要像莲花那样高洁清静。《吕氏春秋》说，心"在肺之下，隔膜之上，着脊第五椎。形如莲蕊，上有四系，以通四脏"。莲花自古以来就用以比喻一个人心性澄明、洁身自好。为抵御世俗名利的侵袭，保持正直中道，"出淤泥而不染"，必须勤于拂拭，修好一颗心。

再次是要有正直之心。只有心正，才能行正、貌正。文也要写得正，有一成语叫"心正笔正"，讲的就是这样一个道理。

据说，有一次柳公权在写字，穆宗皇帝连赞叹，问柳公权："你的字怎么写得这么好？能告诉我书法的秘诀吗？"柳公权回答："用笔在心，心正则笔正！"写字的诀窍在于心，心不清净、不端正，字也不可能漂亮。柳公权说的是实话，"写字"本质是心理运动的习惯表露。要想把字写好，就要养成良好的心理习惯。可穆宗皇帝听了很不舒服，以为柳公权是在说他，一甩手就走了。

柳公权就是这样一个心直口爽的人，他的字也刚直。

人之为人，在于人心存高远的理想，愿意为人类社会用心，愿意为天下人民尽心，愿意激发善心、仁心、爱心，永葆赤子之心。人生路漫长，不忘初心，方得始终。

"心"作偏旁为忄，表示心易分易合，人心变动不居。"心"字作为构件为小，表示心是向上的，如慕、忝等。

有"心"字或"忄"的汉字很多，形成一个庞大的"心"字族。偏旁"忄"组成的字在偏旁识字法中介绍，这里主要讲含有"心"字的汉字。以"心"字为字根组成的汉字有如下几类：

一是指基础思维：思、想、意、聪、慧、感、息、虑、忘、总、念、志。

二是指心理感觉：忽、怠、恐、悬、悲、惫、愈、怎、慰。

三是指思想情感：爱、恋、念、忿、怨、怒、恁、恋、愁。

四是指心理状态：态、急、闷、忐、忑、忩、羞、惑、患、悠、憨、憩、愚、悬、聪、怂、恐。

五是指意志意愿：恣、忍、怼、惹、憋。

六是指社会伦理：忠、恕、忒、忌、毖、惠、耻、恶、恩、慈。

下面，让我们朗读"心"字族的歌谣：

心脑一体细思考，（思）

相由心生想模样，（想）

心被奴役怒火烧，（怒）

用心听音明其意，（意）

大度宽容心态好，（态）

壮士之心志高远，（志）

自心体验呼吸息，（息）

心有委屈生怨恨，（怨）

心忧秋收发愁绪，（愁）

高台压心必懈怠，（怠）

五味杂陈咸伤感，（感）

今心一起善恶念，（念）

心中有爱行徘徊，（爱）

心已丢失记忆忘，（忘）

急于求成心焦急，（急）

分心则忿存大信，（忿）

紧锁心门很郁闷，（闷）

来自不忠防于患，（患）

心中迷乱则迷惑，（惑）

心智未开蒙昧愚，（愚）

深思熟虑依律行，（虑）

平和之心显安慰，（慰）

利刃在心忍无敌，（忍）

在天愿做比翼鸟，（愿）

心肠柔软慈悲心，（悲）

中正之心方显忠，（忠）

如人之心宽度恕，（恕）

心挂丰宫悬如丝，（悬）

优哉游哉乐悠悠，（悠）

扫除心尘心清慧，（慧）

言如长丝表爱恋，（恋）

敢说敢做显憨态，（憨）

从旁劝说怂恿人，（怂）

心聪目明听觉灵，（聪）

敝字上心很憋气，（憋）

心上凡工必惶恐，（恐）

愤恨相对产怨怼，（怼）

七上八下心忐忑，（忐忑）

两土叠加生恚怒。（恚）

· 汉字寻趣 ·

连"心"歌

田在心上"思"想好，士在心上斗"志"高；

秋在心上真发"愁"，奴在心上"怒"火烧；

咸在心上谈"感"想，原在心上说"愿"望；

亡在心上易"忘"事，非在心上好"悲"伤。

sī

思 心脑一体，聚神细思

· 前生今世 ·

甲骨文	金文	篆文	隶书	楷书	行书	草书
	 𢖽	 思	 思	 思	 思	 思

𢖽 篆文，�囟 为囟，表示脑，�心 为心，表示脑和心的能力。古人发现，心不仅是泵血器官，还是感知器官，具有直觉思维能力。造字本义：用头脑考虑、用心灵感受。"思"与"想"的差别是：自虑为"思"；念他为"想"。

思 隶书，从"田"，从"心"。"田"为区域、范围。"思"从"田"表明思考有一定的范围、区域。"田"为田地、庄稼，意寓成果、收获。"思"即心田，是以心为田，强调思考就会有收获。

· 字有乾坤 ·

思，形声字。《说文·思部》："思，容（同睿）也。本义为深思。""皃曰恭，言曰从，视曰明，听曰聪，思心曰容，谓五者之德。"思为思想、思念、考虑，动脑筋等。《书·洪范》："思曰容，言心之所虑，无不包也。""无不包"就是说，心思可以包容时空上的所有东西，如"心如大海"。心后引申出怀念、纪念之意。如：思古、思旧、思家、思乡，《史记·魏世家》："家贫则思良妻，国乱则思良相。"《战国策·赵策》："已行，非弗思也，祭祀必祝之。"晋陶渊明《归园田居》："羁鸟恋旧林，池鱼思故渊。"思又有意念、观念之意，如：思想、情思、文思。曹植《幽思赋》："仰清风以叹息，寄余思于悲弦。"《新唐书》："画思入神。"思还有悲伤，哀愁的意思。《乐府诗集·长歌行》："远望使心思，游子

145

恋所生。"

"思"也指心绪，如"俱怀逸兴壮思飞"。人们对"过去"或"失去"的东西和事情会越加思念，王维《九月九日忆山东兄弟》："独在异乡为异客，每逢佳节倍思亲。遥知兄弟登高处，遍插茱萸少一人。"这首诗表达的就是这样的情感，思有对故园、对家乡的挂念，是远离、失去后的感觉，这都是发自于内心深处的，是内心情感的自然流露。

"思"是我们的学习方法和修养法门。孔子在《论语·为政》中说："学而不思则罔，思而不学则殆。"孔子说，学习而不思考，则将毫无领悟；思考而不学习，就会陷于迷惑。学、思、践、悟要结合起来，学习才能收到事半功倍的效果。孔子在《论语·季氏》中又讲："君子有九思：视思明，听思聪，色思温，貌思恭，言思忠，事思敬，疑思问，忿思难，见得思义。"孔子在这里讲的"思"是要求人们要时刻自省、反省，否则，就会造成过错，进而带来不良的后果。

· 汉字寻趣 ·

奇趣联

近代著名思想家魏源，九岁就参加了童子试，聪慧过人。临考前，老师不放心，出联试曰：

闲看门中月（古时"闲"写作"閒"）；

魏源听后，环顾室内，见墙上挂着一幅"春耕图"，便马上对出下联曰：

思耕心上田。

赴考那天，考官想试其才华，指着茶杯上的太极图，出联曰：

杯中含太极；

魏源摸了怀揣的两块麦饼，从容对答道：

考官听后不得赞叹："小小年纪胸怀天地，长大必定成才。后来魏源果然中榜。"

xiǎng

想 相由心生，追思模样

· 前生今世 ·

甲骨文	金文	篆文	隶书	楷书	行书	草书
	想	想	想	想	想	炤

想 篆书，从心，相声。

· 字有乾坤 ·

想，形声字。《说文·心部》："想：冀思也。"冀思就是冀盼想念。本义为因希望而想。如："四海想中兴之美，群生怀来苏之望。"想，引申指想象。如苏轼《念奴娇·赤壁怀古》："遥想公瑾当年，小乔初嫁了，雄姿英发。"想还引申指怀念，回想，如辛弃疾《永遇乐·京口北固亭怀古》："想当年，金戈铁马，气吞万里如虎。"进而引申指思考，思索，如"冥思苦想"，又引申指好像，如萧抡谓《读书有所见作》："一日不读书，胸臆无佳想。"想又指料想，如："身前既不可想，深厚又不可知。"

想，从"相"，"相"是相貌、形象，指物体的外观。想，从"心"，心为心灵、心智。想，非常形象地揭示了人的思维规律。人的思想、想念，首先是由外表引发出的联想，是内心对外在事物的感受。这是从表象到内在，由感性到理性的过程。一个简单的"想"字，揭示了人的认知规律和感知方式。

心是想的基础。想从"心"，表示想是一种心理的思维方式。首先，它表示相由心生。想，上"相"下"心"。"相"作为一个外部的事物，虽然是客观存在的，但由于人的心境、心态、心智的不同，所感知的现象，结果是不一样的。同样面对的金黄的枫叶，有的感到的是秋天的萧瑟，有的感到的是收获的喜悦。而从一个人来看，"相"是人的外貌，"心"则是人的心地、心情、心态。有什么样的心地很自然地表现在外貌上。心地善良的人，外部表情是慈悲的，而心地邪恶的人，往往会目露凶光。一个人只有心存善念，心平气和，相貌才能生动秀美。

想是一个人奋发向上的原动力。想，从心，这个心就是进取心，也就是梦想，梦想给人以原动力。

　　"想"音通"相"，只有相信，相信自己、相信未来才能够想象成真，自信是追逐梦想的不竭动力。

　　想象力，不仅是一个人的思维方式，而且也是一个人的创造力。俗话说，思想能多远，行动就能有多远。思路决定出路，我们要发明创造，就要突破常规，敢于异想天开。有这样一个故事：

　　有个厨师叫迈克尔·鲁，他每天上下班，路过一个叫克拉彭防空洞的地方。里面配备有床铺、医疗室，以及卫生设施等。防空洞有12层，"二战"后一直未被使用过。防空洞里能保持16摄氏度的温度，可以保持蔬菜全年生长所需要的条件。这个一现象引起了迈克尔·鲁的思考，他异想天开，不如将防空洞建成"地下农场"。这个创意获得了伦敦市长的支持。于是他与两名企业家，筹集了启动资金，建成了世界上首个地下农场，种植了药草、沙叶、豌豆苗、萝卜、芥菜等，没想到，事业获得了巨大成功。妙想真的天开了！

· 汉字寻趣 ·

对联欣赏

《谐联集粹》收录一戏台联云：

想当年那段情由，未必如此；

看今日这段光景，或许有之。

一"未必"，一"或许"，两相揣度，情趣盎然。

zhì

志 心之所向，神之所往

· 前生今世 ·

甲骨文	金文	篆文	隶书	楷书	行书	草书
	𓊾	𓊾	志	志	志	志

𓊾 金文，是 㞢（之，前往）和 ♥（心，思想）的组合，表示心之所向。

𓊾 篆文，基本承续金文字形。隶书 志 误将篆文的"之" 㞢 写成"士" 士 。

· 字有乾坤 ·

　　志，形声字。《说文·心部》："志，意也。从心，之声。"本义为志气、意愿，为心愿所往，即"心所向"。《国语·晋语》："志，德义之府也。"《孟子》："夫志，气之帅也。"即"志"是意气的统帅。"志"的本义：志气，意愿，是心之所向，未表露出来的长远而大的打算。

　　"志"的基本义：1.志向、立志。《史记·陈涉世家》："燕雀安知鸿鹄之志！"2.准点、准的。如：射之有志。意思是射箭要有准的。3.记、识记。陶潜《桃花源记》："既出，得其船，便扶向路，处处志之。"

　　志多用于对人的赞美，如用"志诚君子"赞扬志行诚笃的高尚人，用"志士仁人"指有志气节操和有仁爱道德的人，用"志在千里"形容志向远大的人，用"志在四方"形容立志在天下、远行以建功立业的人。"众志成城"，比喻团结一致，力量无比强大。

　　有志之人大都是有追求、有理想之士。今体"志"字，从心，从士，"士"是品德好、有学识、有技艺的人的美称，"名士"大多是有追求、有作为的人。孟子说："得志，泽加于民；不得志，修身见于世。"墨子说："志不强者智不达，言不信者行不果。"

有志之人大多是有心之士。《鬼谷子·阴府》："志者，欲之使也。"意思是说，志向、志愿是由人内心的欲望所催生的。有志之人大都有心气即志气，这个心是雄心、恒心，这就是认定了目标，勇往直前地走下去，不达目标，决不罢休。

有志之人大多是有智之士。"志"音通"智"，一个人有志气才有理想，但要实现理想，还要靠智慧，靠本事，否则，就是志大才疏，终归一事无成。心理学上有智商和情商之说，有时情商比智商更重要，但"智"是基础，根源于"志"。

立大志是做大事的前提，有多大的志，就能做多大的事。孔子在《论语·子罕》中说："三军可夺帅也，匹夫不可夺志也。"孔子认为军队的统帅可以被劫走，一个人志向却不能被改变。可见，我们不但要立志，而且要毫不动摇地坚持下去。

· 汉字寻趣 ·

回文诗

璇玑图（节选）

前秦·苏蕙

正读：仁智怀德圣虞唐，贞志笃终誓穹苍，钦所感想妄淫荒，心忧增慕怀惨伤。

反读：伤惨怀慕增忧心，荒淫妄想感所钦，苍穹誓终笃志贞，唐虞圣德怀智仁。

yuàn

愿 > 藏在心中，本来希望

· 前生今世 ·

甲骨文	金文	篆文	隶书	楷书	行书	草书
	愿	愿	頋	願	願	以

愿 早期金文，元 为元，表示原本的，心 为心，代表意志，指藏在心中的本来的想法、希望。

愿 晚期金文，以"原"原 代替"元"元。

愿 篆文，承续晚期金文字形。"愿"与"願"本义基本相同。願，篆文願，原 为原，表示本来的，页 为页，表示头部，代表想法、期盼，指内心原本的、一向的期许与盼望。

· 字有乾坤 ·

愿，形声字。《说文·心部》："愿，谨也。"本义为谨慎，后延伸指久藏心中的希望，由衷、虔诚地期许，恭谨。例如晋陶潜《归去来兮辞》："富贵非吾愿，帝乡不可期。"白居易《长恨歌》："在天愿作比翼鸟，在地愿为连理枝。"《木兰诗》："愿为市鞍马，从此替爷征。"林觉民《与妻书》："愿天下有情人终成眷属。"又如恭谨为"愿恭"、诚挚为"愿款"、朴实善良之民为"愿民"、朴实诚实为"愿懿"、朴实恭顺为"愿婉"、执法恭谨为"愿法"、愿意舍身为"愿蠲顶踵"；旧时祈祷神佛所许下的酬谢称为"愿心"，向神佛祈求并说出自己的意愿叫"愿谓"，在佛教术语中，称誓愿的力量为"愿力"、称誓愿与修行为"愿行"；"愿"也指仰慕，如《荀子·王制》："名声日闻，天下愿。"

愿望是来自于一颗本心、初心。从"原"、"心"，这是指处于原本之心、初始之心。"不忘初心，方得始终"是《华严经》中的名句，就是说一个人做事情，始终如一的保持当初的"愿"，最后就一定能得到成功。

愿心是一颗质朴纯真之心。愿从"原"，"原"指的是本来，因此，"愿"是一种初始状态，是未被世俗污染的，因此是澄明纯净，质朴纯真的。

愿景是一颗胸怀天下的广阔之心。"原""心"也可以看成心上之草原，广阔无垠。俗话说"宰相肚里能撑船"，不到草原不知草原有多宽广，面对广阔无垠的大草原才知道人是多么渺小。广阔的草原能够包容一切，包容了和煦的阳光，浮动的白云，苍茫的大地，蜿蜒的河流，包容了悠闲的牛羊，奔驰的骏马，飞翔的雄鹰，也包容了每一颗不羁的心。

· 汉字寻趣 ·

双塔诗

花

唐·张南史

深浅　　芬葩

凝为雪　　错为霞

莺和蝶到　　苑占宫遮

已迷金谷路　　频驻玉人车

芳草欲陵芳树　　东家半落西家

愿得春风相伴去　　一攀一折向天涯

gǎn

感 〉口尝咸淡，心里感觉

甲骨文	金文	篆文	隶书	楷书	行书	草书
	感	感	感	感	感	感

感 金文是 咸（咸，全、都）和 心（心）的组合，表示心完全被触动。

感 篆文承续金文字形。从心，从咸（喊杀声震天）会心受到震动之意。

· 字有乾坤 ·

　　感，会意字。《说文·心部》："感，动人心也。"本义为人心受到感动、激动、触动。如"今皆感恩戴义，怀欲报之心""不觉寒暑之切肌，利欲之感情"。感，延伸指感激、感受、感觉、感情等意。感觉是指人的器官受到外界事物刺激的感受。"感"字从"心"，人的感觉是从眼、耳、鼻、舌、身最后到了心里的。感觉既有真实的，也有虚妄的。佛学要我们不要太过于重视感官的享受，而要追求心灵的安静。

　　情感是人们对人生的一种内心体验。"感"从"咸"，从"心"，"咸"是五味之一，即盐的味道。这是一种人生况味。所谓酸甜苦辣咸，五味人生。常听一些老人说，"我走的桥比你走过的路多，吃的盐比你吃的饭还多"，表明老人生活阅历丰富，对生活的体验也入木三分。所谓"感时花溅泪，恨别鸟惊心"，人生的况味也需用心去体验。"感"字从"心"表明每个人的生活境遇、生活阅历不同，对生活的感悟，产生的感情也不同。

　　感恩是人们发自内心的一种回报。"感"字从"咸"，表示全部、全都，意寓充满，"咸""心"为"感"，表示一种占据整个心灵的感受。这种感动在生活中，最宝贵的是感恩的心。只有心怀感恩之心，才会感动、感谢他人，才懂得惜福，才懂得珍重。

　　"借物感怀"是中国诗词常见的一种表现手法，朱熹读书有感，借"问渠哪得清如许？为有源头活水来"阐释微妙难言的治学哲理；白居易望月感怀，写下"吊影分为千里雁，辞根散作九秋蓬"抒发亲人离散的感伤；李商隐感叹甘露之变，用"岂有蛟龙愁失水，更无鹰隼与高秋"表达对家国命运的担忧等。

· 汉字寻趣 ·

对联欣赏

上联：从教无私，桃李三千承雨露

下联：感恩报国，芝兰四季吐芬芳

念

低吟于口，心中挂念

🐂 前生今世

甲骨文	金文	篆文	隶书	楷书	行书	草书
🟠	🟠	🟠	念	念	念	念

🟠 金文，从心，从今。另一个金文 🟠 上部为朝下的口，还伸出了舌头，含心中想、口中念叨之意，从时空看，是表示今天的心仍然在想着过去的人和事，这就是怀念。

🟠 篆文，承接了金文的字形。

☯ 字有乾坤

念，形声字。"念"的基本义：（1）思念、思虑、惦念。《诗·大雅·文王》："天念尔祖"，意思是上天常常思念你的祖先。（2）诵读、诵念。如：好好念书。（3）念头、想法。如：我十分想念母亲。念还表示二十，是廿的大写。

"念"字告诉我们念是如何产生的，如何培育善念以及护好善念。

"念"首先表示心中的惦记。"念"从心，从今，今指人出生时为今，表示常常怀想。《说文·心部》："念，常思也。"本义为常常念叨、思念。如"持其踵为之泣，念悲其远也。"用"念兹在兹"，泛指念念不忘某一件事情；用"殊深轸念"表示非常悲痛地怀念；用"心心念念"表示心里老是想着；用"拳拳在念"，形容老是牵挂着；用"爱贤念旧"表示指爱慕贤者，怀念故旧。

"念"又指现在的心动而产生一闪念的心理活动。今指现在，心指心理活动，人的念头往往是在心中一刹那之间产生。念心一起，一闪成念。如"困苦之余，百念灰冷""一念之差"。一念之差是天堂、一念之差是地狱；一念糊涂，一念清醒；人生，一念是生，一念是死；爱情之中，一念咫尺，一念天涯，要注意自己每个念头。活在一念之间，感觉不到有多快，有多慢，只是一瞬间；一念之间，我们感觉不出有多远，只是生死的距离；一念之间，让我们感觉到世事无常，由此决定成败与苦乐。

"念"是思想的起源，我们在一念之间，能感受到思想纵向的长度，能感觉到心灵的横向宽度，能感受到人生的错综复杂，都在简单的一念之中。要对自己的一念保持警觉，努力做一个思想纯洁善良的人。

　　"念"也表示相亲相爱的情感。"念"音通"黏"。《释名·释言语》"念，黏也。意为亲爱，心黏着不能忘也。"表明挂念、想念是因为依恋的缘故。思念更多的是对恋人、爱人的想念，俗话说，"血浓于水"，亲情是一种天然的联系，亲人的远行、离别往往会化为无限的思念。

　　"念"也表示思考。如安不思危，志不念乱，存不虑之也。

汉字寻趣

对联欣赏

光绪二十四年，俞樾之孙陛云中探花，俞樾写一贺联云：

念老夫毕世辛勤，藏书数万卷，读书数千卷，著书数百卷；

喜文孙连番侥幸，院试第一人，乡试第二人，廷试第三人。

上联先写自身，似含儿孙中试在于有家学渊源之意。上联万、千、百递减，下联一、二、三递增。

息 鼻子呼吸，体验心息

甲骨文	金文	篆文	隶书	楷书	行书	草书
𤊚	𤊚	𤊚	息	息	息	息

金文上部是 ，即自，鼻子的意思；下部是 ，即心，胸。 与 组合表示以心与鼻一体进行呼吸。

篆文承续金文字形。古人称张口吐气为"呼"，称张口吞气为"吸"，称胎儿在母腹中不用口鼻的呼吸为"息"。"息"音通"吸"，表示一呼一吸为一息。

· 字有乾坤 ·

息，会意字。《说文·心部》："息，喘也。从心，从自，自亦声。"本义为喘气。字形由"心"和"自"会意而组成，"自"也作声旁。

古人以为气是从心里通过鼻子呼吸。《庄子·逍遥游》："生物之以息相吹也。"息的本义是喘息、呼吸。《说文解字注》："自者，鼻也，心气必从鼻出。""自""心"组合为"息"，表示人的气从鼻中进出。喘息、叹息。"息"的本义是胎儿在母体内的心跳呼吸，如胎息。后来引申为悄然无声地呼吸。

人的"息"是呼吸的延绵，连绵不断，代表生命的存在和延续，故引申指子孙后代，如子息，又表示利钱、利息。今天，我们把钱存进银行，就是为了获得利息。

人的呼吸一吸一呼，一进一出为一息，其实在进出之间有一个阶段，就是"息"，即进→息→呼，只不过由于"息"的时间较短，人们不在意而已。由此，"息"引申指歇息、停息、安息。《释言》："息，安也。"《玉台新咏·古诗为焦仲卿妻作》："鸡鸣入机织，夜夜不得息。"诗中讲焦仲卿之妻辛苦劳顿每夜都得不到休息。

"息"的用途很广泛，用于表达信息传递的有"消息"，用于表达人的情绪的有"叹息"，用于表达时间的长短有"叹息"，用于表达呼吸不顺畅的有"窒息"。

　　"息"对于我们今天如何获得良好的精神状况、宁静的心境和健康的身体具有深刻的启迪意义。

　　首先，必须具有"自强不息"的精神状态。"息"存在于人的一呼一吸之间，是延绵不断的，这就意味着"生命不止，奋斗不息。"《易经·乾卦》："《象》曰：天行健，君子以自强不息。"象传说：天体的运行刚健不已，君子由此领悟自己要勤奋不休，不断地上进。这就是要有奋斗的精神，奋发的意志，刚强的毅力。

　　其次，必须保持安宁的心境。息从息，"自"为自己、自我、自身，也为自在、自觉、自由；"心"为心情、心态、心绪、心境。"心"在"自"下，意为"息"是将自己的心放下来，不浮躁不安，不游离不定。心沉稳才能气息平和，身心放松，才能得到真正的"息"，也就是轻松自在。烦闷、焦躁的情绪皆由己而生，故也应该由己而息。谁能在烦恼之时找回自己的心，并且放下它，泰然恬淡，静处自息，谁就领略了"息"的要旨。真正的"息"不在于身体上，而是在心境上拥有自由自在、无拘无束、天马行空的境界。心不被羁绊所扰，自然恬淡安然。

　　再次，必须学会调息以强健身体。"息"还表示气息，即呼吸时进出的气。魏禧《大铁椎传》："屏息观之。""屏息"是指屏住呼吸。气功修炼中有数息法、听息法等，都是通过有意识地调整气息来改变呼吸节奏，以达到调身、调心的目的。道家认为调息可以促使人体达到调和气血、平衡阴阳，并收到情绪和缓，平心静气之功效。呼吸的形态有：风、喘、气、息等四相，其中的"息相"是呼吸练习时的基本要领，使气息无声无滞，出入绵绵，好像在呼吸又没有呼吸，神气融合，此为真正的"息相"。这种呼吸的方式可以达到气息与神志相依协调，从而使真气往来，这是内丹修炼所必须掌握的呼吸规律。如今，调息可以调节人的情绪，润泽内脏，正气内存，具有很好的保健作用。为此，静坐、站桩也是一个很好的养生方法。

·汉字寻趣·

对联欣赏

上联：二木成林，二火成炎，二土成圭，木生火，火生土，生生不息
下联：三金为鑫，三水为淼，三石为磊，金滴水，水滴石，滴滴归源

虑 猛虎当前，深谋远虑

甲骨文	金文	篆文	隶书	楷书	行书	草书

金文是 ⿰吕（吕，代表伴侣）和 ⿱心（心，担心）的组合，表示为伴侣担心。

籀文是（虍，代表虎豹猛兽）和（思，担心）的组合，表示对猛兽侵袭的担忧。

篆文承续籀文字形。

隶书将篆文的 写成 思。楷书 虑 将隶书的虎头 写成 虍。

· 字有乾坤 ·

虑，形声字。《说文·思部》："虑，谋思也。""虍"为虎皮上的斑纹，指如老虎一样寂静敏捷。"思"为思考，谋思。"虍""思"为虑，意为思维敏锐、周密。虑的本义指为一定的目的而思考，打算。如"国家政谋，凤常与钦虑之""人无远虑，必有近忧""深谋远虑""深思熟虑""殚精竭虑""处心积虑""焦思苦虑""盛必虑衰"。虑又指意念、心思，如"心烦虑乱，不知所从""无忧无虑"等。"虑"繁体从思。虑从"虍"，"虍"为虎省，一指猛虎当前，心有顾忌；二指辅弼之臣，辅弼之大臣计度国家大事，必深谋远虑。虑是一种思维方式，也是一种处世方式。

静虑是用心静默的思维方式。繁体的虑，有一个思字，这是指虑是一种思维活动。佛教把虑称为思维修，也就是静思。慧从静思中来，儒家也提倡虑。曾子"一日三省吾身"。省，其实就是虑，一天三次反省自己，是否有做错事。静思是一种心态的平和，是使浮躁的心绪平静下来。

思虑是一种缜密的筹谋。俗话说，先谋而后动。"虑"字从七，从心，"七"个"心"是一种深谋远虑，也是一种机警敏捷。常言说，"人无远虑，必有近忧"，对于需要很长时间才能得到解决的问题，如果缺乏长远和妥善的考虑，而采取了目光短浅就事论事的临时措施并付诸实行，那么由此而来的短期行为，将会使问题变得复杂而难以解决，并且还会影响到今后的长远利益。为此必须要对将来可能出现的状况有所预料和关注，并作出比较全面的安排。

顾虑是犹豫不决的处事方式。"虑"从虎声，从心。心入虎口，意味着顾虑重重，象征着犹豫不决。犹豫虽然可以减少做错事的机会，但也会失去成功的良机。歌德曾经说过，犹豫不决的人，永远找不到最好的答案，因为机会会在你犹豫的片刻失掉。即使是在混乱中，也必须果断地做出自己的选择。成千上万的人虽然在能力上出类拔萃，但却因为犹豫不决的行动习惯错失良机而沦为了平庸之辈。

· 汉字寻趣 ·

猜谜语

谜面：为人正直要虑心（打一字）

谜底：怔

【解析】"虑心"取"忄"，为人正直取"正"，合为"怔"。

wàng

忘 心已遗亡，记忆遗忘

甲骨文	金文	篆文	隶书	楷书	行书	草书
	忘	忘	忘	忘	忘	忘

金文为上下结构，小篆上部为"亡"，即失去，下部为"心"，"亡"意为"消失"，"心"指"心志"，组合起来为消失心志的意思，即心有所失而不记得。

小篆承接了金文的字形。

· 字有乾坤 ·

忘，形意兼形声字。《说文·心部》："忘，不识也。从心，从亡，亡亦声。""忘"的本义为忘记，不记得。忘为"心亡"，记忆以心为根，心不在了，记忆也就消失了。如"中心藏之，何日忘之。"；"喝水不忘掘井人。"；"忘"是指做事情非常投入，而进入一种无我之境。如"废寝忘食"，就是讲专心工作，忘记了睡觉和吃饭。"忘年之交"，是指不拘年岁行辈的差异而结交的朋友。"忘其所以"，是指因过分兴奋或得意而忘记他所应做的事。"忘象得意"，是指忘记物象，悟得真谛。"忘"也延伸为舍弃，如"贫贱之交不可忘，糟糠之妻不下堂""耕者忘其犁，锄者忘其锄"。

"忘"音通"亡"，意为心亡，记忆要用心，不放在心上，记忆也就消失了。为人处世，受恩必报，施恩要忘。做了好事，有恩于他人，不必牵挂于怀，这才能过得洒脱。在人生的道路上，有些失误可能是因为无知导致的，有些伤害可能是无心之举，因此，没有必要耿耿于怀，该放下就放下，该忘记就忘记，忘记那些伤害，是对他人的谅解，同时也是对自己的解脱。紧紧抓住他人的错误不放，其实等于在拿别人的错误来惩罚自己。忘记和记住看似对立，但有时记住也意味着折磨。

· 汉字寻趣 ·

猜谜语

谜面：一点心思系云端（打一字）

谜底：忘

【解析】云上一点，加个"心"字，即为"忘"字。

zǒng

总 耳聪目明，维系总揽

· 前生今世 ·

甲骨文	金文	篆文	隶书	楷书	行书	草书
	總	總	總	總	總	總

金文是 （糸，系、束）和 （恖，即"聪"，心智成熟）的组合，表示心智成熟的少年的束发仪式。

篆文承续金文字形。

楷书 總 将篆文字形中的 写成 ，将篆文字形中的 写成恖。楷书异体字"総"将正体楷书字形中的"恖" 简化成"总"总。繁体的"總"简化成"总"。

· 字有乾坤 ·

总，形声字。《说文·系部》："總，聚束也。从糸，恖声。"意思是抓拢丝线并将其束缚起来。字形采用"糸"作偏旁，采用"恖"作声旁。

"總"从"糸"表示与细丝、纱线有关。"囪"为囪门、头顶、脑门；"心"为像心一般的形状，心形。"總"为古代妇女用丝线把头发在头顶中央束成心形，是束发。

总，表示系结。总，繁体从"絲"，表示连接。如"总天下之众，治海内之众"。

总，是一种统揽。"總"从"糸"从"囪"从"心"。"糸"的篆文像一束丝，丝线是散乱的东西，可以扎束在一起，"囪"为烟囪，烟是无形易散的气体，可以聚集于烟囪之中；"心"为心脏，其大无边，其小无类。"糸""囪""心"都是散乱的东西，把它们总和于一字之中，"總"表示集中、聚集；三者又都有把零散的、散碎的东西约束归结起来的功用，亦是集聚之意。或者说把丝和烟聚合起来需要"心"来思考，故从"心"。丝是有形之物，烟为无形之体，心为思想之官，"總"字中包含了有形和无形的总和、物资和意识的总和。"總"又为统领、

163

统管，统领者既要用脑力（囟），又要费心血（心），把千头万绪（糸）的事情整理出来，统一起来进行管理。

总，是聪明人的一大特征。总的繁体字，从糸从悤，悤表示聪明，丝表示综合。聪明的人善于概括，归纳，善于追本溯源，寻宗归总。

总，还是指总归，如"万紫千红总是春"。

汉字寻趣

对联欣赏

民国十二（一九二三）年双十节，蜀人刘师亮撰一联云：

总而言之，统而言之，此日又逢双十节；

民犹是也，国犹是也，对天长叹两之声。

（二）心理感觉

dài

怠 高台压心，行为懒惰

· 前生今世 ·

甲骨文	金文	篆文	隶书	楷书	行书	草书
		怠	怠	怠	怠	怠

怠 篆文从心，指心态，从台，台通"殆"，指完结。

隶书 怠 将篆文的"心" 写成 。表示动机消失，行为懒惰。

· 字有乾坤 ·

怠，形声字。从心，台声。《说文·心部》："怠，慢也。"本义为轻慢，懒惰散漫。如"兵民怠而国弱"（《商君书·弱民》）。怠又指疲倦、倦怠。如"怠而后游于清池"。怠还指轻慢，如：怠慢、怠傲。

懈怠是一种常见的心理现象，怠也是人的一种天性。长期处于一种环境中会让人习以为惯，长期一种相同的工作会倦怠，防止懈怠必须有新的目标、新的动力的激励。"怠"字告诉我们"怠"是如何产生的和克服"怠"的办法。

懈怠来自过分放松。"怠"从"心"，这个"心"指疲劳的心理。"怠"即怡，过分地放松导致懈怠。过分松懈会使警惕性丧失，以致疏忽警戒，最后造成无可挽回的后果。过分的放松，就会使人轻视危险和威胁，对其可能造成的严重后果估计不足，而且应对突发事件的反应力也大打折扣，这种放松直接导致懈怠，没有精气神，没有戒备心，长此以往，真正威胁来临时，必然导致严重的后果。为此，古人说："壮而怠则失时，老而懈则无名。"

懈怠来自高台压心，不堪承受而倦怠。"怠"从"台"，从"心"，台在"心"上，压得人喘不过气，压力太大，往往会使人失去了信心，使身心俱疲，难于承受，没有精力来应对，最终使自己因疲乏而倦怠。做人要学会将压力分解，化成一个个小目标，进而使自己远离倦怠，走向成功。

懈怠的结果是一事无成。"怠"音通"歹"，即不好的结果。懈怠会使人不再继续努力，继而原地踏步甚至是退步，懈怠成为习惯，则一事无成。

· 汉字寻趣 ·

谜语对联

上联：口中含玉确如玉

下联：台下有心实无心

（打两个字）

上联谜底：国

下联谜底：怠

hū

忽 心事恍惚，居则忽忽

甲骨文	金文	篆文	隶书	楷书	行书	草书
	忽	忽	忽	忽	忽	忽

忽 金文，从勿，像云层间射出阳光形，表变幻不定，含心神不定之意。

忽 篆文，承接了金文的字形。

· 字有乾坤 ·

忽，形声字。《说文·心部》："忽，忘也。"本义为心神不定、恍惚。如司马迁《报任安书》："居则忽忽，若有所亡。"

由于动作速度快，事情变化快，会令人出乎意料，"忽"表示忽然、突然的意思，如唐代岑参《白雪歌送武判官归京》有"忽如一夜春风来，千树万树梨花开"，刘禹锡《浪淘沙》有"流水淘沙不暂停，前波未灭后波生。令人忽忆潇湘渚，回唱迎神三两声"。人的动作太快敏捷容易使人看不清，有恍惚之感，因此"忽"引申指恍惚。

忽也指不重视，如"记人之功，忽于小过。"由于动作敏捷意味着发生的时间极短，所以，"忽"指极小的长度、极小的计量单位，"忽"为"丝"的百分之一。成语"毫厘丝忽"指极细微的事物。"忽"字揭示了"忽略、忽视"的心理根源。

忽视源于轻视、自负之心。"忽"从心，从勿。"勿""心"为"忽"。因为无心，所以忽略。"忽"从"勿"，勿表示什么都没有，意思是心上关于该对象没有思考，没把人、物、事放在心上。人的大脑是有限的，不可能对所有的事都记在心上。人只会在重视这一类事的时候，而忽视另一类事。"大意失荆州"是每一个人都会遇到的。即便是思维周密的智者，也免不了必有一失，何况普通人呢？生活要求我们，要在该重视时就重视，需忽视时则忽视。其实，忽略是一种思维的自我选择，在惯性的作用下，人脑会根据以往的经验而有所选择。这种选择与一个人的综合素质密切相关。重视与忽略是一对密不可分的矛盾统一体，应当针对不同的对象，采取不同的态度，正所谓：战术上要重视敌人，战略上要貌视敌人。只有正确运用好了"忽视"与"重视"，我们才能分清主次、轻重，合理调配自身的资源。

忽视表现为轻慢之举。"忽"为"勿""心"，由于忽略了人和事，而举止表现出来的是轻视、怠慢。唐代诗人李白在《与韩荆州书》中写道："愿君侯不以富贵而骄之、寒贱而忽之。"意思说，希望君侯不要因为富贵而放纵他，因为贫穷而轻视他。

· 汉字寻趣 ·

猜谜语

谜面：勿往心上记，一点不在意（打一字）

谜底：忽

kǒng

恐 〉 持斧征战，恐吓敌人

· 前生今世 ·

甲骨文	金文	篆文	隶书	楷书	行书	草书
拏	䖅	䢶	恐	恐	恐	㣺

拏 甲骨文由 彳（彳，行军）、𠬞（丮 jǐ，执）和 王（王，大斧）组成，表示持斧行军，威慑敌人。

䖅 金文由 工（工，杵）和 心（心，惧），表示内心惧怕，就好像用杵击打一样。

䢶 篆文由 巩（巩，以杵击土，加固墙体）和 心（心）组成，强调心脏因惧怕猛跳，就像遭到重杵撞击。隶书 恐 将篆文的"心" 心 写成 心。

· 字有乾坤 ·

恐，形声字。从心，巩声。《说文·心部》："恐，惧也。从心，巩声。"意思是，恐，惧怕的意思。字形采用"心"作偏旁，"巩"作声旁。

恐首先表示恐惧。"巩""心"合而为"恐"，可理解为内心极度紧张，因被惊吓而产生畏惧心理，故而畏惧之意。蒲松龄《聊斋志异·狼》："屠大窘，恐前后受其敌。"句中得"恐"用的即是本义。"临难不恐"指遇到危难，一点也不惧怕。《韩非子·说疑》："夫见利不喜，上虽厚赏无以劝之，临难不恐，上虽严刑无以威之，此之谓不令之民也。""恐"还可以表示动作的施与，即恐吓别人、使人害怕的意思。《史记·高祖本纪》："李斯因说秦王，先取韩以恐他国。"李斯说服秦王，让秦王先攻下韩国，以此来恐吓别的国家。句中的"恐"就是恐吓、吓唬之意。

"恐"还表示估计和担心，例如"恐怕"。《广韵·用韵》："恐，疑也。"意思是恐有疑虑、担心的意思。《韩非子·喻老》："不治将恐深。"不治疗的话，病情将会越来越重。

"恐"从心，表示恐惧是心理现象，在多数情况下是自己造成的，有时候是自己恐吓自己。如果自己有正气，有信心，心底无私、坦荡、奉公、守法，心里踏实，就会无所畏惧。

· 汉字寻趣 ·

对联欣赏

上联：卧听春雨，思无眠，只恐夜将尽

下联：静观春花，念无缘，何惧月无痕

wèi

慰　火具热身，心灵慰藉

· 前生今世 ·

甲骨文	金文	篆文	隶书	楷书	行书	草书
		尉	慰	慰	慰	慰

尉 篆文是尉（尉，用火具热身，消除寒气和疲劳）和心（心，让心灵舒适）的组合，含热敷治病之意。

慰 隶书将篆文的"心"心写成心。

· 字有乾坤 ·

慰，形声字。《说文·心部》："慰，安也。从心尉声。一曰恚怒也。於胃切。"意思是安抚人心。字形采用"心"作偏旁，采用"尉"作声旁。本义是安慰、抚慰。《诗·邶风·凯风》："有子七人，莫慰母心。"意思是养育儿女七个，没有一个能够抚慰母亲的心。

"慰"字组成的词组、成语大都与安慰、抚慰相关，如：慰劳指慰问、犒劳。慰藉指尽意的抚慰、安慰。如：这番话让他感到十分慰藉。慰存，指抚慰存问。慰唁：问候抚慰，对死者家属表示同情的行为或语言。聊以慰藉：姑且用这来安慰自己。

"慰"是使人心安，那么，如何抚慰呢？"慰"字告诉我们抚慰的办法：

抚慰是安慰不平之心。"慰"从"尉"，尉是使人身体平舒，心里畅快。人心中有疙瘩，就会不舒畅，抚慰就是理顺情绪和心情，使人心中得到安适。

抚慰是以真诚之心待人。"尉"为"熨"的本字，意为抚慰人的心灵，使之平静，这须以真诚之心去抚慰。只有用真诚之心待人，了解别人心中所想、所需、所求，才能使人真正平静，心灵安适。

欣慰是以平常心、平和心态待己。心在"尉"下，表示事事处世要将心放下了，才能获得自我安慰。韦应物有诗云："欲持一瓢酒，远慰风雨夕"，只有心在温暖之下，以平和的心态对待事情，坦然面对，放飞自己，才能让心灵得到安适。

宽慰是以宽广、豁达的心态待世。人生短短几十年，长莫过百年，能够感到人

171

生得"慰"与否，取决于对世界的态度，以一颗宽广、豁达的心对待世界，迎接挑战，世界也会给你阳光、快乐的回报，你会感到此生无憾、大慰我心。慰一种是世界观、人生观的畅达。

· 汉字寻趣 ·

宝塔诗

草

唐·张南史

草，草。

折宜，看好。

满地生，催人老。

金殿玉砌，荒城古道。

青青千里遥，怅怅三春早。

每逢南北离别，乍逐东西倾倒。

一身本是山中人，聊与王孙慰怀抱。

xuán

悬 倒首丝系，心悬半空

甲骨文	金文	篆文	隶书	楷书	行书	草书
	𦥯	縣	懸	懸	懸	悬

縣 小篆，本作"县"，象断首倒挂，后加"系"。假借为行政区域的"縣（县）"后，另加"心"字表示悬挂。

· 字有乾坤 ·

悬，形声字。从心，县声。《说文·县部》："縣，系也。"本义为悬首示众。"县"在"心"上，高高挂起，表明确实危急、危险，形容提心吊胆的样子。如《徐霞客游记·游黄山记》："悬者植梯接之。"又如：悬丝诊脉，传说古代中医诊脉法之一，不见面将丝线系于病人腕上诊脉治病；悬壁，指脸部接近耳垂下端处的部位。

悬也指挂念。"悬"从心，这是心里记挂着对方。如"以吾心之思足下，知足下亦悬悬于吾也"。

悬还表示公开昭示。如：悬令（公布法令）。悬还表示系连、关联。如《管子》："吏者，民之所悬命也。"如"命悬一线"表示生命垂危，就像只有一股绳线系之。

悬表示久延不决。如：悬调（长期拖欠的赋税），久拖的问题得不到解决，叫"悬而未决"。

悬还表示孤立，无所依傍。如：悬然（无所依傍貌；空虚貌）。还表示空虚，匮乏。如：悬虚（凌空；空虚、空洞）。悬还可以形容高耸，陡峭。如：悬崖峭障（陡直的山崖，高险的山峰）。悬还表示凭空设想；揣测。如，你们做的事，须自己承认。《梼杌闲评·明珠缘》："怎么悬定得罪？"悬还表示揭示。如：悬金（出具赏格）。

·汉字寻趣·

猜谜语

谜面：且请放心来云南（打一字）

谜底：悬

【解析】"且请放心来云南"，"且"和"云"的下半部分结合起来就是"县"，再和"心"结合，就是"悬"字。

yù

愈 心底愉快，病体痊愈

甲骨文	金文	篆文	隶书	楷书	行书	草书
	愈	愈	愈	愈	愈	愈

愈 金文，从心，俞声，是俞（撑船渡河）和心（满意）的组合。

愈 篆文为左右结构。

愈 隶书，将篆文"心"写成 心。"愈"是"愉"的异体字，俗借用作"瘉"字。"瘉"表示病情好转。

· 字有乾坤 ·

愈，形声字。《说文·心部》："瘉，病瘳也。从疒，俞聲。"意思是病好了。字形采用"疒"作边旁，采用"俞"作声旁。

"愈"的本义是病愈。这个字义又写作"瘉""癒"。如《红楼梦》："因天气和暖，黛玉之疾渐愈。"又如《汉书·卢绾传》："幸上病瘉。"

"愈"为愉快、安宁。心灵宁静平和，利于病人康复，所以"俞""心"为"愈"，表示乐观安定，方可祛病延年。"愈"本意为病症消除，恢复健康。"俞"又是人体之腧穴，点穴可以祛病，故"愈"又表示通过点穴把病治好，除去自己的心病。异体字"癒"从"疒"，从"愈"。"疒"为疾病，"癒"从"疒"，会意为针灸或按摩穴位消除疾病；"瘉"从"疒"，从"俞"，强调因病好而快乐。

"愈"也表示治好病。如北魏郦道元《水经注·滱水》："水出西北喧谷，其水温热若汤，能愈百疾，故世谓之温泉焉。""愈"还表示"贤、胜过。如顾炎武《与潘次耕札》："一暴之功，犹愈于十日之寒也。"

"愈"表示更加、越发。如唐朝柳宗元《捕蛇者说》："闻而愈悲。""愈"连用时，与"越……越……"义同，如：风愈刮愈大。"愈"通"谕"，表示理解。如《淮南子·齐俗训》："瞽师之放意相物，写神愈舞，而形乎弦者，兄不能以喻弟。"

"愈"音通"愉",表示愉快,快乐。如晋朝庾亮《让中书令表》:"今恭命则愈,违命则苦。"

愉悦的心情是一味良药,有时是药物无法达到的。美国作家欧·亨利在《最后一片叶子》里写到一个"不药而愈"的故事:

病房里,有一个生命垂危的病人,每天从房间里看窗外的一棵树,在秋风中,那棵树的叶子一片片地掉落下来。病人望着眼前的萧萧落叶,心情沉重地说:"当树叶全部掉光时,我也就要去了。"一位老画家得知后,用彩笔画了一片叶脉青翠、栩栩如生的树叶偷偷挂在树枝上。这最后一片青翠叶子始终没掉下来,病人为此看到了希望,竟奇迹般不药而愈了。

由此可见,一个人只要心存希望,总有奇迹发生。

· 汉字寻趣 ·

歇后语

午后见太阳——每况愈下

（三）思想情感

ài

爱　愛　用心呵护，爱的倾诉

甲骨文	金文	篆文	隶书	楷书	行书	草书
			爱	愛	爱	爱

金文是 （欠，一个人张着嘴巴，表示呵气或喃喃倾诉）和 （心，同情、疼惜）组成的，表示疼爱、呵护。

篆文将金文字形中的"欠" 写成 。繁体篆文加"夊" （倒写的"止"，行进），表示因疼爱对方而奔波。

爱 楷书将篆文字形中的"欠" 写成 ，将篆文字形中的 写成 ，将篆文字形中的 写成 。简体楷书"爱"采用行书字形 ，依据草书字形 将正体楷书字形中的"心" 和"夊" 简化成"友" 。至此"爱"的金文字形中的"欠"形 （温柔的呢喃）消失，"心"形 消失。

字有乾坤

爱，形声字。《说文·文部》："愛，行皃。"本义为徘徊，由于喜爱所以依依不舍。如"父母之爱子，则为之计深远"。爱还是男女之间的情爱、爱惜、喜好，如"爱此江边好，留连至日斜""不是花中偏爱菊，此花开尽更无花"。由于喜欢一种东西，故"爱不释手"，由于爱慕贤才，故有"爱才若渴"，由于像爱护自己的家一样爱国，故有"爱国如家"之说，又由于"爱"与"恨"相对立，故有"爱憎分明"之说，爱什么，恨什么，态度十分鲜明。"爱"还有爱好、爱惜、爱情等义。有"爱"字的成语大多有上述之义。如"爱鹤失众"，比喻因小失大；"爱毛反裘"，为了爱毛把裘衣反穿起来，比喻贪小失大，不惜根本；"爱日惜力"，谓珍惜光阴，不虚掷精力；"爱屋及乌"，谓爱人而连带爱护停留在他屋上的乌鸦；"爱惜羽毛"，比喻像鸟兽爱惜羽毛一样，爱惜自己的声誉，行事十分谨慎。

爱从心（惠爱），会心有所系而行徘徊之意。本义为亲爱、喜爱，指对人或物有深厚、真挚的感情。《论语·颜渊》："樊迟问仁。子曰：'爱人。'"樊迟问孔子什么是仁？孔子回答："仁就是爱护他人。"《说苑·说丛》："爱施者，仁之端也。"爱是人性最基本的一种情感，有情爱、友爱、博爱，有大爱、小爱，有亲子之爱、夫妻之爱、家庭之爱、国家之爱，有对人类之爱，也有对自然之爱等，是非常多样和复杂的。儒家讲"仁爱"，佛家讲"慈爱"，墨家讲"兼爱"，主要是讲人人有仁义观、慈悲心、兼爱念，则天下大爱，无攻伐，无不善，无恶业，故百姓安居。当代社会，经济利益渗透到社会的各个领域，金钱对"爱"这种纯洁的情感也发生了影响，出现了爱的缺失，心灵的缺失，人际关系的冷淡。因此，爱的教育，爱心的培植尤为重要。当我们回到老祖宗所造的"爱"字时，我们可以领悟到爱的本质、爱的内涵和爱的方式。

"爱"是心心相通，心心相印。繁体的"愛"字，居中有一个"心"字，寓意"爱"是一种心灵的感受，"爱"需要发自内心，"爱"不仅是语言上的，更要用心去体验。很可惜，简化字"爱"少了一个心字，爱无心，少了表达"爱"最具核心的内涵。爱是心理感受，是"心有灵犀一点通"，一见钟情和心灵感应。当一个人产生爱以后，它总是悄悄地留在心里。

"爱"既是给予、付出，也是收取、获得。"爱"字上面是爪，中间为"冖"，"爪"是手，寓意用手去维护，"冖"就像给你一座坚实的房子，给予庇护。这寓意真正的爱是一种主动的付出，不图回报的行为。真爱，是没有利欲和肉欲的爱，《泰坦尼克号》的男主人公用自己的生命去换取女友的生命，这是一种真爱。父母对子女的爱，往往也是这样。

"爱"是彼此友好，和睦相处。简化了的"爱"字，有一个"友"字。"友"的古字为两手相握形，意为爱应该是人与人之间的情感交流，既是知心，又是知音，既包含着亲情，又包含着友情。因此，有长久的爱情是友情之说。

爱字中有"爪""爫""又"三只手，这是指把握机遇的牵手，患难中的携手和有缘无分的放手。同时，也暗示爱容易因第三只手（第三者）的介入而发生变化和转移，提示我们要警惕第三者插足。爱音通"挨"，一方面是指相依、靠近，挨在一起，永不分离，如"在天愿做比翼鸟，在地愿做连理枝"的誓言；另一方面是指挨打受气，挨整受折磨。爱其实很辛苦，为自己所爱的人要吃苦受累。爱是无私的奉献，爱是默默的关怀，爱是真挚的仰慕，爱是不懈的追求，爱是缠绵的思念，爱是温馨的永恒。爱让人感到温暖、幸福，使人振奋、激动，爱令人忘掉痛苦、烦恼。"爱"中最浪漫、最美好、最辛酸、最无奈者，是恋情之"爱"。爱情，是人类永恒的话题。古诗有："结发为夫妻，恩爱两不疑。"

对联欣赏

《古今巧联妙对趣话》记载，方志敏在江西，一日写对联，反写了如下一个上联，因有事便放下去处理其他事情了：

心有三爱，奇书骏马佳山水；

回来后，一个十一岁的小姑娘为其对了下联：

园栽四物，青松翠竹白兰梅。

此联用总分法，"三爱"对"四物"，"书马山水"对"松竹兰梅"，颇为工整。

fèn

忿 心绪纷乱，忿恨而生

甲骨文	金文	篆文	隶书	楷书	行书	草书
		忿	忿	忿	忿	忿

忿篆文，从心，分声。

《说文·心部》："忿，悁也"。《广雅》："忿，怒也。""心"指心绪，本义为因不平而心里怨恨，如"忿忿不平"。延伸指不服气，如"忿忿其事，拔刀相助"。愤恨表现为心绪散乱，心中乱麻一团，情绪糟糕。"分"意为"一分为二""由一而多"。"心"与"分"联合起来表示"心绪散乱""心情由一定变成不确定"。"忿"字的造字方法与"纷"完全相同。"纷"指"绳子的端头散开、散乱"。"忿"是指心绪像一根绳子的端头散开那样乱成一团，无法理顺。

"忿"指生气、恨，忿恨、忿怒。因愤怒而骂为"忿詈"、不服气，不平为"不忿"、因气愤而脸有怒色为"忿然作色"。"忿然作色"说的是庄子的一个故事：

庄子家贫，有一天到监河侯那里借粮米。监河侯说："可以，等我收到封地赋税以后，借给你三百斤。"庄周忿然作色说："我昨天见干涸的车辙中有一条鲫鱼。我问它说：'鲫鱼，你做什么的呢？'鲫鱼回答说：'我是东海水族之臣。你能给一升一斗的水救我的命吗？'我说：'可以，我去引西江的水来救你，可以吗？'鲫鱼忿然说：'我困在这里，得一升一斗的水就可以活，你却要我等西江的水，还不如趁早到卖鱼的店铺去找我呢！'"这个故事出自《庄子·外物》。

忿的状态持续到一定时候就上升为怒，忿是怒的初级状态，怒是忿的极端状态，"忿"音同"奋"，"奋不顾身"即"忿不顾身"。"忿"字告诉我们"忿恨"这种情绪是如何产生和控制好"忿恨"的办法：

忿恨是由于心受到了伤害。"忿"为心上一把刀，寓"以刀刻心，心生忿怒"。怨恨是一种消极性情绪体验，是一种对社会不满情绪的长期抑制，隐忍不发，积累于心的结果。它有一个基本要素，那就是受到伤害，没有受伤害的情感体验就不可能形成怨恨。

怨恨也是由于被迫的分离。"忿"从"分"，分是分离，假如亲人被逼得阴阳相隔，妻离子散，必然产生忿恨。

怨恨必然使人心疏远。心分为"忿"，心生分离，本原心是靠在一起的，因忿恨而从此分离、疏远。"心不怨恨则美丽，心存宽恕则圣洁"，不忿恨是豁达坦荡的修养，更是一汪滋养心田的活水。

忿恨是一种非常强烈的情感，控制不好则会严重的后果，因此，面对忿恨一定要理智慎重处理。"忍小忿而就大谋"，放下忿恨，人与人之间的爱、关怀与尊重会倍增。放下怨恨，最受用的是自己。几乎每个人都有受到别人的行为或言语伤害的时候，父母对你的指责、同事对你背后拆台、跟你钩心斗角，这些都可能给你留下长期的忿怒和痛苦的感受，甚至会让你想到报复。当你喜欢的人、信任的人伤害了你，你除了伤心，还可能觉得生活缺少了意义和目标，在与人交往时变得小心翼翼。但是如果你不能宽容对方，那么付出代价最大的也许是你自己。学会了宽容，你就能拥抱和平、希望、感恩和快乐。

汉字寻趣

拆字联

上联：古文人做做诗做赋做高官（做）
下联：八刀心忿忿世忿命忿穷途（忿）

liàn

恋 心亦倾慕，依恋不舍

· 前生今世 ·

甲骨文	金文	篆文	隶书	楷书	行书	草书
	𤕝	𤕝	戀	戀	戀	恋

𤕝 金文，从女，从言，从心。

𤕝 小篆、繁体隶书𤕝字形相同，从丝，从言，从心，表示心里的迷恋如千丝万缕。

· 字有乾坤 ·

恋，形声字；从心、亦声。《玉篇·心部》："恋，慕也。字亦作戀。"恋，本义为因爱慕而不忍分离。《易·小畜·子夏传》："如有孚恋如思也"、岑参《送费子归武昌》："男儿何必恋妻子，莫向江村老却人"、刘禹锡《酬思黯见示小饮四韵》："兵符相印无心恋，洛水嵩云恣意看"、齐己《海棠花》："人怜格异诗重赋，蝶恋香多夜更来"，又如：十分留恋为"贪恋"、深切地留念为"眷恋"、依恋主人，不忍离去为"恋主"、马对马棚依恋之情为"恋栈"（现引申用以说明做官之人对官位的依恋）；恋又指思念，怀念，如"征夫怀远路，游子恋故乡"，怀念恩泽为"恋恩"；怀念老朋友为"恋旧"。恋也引申为男女相爱，如恋歌、热恋、初恋等。

眷恋是一种缠绵的难以解脱的情感。戀，从丝，意为千丝万缕，相续不断。陶渊明在《归园田居·少无适俗韵》写道："羁鸟恋旧林，池鱼思故渊。"圈在笼中的鸟依恋出生的森林，养在池中的鱼思念出生的深渊，此名句采用比兴手法，引出下两句"开荒南野际，守拙归园田"。"斜阳映山落，敛余红、犹恋孤城栏角"，出自周邦彦的《瑞鹤仙》，斜阳映照在山头上缓缓下落，它对城楼上的一角栏杆恋恋不舍，迟迟不忍收去自己的余晖，词句运用拟人手法写夕阳西下的景象，使落日也同人一样具有主观感情，在于抒写作者送人时的依恋之情。

爱恋是发自内心的真情实意。"亦""心"为恋，恋以心为基，是心与心的沟通。人的聚合是一种缘分；人的情爱，是情投意合、心心相印；真正的爱恋，就是发自内心的真情实感。

人在成长过程中，也许只是一件看似不经意的事情都有可能会让心灵受到创伤，为了自我防护，一些人本能的关上心门，不再让人走进。感觉是心与心的碰撞，关上心门的人没有用心去与人交流，只会用理性与人交流，他们在遇到人之后不会用真心感受对方，不容易和别人的心发生碰撞，又怎么可能会出火花呢？其实，只有打开心扉，有了心与心的沟通，才有"爱"，才有"恋"。

思恋既是表现在语言上，更体现在行为上。"恋"，繁体为"戀"，从"言"，表明"恋"是有一种倾诉的渴望，不但要靠语言的力量，也应付诸行动上。

· 汉字寻趣 ·

对联欣赏

《楹联漫话》载，从前有学生初婚恋妻逃学，老师知情后，写一上联命其对出下联：

贪贪恋恋，恋恋贪贪，愈恋愈贪，愈贪愈恋；

学生久思不得，回家以后，茶饭不思。妻子问其故，乃以老师命对之事相告。妻为代对云：

死死生生，生生死死，先生先死，先死先生。

"贪贪""恋恋""死死""生生"均为叠词。上下联二句以换位形成回文格，后二句则通过换位亦形成回文格。"生"字既为生死之生与"恋"字形成借对，又与"先"字构成老师之意以作双关。

nù

怒 为人奴役，心生愤怒

甲骨文	金文	篆文	隶书	楷书	行书	草书
		怒	怒	怒	怒	怒

怒小篆，从心，奴声。"奴"为奴隶，奴仆；"怒"从心，表示"怒"是一种心性，一种情感。"奴""心"为"怒"，意为受人驱使，受人打骂，内心产生了愤怒。

· 字有乾坤 ·

怒，形声字。《说文·心部》："怒，恚也。""恚"指怒恨、愤怒，本义为生气、发怒。如"冲冠一怒为红颜"。"怒"与"恕"字形相近，意义迥然不同。奴妾反抗主人的无情役使为"怒"，女子宽谅他人的冒犯为"恕"。

"怒"的基本义有：1.动气、发怒。柳宗元《三戒》："驴不胜怒。"2.形容气势猛、强盛。《庄子·逍遥游》："怒而飞，其翼若垂天之云。"3.奋发、激发。《礼记·内则》："若不可教，而后怒之。"

"怒"是一种令人激动的情绪，"大怒""愤怒"往往会伤害他人的自尊心，也会损害自己的身体。因此，古代把"制怒"作了修身的一个内容，把他作为一个缺点，认真地加以改正。"怒"字揭示了"愤怒"这种情绪产生的机制以及制"怒"的调节。

喜怒哀乐是人都一种常见的情绪，怒生于气。《淮南子·本经训》："人之性有侵犯则怒，怒则血充，血充则气激，气激则发怒，发怒则有所释憾矣。"在这里把发怒的生理现象和心理表现生动地描述出来。怒形于色，发怒之时，往往吹须瞪眼，满脸通红。怒发于声，发怒之时，声音高亢。有些爱国之士，均为血性男儿，面对强权的奴役，奋起抗争，这种愤怒是一种德行，是一种能力，也是一种勇敢，这是值得赞美的，但假如用"怒"对待朋友、对待亲人则是一种不良的情绪，是不可取的。有些人往往为一点小事而勃然大怒，比如遭到不平，个人自由受限制，无端受人侮辱，隐私被人揭穿，上当受骗等，都会产生愤怒的情绪，表面看愤怒是由于自己的利益受到侵害或被人攻击和排斥而激发的自尊情绪，实际上是困扰心灵、伤害自我的一种不良情绪。"怒"字揭示愤怒产生的根源。

怒是心受奴役而产生的怨恨。"怒"字从"奴"，从"心"，这就是说，心受到了外部的刺激，为心魔来奴役，丧失理智，做出一些过激的行为。

怒也可以为奴役他人而产生的不良情绪。怒从"奴"，从"心"，可以是如上所说的自己为心魔所奴役，还有一种情况是为了显示自己的权威，奴役他人之心，使人害怕、畏惧。有些人脾气大，动不动发火，这是对他人也是对自身的伤害。有的人不节制自己的行为，为所欲为，倒行逆施，结果也导致了"天怒人怨"，下场可悲。

天怒人怨讲了商纣王的一个故事。传说商朝纣王继即位不久，便命工匠为他磨一把象牙筷子。贤臣箕子感叹说："象牙筷子肯定不能配土瓦器，而要配犀角雕的碗、白玉磨的杯……这样奢侈下去就会……"果然，纣王的贪欲越来越大。大兴土木，建亭台楼阁，纵酒玩乐，悬肉为林……纣王也变得越来越残暴，终致天怒人怨。周文王于是率部征讨，纣王众叛亲离，最后被迫自焚于鹿台的熊熊烈火之中。

怒是一种伤心、伤身、伤己、伤人的行为。必须用理智去克制自己，保持平和的心态，尽量少发怒或不发怒。特别是在阳气升发的春、夏季节，人们更要注意制怒，否则怒气容易逼阳上越，诱发疾病。遇到正在发怒的人，可以用"恐胜怒""喜解怒"等方法防止怒气伤身，比如给生闷气的人讲个笑话、看场喜剧电影等。

· 汉字寻趣 ·

歇后语

刺猬发怒——炸毛了

yuàn

怨　藏恨于心，怨天尤人

甲骨文	金文	篆文	隶书	楷书	行书	草书
	🔣	🔣	怨	怨	怨	怨

🔣金文，从令，令为呵斥、要求，从心，表示心生怨恨。

🔣小篆，上为夗，下为心，"夗"像两个人相背之形，表示身心相背，各有所思，怨恨在心。怨的本义为仇恨、怨恨。

· ☯ 字有乾坤 ·

怨，形声字。从心，夗声。《说文·心部》："怨，恚也。"意思是怨即是恚。如"士不敢弯弓而抱怨"。《贾子·道术》："反德为怨。"怨天尤人那是违反道德的。

"怨"的基本义有：1.埋怨、不满意。如《商君书》："胜而不骄，败而不怨。"2.恨、恼恨。如《荀子》："禄厚者民怨之。"意思是当官的俸禄丰厚，民众负担重就会埋怨国君。3.通蕴，积蓄。如《荀子》："富有天下而无怨财。"无怨财就是没有积累的财富。

怨是人类普通的一种常见的情绪。怨是人在所想不得，所欲不遂之后出现的一种失望和情绪，这种情绪就是责怪、埋怨、仇恨。小的怨是对家里的亲人、朋友、同事，引起的是口角之类的事情。大的怨是仇恨，会大动干戈，国家与国家之间则会引起战争，而使生灵涂炭。怨与恨相随，往往都是由怨生恨，许多恋人因爱而聚，又因怨而恨，最终反目。怨影响人的身心健康，也影响社会和谐。佛学把"怨憎会"作为人生之苦，道理就在这里。"怨"字深刻地解释了怨恨、抱怨这种情绪产生的根源、表现和危害。

怨由心生，怨由心化。由于心里产生了怨恨、埋怨、指责、就开始结怨。怨，从夗，从心。夗是背靠背，心相背。表示与自己的心意相违背。怨，还表示棒打鸳鸯，如梁山伯与祝英台相爱而被拆散。从心，且心在底，说明"怨"是由人内心产生的一种主观不满、怨恨的情绪，既然是主观的情绪，便可以通过改变心态来调节、控制。一切的爱憎怨怒，其实都来自自己的心，心为本，心是源。良好的心境能使你轻松快乐，不良的心境会使人意志消沉。我们一时无法改变环境，但可以改变心境。远离忧伤的感受，释放负面的记忆，种植善念，净化心灵，境不转心转。以乐观的心境面对生活，生活也将充满快乐，这样，生活便少一些怨恨，多一些理解和宽容，不易与人结怨，免于怨之苦。

怨是一种扭曲的夕阳心志。"怨"中有"夗"，在心之上。"夗"表示身体侧卧弯曲的样子，像一个人生病不适的状态，说明积怨在心终成病。怨，又从夕，表示夕阳，是一种没落的状况。导致一个人身体上的病，不仅仅是身体层面上的原因，更重要的是其心性。一个人如果心里面有太多"怨、恨、恼、怒、烦"的负面情绪，就会导致身体的严重疾病。所以说，怨是病之根。

怨是冤冤相报，惹祸上身。"怨"字与"冤"谐音。俗话说，"不是冤家不聚头"，社会上人与人之间的关系很复杂，与人相处，难免发生利益冲突，矛盾不合的情况，不懂忍让，就会与人结怨。俗话说，"冤家宜解不宜结"，"冤冤相报何时了"，所谓"忍一时风平浪静，退一步海阔天空"，待人以宽容之心，才能少与人结怨。

不抱怨，必须反求诸身，学会换位思考，多检讨自己的不足，从而不断地改正、修养自己。儒家把反求诸身作为提高人的修养方法。孔子主张"不怨天，不尤人"。

孔子为实现自己的主张而终身忙碌奔波，但很少有人采纳他的政治主张。孔子于是常发感慨。子贡问：老师如此感慨，究竟是为什么呢？孔子说：我不怨天、不尤人，下学而上达。努力学习人世知识，透彻了解很多的道理，却没能见用。现在我老了，我的志向难以实现，只好感叹老天爷了……这可以看到豁达、宽广的胸怀，一个人的理想、志向能多实现，自然是值得庆幸的，但由于客观条件不允许，也不必怨天尤人，一切顺其自然，生活过得坦荡、心安，也就很好了。

在与他人相处中，虽然我们不怨恨别人，但也会招惹别人的怨恨，应该采取什么样的态度和方法去处理呢？《论语·宪问》中有一段对话："或曰：'以德报怨，何如？'子曰：'何以报德？以直报怨，以德报德。'"孔子在这里讲了几种态度：一是以怨报怨，这是以牙还牙，怨恨会不断地升级，是不可取的；二是以德报怨，孔子反问，假如这样要以什么来回应恩德呢？孔子认为人与人之间的回复应该是对等的，即使是圣人也很难做到，他认为以德报德是合乎情理的；三是以直报怨，"直"就是正直回报怨恨。正直是一种中庸的处理办法，即不结仇，又不去讨好，遵循公理去办事。

·🟫 汉字寻趣 ·

歇后语

念完了经打和尚——以怨报德

bēi

悲 非心所愿，心生哀伤

甲骨文	金文	篆文	隶书	楷书	行书	草书
		悲	悲	悲	悲	悲

悲 小篆，从心，非声。"非"为与愿相违，心为意愿。悲，表示人遇到非心所愿之事或遭受心所不能承受的沉重打击时，因心之痛而产生的哀伤。

· 字有乾坤 ·

悲，形声字。《说文·心部》："悲，痛也。"造字的本义：违背意愿的意外变故而痛楚、哀伤。《广雅》："悲，伤也。"悲就是指内心伤痛。《诗·小雅·鼓钟》："忧心且悲。"由于心中悲伤，往往会惨痛、愁苦、凄凉、心酸以及愤怒，因此就有了"悲惨""悲愁""悲凉""悲酸""悲愤""悲戚"等词语。

"悲"与"喜"相对应，"悲"字的成语很多，如"悲歌慷慨"，多反映一种悲凉、悲惨的心情。"悲"字非常准确地表达了慈悲为怀的精神，揭示了人应该具有的心地、心境和心态。

悲是一种心酸的情感。悲，从心，这是一种由于意外的变故而痛楚和哀伤。爱国诗人陆游，在人生的最后时刻写了一首诗《示儿》："死去元知万事空，但悲不见九州同。王师北定中原日，家祭无忘告乃翁。"此时表达了诗人临终时忧国忧民的爱国情怀和满腔的悲痛，既有对抗金大业未就的无穷遗恨，又有对祖国统一的坚定信念。诗中积蓄的情感极其深厚，读后令人心酸和感动。

悲是一颗忘我之心。"悲"，从非，从心。"非"表示违背，"心"表示心愿，事与愿违，故而生悲。人生在世，不如意之事十有八九，悲字告诉我们要不以物喜，不以己悲。在人生的道路上，会碰到许多波折甚至苦难。如果以乐观的心态去对待，苦会变为乐。如果过分地悲伤，不但伤己，也伤人。"不以己悲"表达了一种豁达的胸怀和忘我的精神境界。

悲是怜悯他人之心。"悲"字，从心，意思是悲从心中来，人当怀悲悯之心，慈悲为怀，与人为善。他人遭遇不幸，我心哀怜，我的心是为他人而怜，是悯人之心，以他人之心为我心，以他人之苦为我苦，以他人之愿为我愿。

悲是无是非之心。"悲"，从非，从心，也可以理解为无是非之心。"非"字为"丰"字左右分开，表示为平等、公平。假如有是非之心，"悲剧"就难免发生了。"来说是非者，便是是非人"，所谓的来说是非者，就是那些不务正业背后专打小报告、拨弄是非的小人。任何一个来说是非的人，其背后一定有他自己的动机和目的，在听来说是非者言论的时候，我们要理性的予以防范。

"悲"是一种情感，这种情感通常以歌唱去表达，"引吭悲歌"的典故讲述了一首悲歌可以感天动地。

古时候有个薛谭向秦青学习唱歌，还没有学完秦青的技艺，就以为学尽了，于是告辞回家。秦青没有劝阻他，只在城外大道旁给他践行。彼此喝了点酒，秦青打着节拍，引吭悲歌。那歌声凄厉动人，振动了林木，音响遏止住天上的行云……薛谭被深深打动了，这才明白自己远远还没学好。于是向秦青道歉，要求继续学习。

· 汉字寻趣 ·

宝塔诗

诗

绮美，瑰奇。

明月夜，落花时。

能助欢乐，亦伤别离。

调清金石怨，吟苦鬼神悲。

天下只应我爱，世间惟有君知。

自从都尉别苏句，便到司空送白辞。

（四）心理状态

tài

态 > 大度心态，海纳百川

甲骨文	金文	篆文	隶书	楷书	行书	草书
	熊	熊	態	態	態	态

熊 金文，上为能，像一头长嘴、大耳、巨身、短尾的大狗熊形，下为心。

熊 小篆承续金文字形。

· 字有乾坤 ·

态，繁体为"態"，会意字，从能，从心，表示人揣度人心，显示自己的意志，会意内在心理的外在流露，相由心生，由相见心，心相互为表里。态，从太，从心，太中的大是人展开四肢之形，加点指人，显示自己的意志。《说文·心部》："態，意也。从能，从心。熊，態或从人。"意思是说，態，意向，意愿的意思。"態"用"能、心"会意。段玉裁《说文解字注》："意态者，有是意，因有是状，故曰意态"。人以意向而产生了态度。

"态"本义为形态、姿态与状态。李渔《芙蕖》："有风既作飘摇之态，无风亦呈袅娜之姿。"态是人的心理反应的意态，即有什么样的想法，就会表现出什么样的姿态，常用的词汇有心态、姿态、状态、事态、动态、态度，宋代诗人刘子翚《海棠花》有句："幽姿淑态弄春晴，梅借风流柳借轻。"意为海棠花以她安闲的姿容，高雅的仪态，开放在春日的艳阳里，她借寒梅的风流韵致，也兼有杨柳的婀娜轻盈。

态，强调人必须有阳光心态。"态"字上太，下心，太是太阳，太阳的心，就是一种阳光的心态。要保持一种阳光心态，关键是要有一个乐观、积极的思维方式，事物往往都是有两面性的。中国有句古话：失败乃成功之母。这就是在问题中发现机遇，要在微不足道的困境中，发掘蕴含其中的一线希望。"塞翁失马，焉知祸福"的典故，说明祸福是相倚互转的。

态，强调人必须有宽容心态。态字，有一个"大"字和"心"字，大是一种宽大、宽广，大心就是有一种宽容之心。宽人的心，首先要容人之长。有一句话叫"文人相轻"。对他人的长处，有些人不是欣赏，而是嫉妒、打击，这是一种狭隘的胸怀，是一种病态。

态，强调人必须有贤能心态。态的繁体为"能"＋"心"。徐锴《说文解字系传》："心能其事，然后有态度也。"能，是一种能力、贤明，能心是心能达到的地方。意思是"心"中有才。"能"，其仪态自然就会彰显出来。人的能力会自然地显现于外，观察人的外在语言举止就可以推知内在的能力。

· 汉字寻趣 ·

对联欣赏

1. 上联：石石洞洞，百百态态，千千姿姿
   下联：洞洞石石，奇奇妙妙，神神秘秘
2. 上联：所贵立身无苟且
   下联：岂容应世态分明

jí

急　心中焦急，过而不及

甲骨文	金文	篆文	隶书	楷书	行书	草书
		急	急	急	急	急

急篆文，是及（及，抓人）和心（心，感觉）的组合，表示被人抓捕时，紧张焦虑的感觉。

急隶书，将篆文字形中的"心"心写成心。

· 字有乾坤 ·

急，形声字。"急"是一个焦躁的心理情绪。"急"从心，表示心理活动。从"刍"，表示人头，"彐"为追赶伸手抓人之意，表示内心急迫。《说文·心部》："急，褊也。"本义为狭窄、狭隘。由此引申指急躁，如"西门豹之性急，故佩韦以自缓""急脾气"；急又指紧迫，如"当务之急""救急""告急""县官急索租，租税从何出？"急还指急速、赶快，如："急击勿失""急促"。武则天写了一首诗，叫《腊日宣诏幸上苑》："明朝游上苑，火急报春知。花须连夜发，莫待晓风吹。"传说，第二天果然百花盛开。

"急"也是一种急于求成的心理现象。"急"音通"及"，"及"为比得上，赶得上，想要比得上，赶得上的心情，是落后者的心理状态。在一场马拉松的长跑中，落后于后面的人往往很着急，于是急起直追，有的如愿，有的却赶不上前面的，这是实力所使然。在世界竞争的舞台上，也是同样的道理，落后者往往会心急，希望能缩小距离。这种心态有两种情况，一种是努力地追赶，量力而行，追求缩小差距；还有一种是过于焦急，急功近利，欲速不达。在竞争的路上，靠的是实力、耐力和毅力，落后了，却不自卑，只要努力前行，一步一个脚印，就能进入先进的行列。当今，我们要防止的一种心态是"急功近利"。

古时候有个方仲永，五岁就能作诗，大家都夸奖他。有人就请他父子做客，奖赏仲永；还有的人用钱求仲永题诗。他的父亲于是每天带着仲永四处拜访同县的人，来赚取名利。仲永年岁到了上学的年纪也不让他去求师学习。结果仲永到十二三岁的时候，作的诗不能与从前的名声相称了。又过了几年，仲永完全如常人一样了。这都是仲永的父亲急功近利的结果呀……"急"是浮躁的一种表现。有一句话叫"事缓则圆"，有的时候停下脚步，整理行装再出发，校正自己的方位，储备自己的知识，做到步稳行远。

· 汉字寻趣 ·

歇后语

唐僧念紧箍咒——猴急

mèn

闷 心在门内，烦闷不乐

甲骨文	金文	篆文	隶书	楷书	行书	草书
		閲	悶	悶	悶	凡

閲 篆文，是門（门，关闭）和屮（心，情绪）的组合，表示把心关在里面，会心中憋闷之意。

悶 隶书，将篆文的"心"屮写成心。

· 字有乾坤 ·

闷，形声字，从心，门声。《说文·心部》："闷，懑也。从心門专声。莫困切。"意思是憋闷。字形采用"心"作偏旁，采用"门"作声旁。"闷"的本义是烦闷。

"们"的含义有几个：一是表示烦忧、愤懑，此时读 mèn。如《聊斋志异·促织》："忧闷欲死。"又如：闷恹恹（精神疲乏，心情烦闷）等。二是表示密闭不透气，如：闷子车。《素问·风论》："闭则热而闷。"又如：闷躁（气闷烦躁）等。三是表示沉默不出声或声音不响的样子。如《庄子·德充符》："闷然而后应。""闷"（mēn）也表示待在家里不出门，如：别老闷在家里。"闷"（mēn）还表示过饱，如：肉吃多了，闷住了。"闷"（mēn）同样表示失去知觉，如：闷香（一种麻醉毒品，强盗常用它熏人后盗物）。

"闷"字很形象，就是心被关起来，不透气了，心情郁闷。"闷"组成的词语都与这有关。如闷气、愁闷、沉闷、郁闷、闷闷不乐等。闷绝就严重了，指因气闷而晕过去了。闷棍是说趁人不备而打棍子。闷葫芦是比喻不爱说话的人或那些难以猜透的事与话。成语遁世无闷：谓逃避世俗，内心也没有烦忧。

"闷"音通"门"。"闷"是心在门里，心被关在门里，情绪无法宣泄，必然烦闷、郁闷。人生不如意，很多人就会封闭自己的心扉，复杂的情绪没有出口，就会造成烦闷。心情郁闷的人，连说话都懒，往往不愿意走出家门，与他人交流。紧闭心门必然心情郁闷。为此，要想除去心中的烦闷就要打开心扉，与他人交流，让烦闷的情绪适时得到释放。

· 汉字寻趣 ·

成语接龙

闷闷不乐→乐而忘忧→忧心如焚→焚骨扬灰→灰心丧气→气壮山河→河伯为患→患得患失→失之毫厘，差之千里

yōu

忧 憂 思虑重生，心神不宁

甲骨文	金文	篆文	隶书	楷书	行书	草书
			憂	憂	憂	憂

甲骨文像大猩猩等猿类动物行动迟缓，步履沉重的样子，表示优游、平和、宽厚。

金文，省去一只手，同时突出头部的形象，强调"思虑重重"。

篆文，是（页，头部，表示思虑）、（心，表示担心）和（止，步履）的组合。增加了"心"，强调了内心的消极状态。隶书将篆文的"页"写成。

忧，形声字，从心，尤声。"忧"与"憂"同义，《汉字简化方案》用"忧"字合并"憂"字。

《说文·心部》："憂，愁也。"简体"忧"为形声字，从心，尤声。"忧"的本义是忧愁、烦闷，如忧虑、忧闷、忧伤、忧愤。"君子忧道不忧贫"。

"忧"的基本义：1.担心、忧虑。白居易《卖炭翁》："心忧炭贱愿天寒。"《岳阳楼记》："忧谗畏讥。"2.忧闷、忧伤。《诗·小雅·小牟》："我心忧伤。"3.居父母之丧。"自居母忧，便长断腥膻。"古人父母过世，要守孝，叫"丁忧"。

"忧"的词组成语不少，例如忧愁、忧伤、忧虑、忧患、忧苦等等。忧心指内心的忧愁。忧国是忧虑国家、为国家的前途担心。忧愤指忧愁愤恨，心里难过又愤恨。忧郁症指极度意气消沉、身体不适懒言少语，出现幻觉和妄想的一种精神病症。成语忧心忡忡指整体充满忧愁的心情。"忧"表现为犯难而愁思。"忧"指心思深长，遮蔽不泄，缓缓行迟，表示内心犯难而愁思。过分忧愁会伤害人的身体，损害人的性情、精神，甚至导致难以治愈的疾病。古人总爱以酒解忧，"何以解忧，唯有杜康。"只是酒入愁肠，不能解忧，反而会化作忧愁之泪。宋代欧阳修

《秋声赋》："百忧感其心，万事劳其形。"陆游也有诗云"抽刀断水水更流，举杯消愁愁更愁"。

"忧"是指过度担忧的不良情绪。"忧"音通"尤"。"尤"为过失、罪过或怨恨、责怪。做事有过失或遭人怨责，则心中忧烦，故"尤"旁之"心"为"忧"。"尤"又为副词，表示程度之深，心中对人、事、物的关心程度太过则会产生担忧的情绪，故"忧"为"心"之"尤"者。"尤"有优异、更加等义。"心""尤"为"忧"，这是指忧愁过度而成疾。人的心里假如为忧愁所困，得不到释放，会引起病变，如"忧郁症"。

我们虽然不赞成"杞人忧天"，但也要有忧患意识。"人无远虑，必有近忧"，我们只有未雨绸缪，防患于未然，才不会"临急抱佛脚"，陷于被动的处境。

对于人生的旅途，对过去悔，对未来"忧"都是没有益处的。过去的已经无法挽回，时光不可以倒流，对未来则是难以把握的，"人生不满百，常坏千岁忧。"关键是过好"当下"。

· 汉字寻趣 ·

歇后语

猪八戒结亲——喜的喜，忧的忧

huàn

患 连患伤心，后患无穷

甲骨文	金文	篆文	隶书	楷书	行书	草书
	患	患	患	患	患	患

金文由∩（穴，房屋）、𡴝（像疼痛皱眉的病人）、𦥑（双手）组成，表示为家中的病人按摩、抚慰。

篆文由串（串，从内部连贯在一起）和心（心，忧虑）组成，表示家人生病，亲人同感忧虑。

患隶书将篆文字形中的心写成心。

· 字有乾坤 ·

患，形声字。《说文·心部》："患，忧也。从心上贯吅（xuān），吅亦声。"意思是说，患，忧虑。字形采用"心"做偏旁，"心"上一竖贯穿"吅"，"吅"同时也作声旁。

患，本义为"生病卧床，居家疗养，亲人忧虑"，比如患病、患者。后来发展出担忧、忧虑的意思，如患得患失；同时，还有疾病、绝症之意，如疾患、心患；由担忧演变出灾祸之意，如祸患、隐患、防患于未然。

祸患源于不忠。患，从心，从串，串为二中，中通"忠"，意为不忠，不能忠贞不渝，不忠于国家、民族、人民、也不忠于受恩于你的主人，必然留下了祸患。

后患来自多心。患字上面是一个"串"字，"一串"的"心"，就是心多。心太多，思虑太多，是心患。所谓"患生于多欲，害生于弗备"，一个不能"一心"对待得失的人，这也想要、那也想要，这也怕失去、那也怕失去，怎么不会心生忧虑呢？一个不能"一心"做事的人，这也想做，那也想做，三心二意，怎么可能做成事呢？所以患得患失是做人做事的大忌。

忧患来自预防的意识。"患"从心，指内心感受。本义是因家人生病而同感忧虑，后泛化为对危险情况的忧虑。与"患"有关的最常见的心理意识是忧患意识，忧患意识是一种清醒的预见意识和防范意识，是一种危机感、紧迫感、责任感、使命感。

大患来自小患。小患不防，大难临头。患，从串，音通"穿"，串其心，必然造成祸患。"千里之堤，毁于蚁穴"就是这样的道理，防患于未然，才能避免发展大的灾祸。

《论语》中孔子有三处讲到"患"；一是学会换位思考。在《学而篇》说："不患人之不己知，患不知人也。"即是说不要担心别人不了解我，只担心我不了解别人。我们看人的视觉往往从自己出发，缺乏从别人的角度去观察，别人不解我，也许我的能力还有限，也许未能让别人认识我，这还是要从自己找原因；二是不要怨天尤人。在《宪问篇》又说："不患人之不己知，患其不能也。"即是说：不担心别人不了解自己，只担心自己没有能力。常常有人感叹怀才不遇，而缺乏知识的储备，只要是金子，总有发光的机会；三是力戒嫉妒之心。在《季氏篇》中说："丘也闻有国有家者，不患寡而患不均，不患贫而患不安。"这就是说：我们听说过无论是诸侯或大夫，不担忧财富不多，只担忧财富不均；不担忧人民太少，只担忧境内不安。"红眼病"是社会的一种普遍现象，这是不利于个人和社会的进步的。把财富这块蛋糕做大了，即使不能平均分配，自己得到的仍然比以前多。自己不如人家，不是打击别人，而是通过提高自己去赶上和超越，这才是正确的方法。

· 汉字寻趣 ·

字同命不同

两位读书人一起去占卜。其中一位先写了一个"串"字给算命的拆字先生看。

拆字先生认为"串"可以分解为两个"中"字，这一年他一定能够高"中"两次（科举考试分为不同的层次和阶段，有时一年内可以有不止一次的等级考试）。

这时另一位读书人也想得到几句恭维，也写了同样一个"串"字。

不料拆字先生板起面孔说："阁下不但不能高中，反且即将灾祸临头。"

那人询问原因，拆字先生回答道："刚才那位先生是无意中写的'串'字，阁下则是故意书写的。故意，就是'有心'。'串'下有'心'，成了'患'字，就是将有祸患了。"

人生就是赤条条地来，又赤条条地走的过程，这里的关键是一个心态问题，不同的心态会演绎出不同的故事。

huò

惑 内心迷乱，乱则迷惑

甲骨文	金文	篆文	隶书	楷书	行书	草书
	惑	惑	惑	惑	惑	惑

惑 金文是由 或（即或，表示不确定）加心组成。

惑 篆文承续金文字形。

· 字有乾坤 ·

《说文·心部》："惑，乱也。从心，或声。" 或，既是声旁也是形旁，表示不确定。"惑"，形容内心迷乱、糊涂，令人不解。"疑"，生于对外部的无知，致知即可释疑；"惑"生于内心的混乱，心乱则生于贪欲。孔子说："四十而不惑。"《老子》："少则得，多则惑。"《韩非子·观行》："目失镜，则无以正须眉；身失道，则无以知迷惑。"刘安《淮南子·主术训》："目妄视则淫，耳妄听则惑，口妄言则乱。"晁说之《枕上闻蛩忽久不鸣》："不见容而疑，岂不云大惑。"又如：迷乱、混乱为"惑眩"，迷乱之病为"惑疾"，迷乱变化为"惑变"，精神失常为"惑易"，疑心为"惑志"，使人疑而误之为"惑误"，糊涂为"惑实"，昏庸糊涂的人为"惑人"；"惑"，也是迷惑、扰乱的意思，宋玉《登徒子好色赋》："嫣然一笑，惑阳城，迷下蔡。"又如：迷惑动摇为"惑动"，迷惑君主为"惑主"，迷惑人心之术为"惑术"，迷惑众人为"惑众"；"惑"，也指迷恋，如：迷于邪说为"惑妄"，沉迷为"惑溺"。惑更多地指迷惑，如"妖言惑众""蛊惑人心"。

惑生于心中的迷乱。从"或"，或为或许，或者这样，或者那样，心神不安，摇摆不定，所谓"知者不惑，仁者不忧，勇者不惧"，心中会迷乱，大多由于内心不定，缺乏定力。惑大多因酒、色、财而起。韩愈在《释言》写道："聪明则视听不惑，公正则不迩谗邪。"耳聪目明，则所见所闻不受迷惑；公正无私，则不会接近邪恶谗言。佛学认为，人有种种不道德的外在行为，是因为内心多种错误的观念造成种种迷惑，因惑造业，由业受苦。举个简单的例子，贪婪是一种错误观念，它会导致很多不道德的行为，比如贪财导致偷盗，因贪色导致奸淫。在中国有一种说法是"人生四惑——酒、色、财、气"，这里的"惑"，是指迷惑、误区，指使人容易犯错的因素。

他惑起于不良用心。惑从心，蛊惑他人大多心怀诡计，以欺骗的手段达到自己不可告人的目的。

己惑、他惑最终的结果是遇祸。"惑"音通祸，人心迷惑，对人对事失去了判断力，容易惹祸，"惑"则生"祸"。

· 汉字寻趣 ·

猜谜语

谜面：多听必有惑（打一字）

谜底：总

qì

憩 暂止言行，舒服憩息

甲骨文	金文	篆文	隶书	楷书	行书	草书
		愒	憩	憩	憩	憩

愒 篆文，本从心，曷声。隶变后楷书写作愒。异体作偈，改为从人。俗写作憩，从舌，从息。今以"憩"作正体，愒、偈另表他义。

· 字有乾坤 ·

憩，会意字。《广韵》："憩，息也。去例切，去祭，溪。"《康熙字典》："【集韵】本作愒，或作憩，亦书作憇。"

"憩"从舌，息声。"舌"指口舌、说话、言语等；"息"为停止、歇、休息等意。"舌""息"为"憩"，即暂止说话或行为以休息。"憩"的本义是休息。陶渊明《归去来兮辞》："策扶老以流憩。"即拄着拐杖出去走走，随时随地休息。策，拄着。扶老，手杖。流憩即走走歇歇，憩常指愉悦休息之意。

"憩"是舌自+心。也有写作憇，上甜下心，指心情愉悦地休息，即憩息。杜甫："平生憩息地，必种数竿竹。"欢言小憩，形容欢乐谈笑，稍作休息。李白在《下终南山过斛斯山人宿置酒》中写道："欢言得所憩，美酒聊共挥。"意思是：我和主人欢言笑谈，身心得到很好的放松休憩，宾主频频举杯，吟诗高歌。

"憩"，曾通"愒"，读作kài，表示贪恋，贪图。如曹操《气出唱》："心恬澹，无所愒。""憩"也曾是"偈"的被通假字，表示休息，歇息。如《旧唐书·刘总传》："每公退，则憩于道场。""憩"通"偈"时，还表示停放。如《二十年目睹之怪现状》："那房子前面就是一片空地，那里还憩着一乘轿子。"

"憩"亦读hè，表示恫吓。如《史记·苏秦列传》："是故夫衡人日夜务以秦权恐憩诸侯，以求割地。"

·汉字寻趣·

猜谜语

谜面：自古一聚必有别（打一字）

谜底：憩

【解析】"自、古、一"相聚，组成"憩"的上半部分；"必"别后为"心"，组成"憩"的下半部分。

惹

rě

娇柔顺从，惹人心动

甲骨文	金文	篆文	隶书	楷书	行书	草书
𤯨		𢝔	惹	惹	惹	惹

𤯨甲骨文即"若"字，像一个娇柔顺从的女子。

𢝔篆文，上为𦱳（若，女子顺从应答），下为心（心，感情），表示男子心动于女子的娇柔顺从。

· 字有乾坤 ·

惹，形声字，从心，若声。"若"的甲骨文像双手梳理头发形，有梳理、理顺之意。"心"表示内心情感、心理活动。"若""心"，即心需要梳理，"惹"字也就是心境烦乱，需要理顺。造字本义是女子娇柔顺从，令人动心。《说文·心部》："惹，乱也。从心，若声。"意思是：惹，添乱。字形采用"心"作偏旁，采用"若"作声旁。

惹本义为招引，"惹口舌"即引起口角是非。明《醉醒石》："生怕惹火烧身，连忙把余琳并冯氏，都送将出来。""惹火烧身"，比喻自找麻烦，结果害了自己。《六祖坛经·自序品》："时时勤拂拭，勿使惹尘埃。"

"惹"又指沾染、染上。如岑参诗句："晓随天仗入，暮惹御香归。"由"惹"字组成的词组、成语也不少，惹祸指招引祸事。惹眼即显眼，引人注意。成语惹草拈花是比喻男子挑逗和引诱女子，也作"拈花惹草"。成语"空惹一身骚"，比喻干了某事没捞到好处，反坏了名声。惹是生非就是招惹是非，引起事端。如冯梦龙小说《喻世明言》："安分守己，并不惹是生非。"

惹还表示沾染、染上。唐薛涛《柳絮》："二月杨花轻复微，春风摇荡惹人衣。""惹"还表示牵挂。元关汉卿《拜月亭》："阿几时教我腹内无烦恼，心上无萦惹。"

205

· 汉字寻趣 ·

歇后语

太岁头上动土——惹祸上身

rěn

忍　利刃在心，忍者无敌

甲骨文	金文	篆文	隶书	楷书	行书	草书
	𢘆	忍	忍	忍	忍	忍

🔹 金文，上部为"刃"，是刀口、刀锋，就像一把锋利的刀置于心之上，刀口上还留着一滴血，比喻人的心承受着像被刀刃割破溅出血那样的疼痛，但还要默默地承受。

🔹 小篆，承接了金文的字形。

· 字有乾坤 ·

忍，从心，刃声。会意兼形声字。《说文·心部》："忍，能也。"本义为忍受、忍耐、克制，《论语·八佾》："是可忍也，孰不可忍也！"意思为，如果这个都可以容忍，还有什么不可容忍的呢？

"忍"的基本义：1.忍耐、容忍。《左传·成公二年》："吾子忍之。"2.克制、忍受。《论语·卫灵公》："小不忍，则乱大谋。"3.残忍、残酷。《史记》："是人也，蜂目而豺声，忍人也。"

"忍"的词组成语不少，如忍耐、忍心、忍痛、忍受、残忍等。忍耐即忍受痛苦而耐心等待。忍性就是克制性情。忍辱指忍受欺凌侮辱，以完成重大任务。成语忍俊不禁指忍不住笑出声来。动心忍性：动心，使内心惊动；忍性，使性格坚韧。指不顾外界阻力，坚持下去。

"忍"从"心"，大多是痛苦的心理感受。忍，对人来说也是一种能力，即具有自我克制的能力，表示坚韧的品质。一个人如果没有容忍之心，处处争强好胜，其人性往往会显得十分残忍。

忍要经历心灵的磨难。忍，从心，这是一种心理活动，把满腔怒火和愤恨深藏在心底，忍一时之气。忍，从刃，用一把锋利的刀刺在心上，那是非常痛苦的，一般人早就难以忍受，但下面的"心"依然四平八稳，一动也不动，隐忍着上面插着一把刀的伤痛。这把刀，其实是现实的磨难，是对人心灵的磨炼。

207

忍的要求是宽容忍让。忍，从刃从心，刃是一把锋利的刀，这把尖刀刺向心里，而下面的心却依然稳重，包容尖刀，游刃有余。因此，忍字寓意要能宽容忍让。人生不如意之事十有八九，当遇到不顺心的事情时，要忍让在先，忍气、忍辱，忍是为了求安，凡事要想得开，看得远。

忍的方法是以柔克刚。忍，从刃从心，刃是一把锋利的尖刀，刀具有两面性，既可以隐藏威力不外露，也可以宝刀出鞘；心就像刀鞘，当心的底线被击穿，忍无可忍时，宝刀就会出鞘。因此，忍是心中装着一把刀，当忍无可忍时，这把刀就会成为复仇的利器。忍并非一味地忍让，而是不采取对抗的方式，避免激烈的冲突，通过柔和的手段，达到化解问题的目的。

忍的境界是顺应命运。忍字从刃从心，刀刃刺进心里，心上承载着一把刀，指人生的不如意其实是一种常态。忍音通认，认的繁体字为認，从言从忍，指有痛也忍着，不说出来，是对现实的"认命"。忍字寓意人生要顺应命运，学会承担苦难，在苦难中磨砺成长。

· 汉字寻趣 ·

字谜游戏

谜面：刀下要留心一点（打一字）

谜底：忍

【解析】"刀"字下面有个"心"，再加上一点，即为"忍"字。

zì

恣 心无拘束，恣意自己

甲骨文	金文	篆文	隶书	楷书	行书	草书
		恣	恣	恣	恣	恣

恣篆文是⿱（次，感叹、呻吟）和⿱（心，欲望）的组合，表示深陷欲望而情不自禁地呻吟。

恣隶书将篆文字形中的⿱写成次，将篆文字形中的⿱写成心。

字有乾坤

恣，形声字。《说文·心部》："恣，纵也。从心次声。资四切。"意思是放纵。字形采用"心"作偏旁，采用"次"作声旁。

"次"的甲骨文像一人张口打喷嚏的样子，后引申有放纵之意；"心"表示内心，心态等。"次""心"为"恣"，意为放纵的心态。"次"也表示质量、品质差，同时寓意超出限制，不在限制之内。"恣"从次从心，意为无法控制或不能控制住心态，同时也表明放纵是一种不好的情绪。"次"又表示顺序、次第。中国古代社会重视礼法，讲究长幼有序，尊卑有别，无视礼法，就会做出放纵的行为。"恣"的本义是放纵。如《淮南子·主术训》："所以禁民使不得自恣也。"

《吕氏春秋·禁塞》："而无道者之恣行。"由"恣"组成的词组、成语多与放纵有关联。如：恣睢，狂妄、任意胡为。恣游，到处游览、纵情游荡。恣肆，肆就是无顾忌，指放纵无顾忌。肆意妄为，肆意为非作歹。跋扈自恣，形容为所欲为，自以为是而无所忌惮。

"恣"也表示听任、任凭。如《管子·任法》："犹金之在炉，恣冶之所以铸。""恣"还表示更迭。如《方言》："恣，代也。""恣"还表示肆意、尽情。如苏辙《上枢密韩太尉书》："过秦、汉之故都，恣观终南、嵩、华之高。"

209

· 汉字寻趣 ·

回文诗

璇玑图（节选）

前秦·苏蕙

正读：章臣贤惟圣，用飞辞恣害。祸远察微虑，渐孽班祸谗。

反读：馋祸班孽渐，虑微察远祸。害恣辞飞用，圣惟贤臣章。

（五）社会伦理

zhōng

忠　中正之心，始终为忠

· 前生今世 ·

甲骨文	金文	篆文	隶书	楷书	行书	草书
	忠	忠	忠	忠	忠	忠

忠金文，上面是一面直立的旗帜，上下都有旗帜的飘带，中间的"口"形表示"中间"之意。下面是"心"。

忠小篆作了简化，把旗帜的飘带省略了，书写上更加美观。

· 字有乾坤 ·

忠，形声字。《说文·心部》："忠，敬也，尽心曰忠。"本义为严肃认真，尽心尽力，忠贞不贰，坚守正道。尽心则无隐藏，故引申指赤诚、竭诚，如"交不忠兮怨长""忠厚""忠心"；古时又特指忠君之人。忠字有心居中，正直不偏，即把心放在正中，无论对待什么，都把心摆正。

儒家认为"忠"是为人的基本品德，孔子在《论语·述而》："子以四教：文、行、忠、信。"孔子用四个方面的内容教育学生：文献知识、行为规范、忠于职守、言而有信。那么，如何做到"忠"呢？孔子认为：第一，对朋友要忠诚。《论语·学而》："为人谋而不忠乎？"为别人办事，要反省自己是否做到尽心尽力。第二，对君王要尽忠。《论语·八佾》："君使臣以礼，臣事君以忠。"臣子要尽忠职守来服侍君主。君主对于臣子的信任，最终的要求是忠诚。第三，对工作要尽忠。《论语·颜渊》："居之无倦，行之以忠。"这就是忠于职守，勇于担当，认真负责。"忠"字对一个人的品德和行为提出了如下的要求：

"忠"是尽心尽力。"忠"上"中"下"心"，是建立在"心"之上的。这就说明了"忠"的根源来自一片赤诚的心。没有"忠"心，不可能有"忠"行。这颗心首先是来自爱国之心。敬业之心，奉献之心，正因为有了"心"，才有担当、负责、勤勉、奋斗。

211

　　"忠"是忠于自己的良心。忠要忠于自己，只有忠于自己，才能忠于别人。"忠"是心中的标杆，无论做什么，都要对得起自己的良心，这才叫忠，忠也是对自我的尊重。假如一个人不是忠于自己的良心，必然会做出出格的事情。

　　"忠"是秉持中正之道。忠，从中，是中正不偏之心，秉持正道，公正处事，赤诚无私。《忠经·天地神明章》："忠者，中也，至公无私。天无私，四时行；地无私，万物生；人无私，大亨贞；忠也者，一其心之谓矣。为国之本，何莫由忠。"处事秉持中道，就可以克服"过犹不及"，防止走极端。

　　"忠"是善始善终。"忠"音通终，意为始终如一，善始善终。"疾风知劲草，板荡识忠臣。"危难之际，最能考验一个人的忠诚度。一个人春风得意的时候，身边簇拥着一帮人。而当失意的时候，往往门庭冷落。这是因为许多人并非忠诚之人，而是势利之徒。忠诚的反义词是背叛，背叛比敌人更可恶。因此，我们对"汉奸"和"叛徒"深恶痛绝。

　　忠是赤胆忠心，忠心耿耿。"忠"从心，这个"心"是对祖国、对人民、对民族的热爱之心，忠诚之心。谭嗣同是维新志士，他主张发展民族工商业，学习西方民主的政治制度，公开提出废科举、兴学校、开矿藏、修铁路、办工厂、改官制等变法维新的主张。1898年参加和领导戊戌变法，失败后被杀，年仅三十四岁。"去留肝胆两昆仑"是谭嗣同临刑之前抒发的绝唱。意思是：我生为变法而生，死为变法而死，忠肝义胆可昭日月。谭嗣同在狱中，意气自若，拾地上煤屑，就粉墙作书，问他干什么？他大笑说："作诗言志耳。"

· 汉字寻趣 ·

对联欣赏

上联：富贵不淫威武不屈疾风方知劲草
下联：仰天无愧俯人无怍乱世乃识忠诚

shù

恕　如己之心，宽恕待人

· 前生今世 ·

甲骨文	金文	篆文	隶书	楷书	行书	草书
		恕	恕	恕	恕	恕

恕 小篆，从心，如声。"如"为女子顺从，"心"为"内心"态度。恕为心存慈爱，态度宽容，柔顺大度，宽谅他人所犯的严重错误或对自己的冒犯。

· 字有乾坤 ·

恕，形声字。《说文·心部》："恕，仁也。"本义为仁慈、体谅，如恕罪、宽恕、饶恕。恕是以自己的心推别人的心，即推己及人，如恕道、忠恕。

儒家认为"恕"是一种极高的道德修养，是一种宽广的胸怀和豁达的境界。《论语·里仁》孔子对他的弟子说："参啊！我的学说有一个中心思想贯穿起来的。曾子说：'的确如此'。"孔子出去以后，别的学生就问曾子说："这是什么意思？曾子说：'老师的学说，只是忠和恕罢了。'"忠恕之道是儒家传人处事之道。在《论语·卫灵公篇》中，孔子把"恕"作为处世的最高准则。"子贡问曰：'有一言而可以终身行之者乎？'子曰：'其恕乎！'"己所不欲，勿施于人。孔子的学说子贡曾问孔子："老师，有没有一个字，能够作为终身奉行的原则呢？"孔子说："那大概就是'恕'吧。"自己所不想要的，就不要强加给他人。

"恕"字非常深刻地阐述了"宽恕之道"：

恕是如人之心。在籀文中，女+心构成了"恕"字，无独有偶，子心为㤵，古代通"信"字；由此看来在古人眼中，无论是男人还是女人，都可以有一颗能宽容、讲诚信的善良的心。

恕是如己之心。这就是孔子所说的"己所不欲，勿施于人""己欲立而立人，己欲达而达人"。子游说："推己及人就是恕，自己不愿意的，也不要强加给别人，你希望自己达到的目的和要实现的愿望，也要帮助别人达到。""恕"字的结构与儒家思想不谋而合，如心，要做到自己的心能理解同情别人的心，能感受到、同情别人的不高兴。

恕是如他人之心。恕即"如自己的心",每一个人通过对自己的"心"的观察,知道自己喜欢什么,不喜欢什么,进而据此推断他人会喜欢什么,不喜欢什么。这就是把自己当作别人。但这样还不够,还要有他人之心,把别人当做自己。

恕是如来之心。这可以说是恕的最高层次。如来之心,也是佛祖之心,一切以慈悲之怀,以善良之心对待。对于卑鄙的行为,可以用鄙视的态度去对待,不必要劳心伤神,一笑了之。要记住宽恕别人,就是善待自己,包容他人,就是解放自己。

· 汉字寻趣 ·

猜谜语

谜面:千金方到心才安(打一字)

谜底:恕

【解析】"千金"是对别人家女儿的敬称;"方"别解为方格,即"口"。

chéng

惩　明审责罚，小惩大戒

🐮 前生今世

甲骨文	金文	篆文	隶书	楷书	行书	草书
		懲	懲	懲	惩	惩

懲篆文，是徵（征，战胜）和屮（心，想法）的组合，表示向某种心念开战。
懲隶书，将篆文的屮写成心。

☯ 字有乾坤

惩，形声字。《说文·心部》："惩，　也。从心，徵声。"意思是心理打击。字形采用"心"作偏旁，采用"徵"作声旁。惩上为"征"，意为战胜，下为"心"，是想法的意思。上下结合起来看，"惩"表示向某种心念开战。惩罚最有效的方法就是打击对方的心理，罚人罚心是惩罚的上策。

"惩"的本义是警戒，鉴戒。《玉篇》："惩，戒也。"如《礼记·表记》："则民有所惩""不诛过则民不惩而易为非"。

"惩"也表示处罚。如《左传·成公十四年》："惩恶而劝善。""惩"也表示改定。如陆倕《新刻漏铭》："变律改经，一皆惩革。""惩"也表示克制、制止。如《诗经·小雅·沔水》："民之讹言，宁莫之惩。""惩"还表示苦于。如《列子·汤问》："北山愚公者，年且九十，面山而居，惩山北之塞，出入之迂也，聚室而谋。""惩"还表示恐惧。如《汉书·楚元王刘交传》："太夫人与窦太后有亲，惩山东之寇，求留京师，诏许之。""惩"还表示告诫。如唐朝韩愈《试大理评事王君墓志铭》："初，处士将嫁其女，惩曰：'吾以龃龉穷，一女怜之，必嫁官人，不以与凡子。'""惩"同样表示升腾。如《文选·张衡〈思玄赋〉》："属箕伯以函风兮，惩洖涩而为清。"

在中国历史上，曾有一个朱元璋严惩侈靡浪费行为的故事，说的是明朝时候，朱元璋曾厉行简朴节俭之风，从皇帝皇后带头做起。朱元璋的故乡凤阳，还流传着四菜一汤的歌谣：

"皇帝请客，四菜一汤，萝卜韭菜，着实甜香；小葱豆腐，意义深长，一清二白，贪官心慌。"

朱元璋给皇后过生日时，也只用红萝卜、韭菜，青菜两碗，小葱豆腐汤，来宴请众官员。而且约法三章：今后不论谁摆宴席，只许四菜一汤，谁若违反，严惩不贷。不贷就是绝不宽容之意。由于朱元璋率先垂范，侈靡之风很快得以纠正。

"惩"字指出要以严密之心对违法行为给予惩罚。"惩"从"征"，即"徵"，明审、验证，惩就是查明事实，对照法律条文加以惩罚，使之伏法。"惩"从"征"，征音为正，正为正义，表示正义必胜，有道伐无道就是征。"惩"是重戒，使之畏惧于法；罚，是教育未造成严重恶果的触犯者，表示轻戒，处以罚金。

"惩"字告诉我们最好的"惩罚"是防微杜渐，惩前毖后，治病救人。"惩"字从征，这个征也指征兆、苗头。从心，指心细如发，明察秋毫。君子要居安思危，防微杜渐，善于对一种不良苗头采取惩戒的措施，以防止滋长和蔓延，这就是小惩而成大戒。

"惩"字告诉我们最高的"惩罚"境界是征服人心。"惩"从"征"，从"心"，武力征服，使之屈使，诉之智慧，使人心服口服，诸葛亮"七擒孟获"，就是征服人心，使之"死心塌地"，不再产生异心。

"惩"字还告诉我们最重要的"惩罚"是良心的谴责。"惩"从心，这是指被惩罚的人内心都会感到痛苦，这种痛苦比肉体的痛苦更甚。有的人由于违背了良心，干了伤天害理的事深感后悔，内心不安，长期生活在痛苦之中，这就叫良心的惩罚，往往是生不如死。"心"是"惩"的行为，惩罚如同征伐，是以强制力征服其心，使其顺从和服帖。"征"又为远行，"征"在"心"上，意为惩是一个长期的过程，需要慢慢地教化与训导，同时也表示惩的目的是处罚以前的过错，戒绝今后再犯，即惩前毖后。

· 汉字寻趣 ·

对联欣赏

上联：风剪残枝惩腐恶
下联：浪淘浊水显清廉

慈

cí

心肠柔软，慈悲情怀

· 前生今世 ·

甲骨文	金文	篆文	隶书	楷书	行书	草书
	慈	慈	慈	慈	慈	慈

慈 金文，上面是草木在生长，下面是一颗心，会意为养育子女使其成长，并用心来爱护他们。

慈 小篆，基本上沿袭着金文。

今"慈"字，由"艸""幺""心"组成。"艸"在上，寓意长辈对待子女像对小草一样无微不至。"幺"是幼小，"幺"在草下，表示长对幼的包容、爱护。"心"字承托二"幺"，表示慈爱是发自于心底的情感。

· 字有乾坤 ·

慈，形声字。《说文·心部》："慈，爱也。从心，兹声。"本义为上对下的爱，如"敬老慈幼"。《贾子·道术》："亲爱利子谓之慈，恻隐怜人谓之慈。"《管子》："慈者，父母之高行也。"我国传统的"五常"道德准则中，有"父义、母慈、兄友、弟恭、子孝"的说法。慈，还有和善的意思，如"父母威严而有慈，则子女畏慎而生孝矣。"慈，还指母亲，如"家慈"。

慈，是心软如丝的仁爱之心。慈，中间的"丝"，表示柔软的细丝，比喻心肠软如丝。慈，从兹，是草木繁盛的意思。慈，从心，表示"慈"发自于心底，是出乎心性的，是一种丝丝相连、永不枯竭的爱。慈字寓意心要软如丝，大爱苍生，万物就会被感化，获得生机。唐代张说有诗云："慈惠留千室，友于存四海。"古人说："人生有三好：父严、母慈、人不老。"父因爱而严，母因爱而慈，慈爱是一个合格的父母的基本要求，这都是来源于天然的一种血脉联系和亲情。当然，在现实生活中，也有父母虐待子女的现象，这种人可以说是禽兽不如。慈是一种善良之心，是一种同情之心，是一种恻隐之心。

慈，是对他人尊重的平等心。慈，心上有两个"幺"，这两个"幺"，是平起平坐的，是一视同仁的，是平等的。如果一个高高在上的有钱人施舍一点残羹冷炙给乞丐，这不是慈悲，而是怜悯、同情、是施舍。慈下面是一个"心"，首先是"心"，然后才是钱，所以，慈善要以心灵为基础，要抱着无所求的心态，不要有高高在上的施舍，心灵才能永远充满能量。

慈，音通磁，一个人有仁慈之心，待人宽厚，在生活中一定会受到众人的尊敬和爱戴。久而久之，大家都愿意同他交往，他就像一块磁铁，能够吸引人，团结人，凝聚人。

慈，字形近滋，慈要有心，心没有慈念，心田就会干涸，就变成兹。心中有慈念，常怀济世之心，心灵得到滋养，就会滋润。

· 汉字寻趣 ·

猜谜语

谜面：桂英想见老母亲（打一《射雕英雄传》人物）

谜底：穆念慈

【解析】"桂英"即穆桂英；"慈"指母亲，如"家慈"。

恶

è

用心歹毒，恶行可恨

甲骨文	金文	篆文	隶书	楷书	行书	草书
	亞(金)	亞(篆)	恶	恶	恶	恶

亞金文。从亞，是古代城郭、庙堂的布局的字形。从心，表示心理状态。巨大的建筑物压上心上，表示厌恶、丑恶。《说文·亞部》："亞，丑也。象人局背之形。"认为亚是压抑和丑恶。

亞篆文从亚，位居冠之后，是第二的。从心指意愿，表示不如愿的。

· 字有乾坤 ·

恶，形声字。《说文·心部》："恶，过也。"本义为罪过。如"无恶不作""罪大恶极"。恶又引申指不好、恶劣如"色恶不食，臭恶不食""岁恶民流"。恶还指凶狠、憎恨，令人讨厌之意，如"凶恶""唯仁者，能好人，能恶人"。

"恶"有三个读音，读音不同，意义也有所不同，读书时要看上下文读准。读音è（凶恶）如：恶霸，指独霸一方，欺压百姓的坏人；恶念，邪恶的想法，犯罪的念头；恶性循环，指若干事物互为因果，反复循环，越来越坏；恶少，指品行恶劣，胡作非为的年轻人。

读ě，恶心，指内心要呕吐的感觉，亦指对人和事的厌恶态度。

读wù，恶湿，讨厌潮湿。成语"好逸恶劳"是指人散漫懒惰，厌恶劳动。

"恶"是指内心反感的、无法接受的事物。人有七情六欲。"恶"是一种丑陋的心，是令人厌恶的行为。"七情"——喜、怒、哀、惧、爱、恶、欲，七情之中有的是负性的情绪体验，给人带来的是不愉快的感觉，而这些负性情绪又经常出现于我们日常生活之中。为此，对丑陋的行为会使人感到恶心，厌恶。恶，繁体字为"噁"，从口，表示令人恶心、呕吐。罪恶的事情是令人发指的，超出了人类道德的底线，有良知的人都会为之恶心作呕的。

"恶"，源于歹毒之心。《广韵》："恶，不善也。""恶"从心，这个心是指凶狠，不善之心产生恶。用心歹毒就会去做坏事，歹毒之心是恶的主观根源。古往今来，但凡行大恶之事，必然源于歹毒之心。

"恶"，表现为丑陋的行为。"恶"从"亚"，"亚"意为丑，引申为次等的。恶在外观上是丑陋的、不堪入目的行为，是为世人所不齿的。

"恶"与"善"相对。所谓善，无论说话做事，都是希望对别人有好处；所谓恶，则以利己害人为出发点，有时为了害人甚至可以不利己。所以，善与恶的区别就在于心。战国思想家荀子提出著名的"性恶"思想，认为人生来充满恶欲，善只是表象，恶才是根本，并提出以礼教规范"恶仁好不仁"的罪恶天性。"性善"派则认为人生来善良，恶是后天影响所致。其实，人本身是社会的产物，初生之时无所谓善恶，社会应该做的就是使之"向善"，不要走上邪路。

"恶"读音通"厄"，厄运的"厄"。这里面有两层含义：一是如果碰到一个恶人，那就是走厄运了，肯定会招来灾祸；二是一个人遭遇厄运，身陷困境，本来不想干坏事，但是被逼无奈，只好去做一些伤天害理的事情，于是成了恶人。

🪑 汉字寻趣

对联欣赏

《古今联话》载，明末苏州大旱，地方官趁机敛财，为作样子，设坛请众多和尚求雨。和尚不灵，又请道士，依然无雨。有人对此戏谑写一联于斋坛，曰：

妖道恶僧，三令牌击追风云雷雨；

贪官污吏，九叩首拜出日月星辰。

道与僧为妖为恶，官与吏尽贪尽污，如何求得雨下！"击追""拜出"两语，尤为传神。

ēn

恩 〉 知遇之因，心存感恩

甲骨文	金文	篆文	隶书	楷书	行书	草书
		因心	恩	恩	恩	且

因心 小篆，从心，从因，因表示用心所依托，会恩惠之意。

· 字有乾坤 ·

恩，会意兼形声字。《说文·心部》："恩，惠也。从心，因声。"《礼记·丧服四制》说："恩者，仁也。"仁，就是爱，友爱、仁爱、爱人，恩就是爱人。恩的本义为恩惠、好处，如忘恩负义、恩怨分明、感恩戴德、恩将仇报。

恩又延伸指感恩、情意，如结发为夫妻，恩爱两不疑，一日夫妻百日恩。恩，下面的心指爱心、慈爱，"因"意为承上启下，"因"与"心"连接起来表示一颗爱心，承上启下，延绵地传递。

"恩"字用得最多的是感恩。中国的传统文化，认为人要感五恩，即"天、地、君、亲、师"，"天恩"是指大自然之"天时""气候"，社会之"时代""机会""天机"等；"地恩"，是指大自然之"地利""环境""乡土""故地"等；"君恩"，原指"皇帝"，后泛指"国家""领袖"；"亲恩"，是指父母和亲友；"师恩"，是指师长。

恩，发自于内心。"恩"，上因下心，说明恩来自心底，施恩的人，皆有一颗善良的心，恻隐之心，仁慈之心，然后才会施恩。感恩发自内心，对万事、万物、众人的义举，均起过他应尽的义务。而报恩的人，同样也有一颗真诚的心，是心受感动、心有体验，才会知恩图报，正如古人所说："滴水之恩，当涌泉相报。""因"上"心"下，还寓意原因在前，记恩、感恩、报恩在后。所谓千里送鹅毛，礼轻情义重。首先要有出于深情而送鹅毛的前者，其次则要有能悟到对方之情而感激不尽的后者，如此才能使"恩"持久相传。

恩，因果相承，因缘相聚。"恩"，上"因"，下"心"，表示恩生有因，起于心底，若是心无所动，纵受人于恩，也不懂感恩。恩首先是播种一种善因，虽然主观上不图回报，客观上却会带来意想不到的实惠。"善有善报，恶有恶报""赠人玫瑰，手留余香"，说的就是这个道理。

恩，压在心上的"因由"。这个"因由"是他人的善意、付出与救助。这个"因由"，是你饥渴时的一杯水，是你寒冷时的一件衣，是你迷茫时的一声鼓励，是你痛苦时的一个安慰……《诗经》中说："投我以木桃，报之以琼瑶。"《增广贤文》中说："有仇不报非君子，忘恩负义是小人。"感恩往往都是有原因的。只要记在自己的心里，尽自己的力量去回报，就是一个懂得感恩的人。

人的一生受数不尽的恩情，父母养育之恩、老师训导之恩、朋友知遇之恩等。"恩"中有"心"，有心之人，即使无意施恩，但因其善良，无意中也会给他人带来实惠；有心之人，即使受到的恩惠来自他人的无意，也会心存感激。施恩于人是因为有一颗善心，施恩重在心；报恩与人讲诚心，感恩不在物。施恩于人不图回报，报恩之心没齿难忘。感恩是中华民族的传统美德。施恩者不必图报，受恩者理当感怀。

· 汉字寻趣 ·

猜谜语

谜面：一人困于口，安然上心头

谜底：恩

【解析】"一人"为"大"字，困在口中，即为"困"，安然躺在心上头，为"因+心=恩"。

huì

惠　仁慈之心，专心诚意

甲骨文	金文	篆文	隶书	楷书	行书	草书
𢛉	叀	叀	惠	惠	惠	惠

叀金文，从心，从叀，"叀"是纺线，以"人纺线"作参照，表示人持怀柔之心。

叀小篆，承接金文的字形。

· 字有乾坤 ·

惠，会意字。《说文·叀部》："惠，仁也。从心，从叀（zhuān）。"惠，指仁爱。叀，纺纱的转轮，代表纺织；心，表示善良温柔，表示女子能纺纱织布，操持家务，且心地美好，与人为善，施恩于人。造字本义：女子心灵手巧，善良温柔，乐施好善。古人称男子善于组织管理为"贤"，称女子心灵手巧为"惠"。惠和慧音同，其义有差别：怜其不足而施舍曰惠，惠是有仁爱之心，乐施好善；慧是贤能之表现，聪明为慧。

"惠"的基本义是：1.恩惠、恩济。《周书·谥法》："爱民好与曰惠。""好与"就是爱把财物给别人，施与恩惠。2.仁爱、宽厚。3.柔顺、贤惠。《诗经》："终温且惠，淑慎其身。"；4.赐予、赠予。"施惠众生"。5.通慧、聪慧。

惠，首先指仁爱。《论语》中将"仁"阐发忠、信、恕、勇、礼、孝、恭、敏、宽、惠等。仁爱之人因心而惠，常倾尽所有施惠于他人，而这其实是互惠的行为——他人得到资助，而施惠者也得到了他人的尊敬和敬仰。《韩非子·内储说上》："夫慈者不忍，而惠者好与也""安民则惠"；仁爱则待人温和，引申指温顺、柔和，如"惠风和畅"；仁爱则乐于助人，引申指给人好处，如"怀保小人，惠于鳏寡""恩惠""实惠"；"惠"亦为柔顺、顺从之意，如和顺之气为"惠气"，招抚使之归顺为"惠来"；"惠"亦当敬辞使用，如"惠然肯来"（函柬用语，表示欢迎光临）、"惠邮"（称人邮寄来件的敬语）、"惠书"（称对方来信

223

的敬语）、"惠赐"（称人所赠的敬语）、"惠顾""惠存"等。惠，还有聪明、狡黠、了悟的意思。

惠爱基于仁慈之心。《说文》认为，惠为仁也。惠，从心，这个心是仁慈之心，仁慈的心为"惠心"，仁爱而有德泽的美名为"惠声"，用仁心爱德加以养育为"惠育"，《孟子》曰："分人以财谓之惠。"所谓"奉天竭诚敬，临民思惠养"，惠是仁的表现。

惠悟来自专心诚意。"叀"为"专"的省字，表示专心，一心一意。"专""心"为"惠"，表示为人处世专心诚意。

惠施必须聪明智慧。"惠"音通"慧"，惠及他人，聪明美丽为"惠丽"，聪慧为"惠黠"，《国语·晋语九》曰："巧文辩惠则贤。"惠施既是智慧的行为，同时，施惠也要讲究智慧。施惠必须"适人、适时、适法"，必须有合适的对象、内容、方法、时间。孔子在《论语·尧曰》中讲到君子有五种美德："君子惠而不费，劳而不怨，欲而不贪，泰而不骄，威而不猛。"意思是说：君子要做到的是：给老百姓以恩惠而无所不耗费；让百姓劳动，却不招来怨恨；虽然有欲望，却不贪求；安适舒泰却不骄傲；态度威严却不凶猛。孔子还对怎样才能做到"惠而不费"作出解释，顺应百姓的利益而使他们得利，就是让老百姓得到实惠，而自己却无所耗费。孔子的这个观点今天对于执政者仍然有指导意义，只有适应百姓的所思、所愿，解决百姓的切身利益，才不会劳而无功，吃力不讨好。

· 汉字寻趣 ·

猜谜语

谜面：灞桥惜别何所赠（打一春秋人名）

谜底：柳下惠

【解析】灞桥位于今西安市，古人送客至此有折柳赠别的习俗；"惠"别解为惠赠。

jì

忌　心中唯己，忌恨贤能

甲骨文	金文	篆文	隶书	楷书	行书	草书
	忌	忌	忌	忌	忌	忌

忌金文从己（已，即"纪"，系，约束），从心（心，想法），造字本义：想法受约束，不能随心所欲。

忌篆文，承续金文字形。

忌隶书，将篆文的心（"心"）写成心。

· 字有乾坤 ·

《说文·心部》："忌，憎恶也。从心，己声。"意思是，忌，憎恨，反感。字形采用"心"作偏旁，采用"己"作声旁。忌，本义为憎恶。《国语·越语》："子将助天为虐，不忌其不祥乎？"《韩非子·外储说左下》："公室卑则忌直言。"忌还表示抵触、嫉妒。《三国演义》："操虽称美，心甚忌之。"曹操表面上夸奖杨修，心里其实很憎恨和讨厌他。

"忌"的基本义：1.猜忌、嫉妒。2.顾忌、忌惮。白居易《采诗官》："贪吏害民无所忌"（无所忌惮）。3.禁忌、忌讳。《国语》："子助天为虐，不忌其不祥乎？"4.忌除、忌日。

由"忌"字组成的词组成语大都为嫉妒憎恶。如：忌妒，对相貌、才学、名誉等比自己好的人心怀怨恨。忌恨，嫉妒别人的才能而心生怨恨。忌刻，指为人刻薄善妒。

"忌"字告诉我们，以己为上则心必受损，心受损则五脏不调，五脏不调则身心俱萎，"忌"对人的身心健康没有丝毫益处。所以应该把自己摆在正确的位置，把心归放到原来的地方，不要忌妒他人，不要顾忌太多，减少无谓的忌讳，"忌"中无"己"，立"心"中正，方是健康之心态。

妒忌源于极端的私心。"忌"为"己""心"，意为极端的私心是嫉妒产生的根源。私心重则胸怀狭窄，看不起他人能力强，看不惯他人比自己过得好，因此性格变得乖戾，用陷害、污蔑打击等下流的手段对付他人。

忌妒表现为心态的扭曲。"己"的字形为蛇形，为扭曲的心，忌妒因羡慕表现扭曲的心态，也即通常所说的变态。《浮士德》中写道："忌妒是来自地狱的一块嘶嘶作响的灼煤。"忌妒是一种难以公开的阴暗心理，它对人们造成严重的危害，忌妒就像一条凶悍的毒蛇，吞噬着人焦灼的心灵。忌妒心理总是与不满、怨恨、烦恼、恐惧等消极情绪联系在一起，构成忌妒心理的独特情绪。

忌妒太多最终伤害的是自己。"己""心"为"忌"，意为心上只有自己，不了解别人，寓意自己缺乏自信，是出于一种害怕、畏惧的心理。顾忌太多的人内心往往过度敏感，而产生多疑、猜忌。"忌贤妒能心不宁"，扰乱自己的心绪，进而伤害自己的身体。

汉字寻趣

对联欣赏

《素月楼联语》载，清嘉道间，果勇侯杨芳自提一联云：

忌我何尝非赏识；

欺人毕竟不英雄。

联语为反对，"非"对"不"，符合平仄。

yú

愚 心智未开，愚昧状态

甲骨文	金文	篆文	隶书	楷书	行书	草书
	愚	愚	愚	愚	愚	愚

愚金文，愚为禺，像手持面具、装神扮鬼，心为心，指迷惑之心。造字本义：欺弄不知情者。

愚篆文，承续金文字形。

愚隶书，将篆文的"心"心写成心。

· 字有乾坤 ·

愚，形声字，从心，从禺（yú），禺亦声。《说文·心部》："愚，戆也。"本义为愚笨。愚，形容无知的，无悟性的，如《贾子·道术》："深知祸福谓之知，反知为愚。"《荀子·脩身》："非是、是非谓之愚。""衰世好信鬼，愚人好求福"，"靡哲不愚""愚不可及""愚若胶柱""愚戆""愚浊"等；愚，又指欺弄不知情者，如"以愚黔首""愚锢""愚弄""愚民"；愚，也用于自称之谦辞，如诸葛亮《出师表》："愚以为营中之事。"对同辈而年轻于己者的自我谦称为"愚兄"，老人自谦之词为"愚老"，大臣对君主自称的谦词为"愚臣"，对自己意见的谦称为"愚意"等。

愚源于心智未开。"禺"，属猴类，金文为蠢笨的大猩猩。不善于思考、灵活、变通，是人处于蒙昧的状态。

愚是一种古板的思维方式。愚，从"心"，在这里指心智未开发，处于愚笨的状态，其思维是线性的、古板的、僵化的思维方式，不灵活，不善于应变，往往导致为愚蠢之举。

愚也是投机取巧的小聪明。"禺"为"偶"，表示一心两用或多用，往往会弄巧成拙，聪明反被聪明误。

汉字寻趣

对联欣赏

1. 上联：小智弄智非智

   下联：老愚自愚不愚

2. 上联：宵小欺大乃谓尖

   下联：愚犬称王便是狂

3. 上联：得一日闲便是福

   下联：作千年计并非愚

十二　身字族

shēn

身

孕妇身躯，侧立人身

甲骨文	金文	篆文	隶书	楷书	行书	草书
身	身	身	身	身	身	身

身 甲骨文像孕妇的侧视形，大腹便便，腹内有子。其本义为女性怀孕之形体。

身 金文，像孕妇的侧视形，腹内用一点代表胎儿。

身 篆文承续金文字形。

· 字有乾坤 ·

身，象形字。《说文·身部》："身，躬也。象人之身。从人，厂声。凡身之属皆从身。"意思是：身，躯体。像人的身体。字形采用"人"作偏旁，采用"厂"作声旁。所有与身相关的字，都采用"身"作偏旁。

"身"的本义是孕妇的身躯。《诗经》中写道："大任有身，生此文王。"这是说周文王的母亲有了身孕。"身"子的意思有如下几个：

一指人的躯体。孟子说："饿其体肤，空乏其身。"这是说：使他肌体捱饥抵饿，使他身体劳累疲乏。

二是指人的头颈以下，股腿以上的那部分。王述之《经义述闻》："人自项以下，踵以上，总谓之身。颈以下，股以上，亦谓之身。"人的身体自脖颈以下，脚以上，总称为身。或者说是脖颈以下，大腿以上也称为"身"。《史记·项羽本纪》："项伯亦拔剑起舞，常以身翼蔽沛公，庄不得击。"项伯拔剑起舞，常常用躯体遮蔽沛公，以防项庄行刺，项庄得不到下手的机会。这是有名的"项庄舞剑，意在沛公"的典故，比喻以做某事为幌子，实际上却怀有其他的目的。人与人相距很近自然会身体相触，因此人们也常以"贴身""近身"来形容关系密切、如身边人、贴身保镖等。如身躯、人身、身材、身段等，如成语"身首异处"。也指物体的主干部分，如：船身、树身。

三是指人的生命或一生。身体是生存的存在形式，因此，"身"也比喻生命。于谦《石灰吟》："粉骨碎身浑不怕，要留清白在人间。""身"指生命，生命之初，孕育生命的过程也被称为"身"，此即"身孕""有身"。生命的概念是一个时间段，一个过程。"终身大事"就是通常所说的婚姻大事。

四是指人的地位、身份、品德，出身、身份，如身败名裂。身又引申为自身、亲身、自己的意思。《后汉书·第五伦传》："其身不正，虽令不行；以身教者从，以言教者讼。"意思就是身教胜于言教。身还可以指自身的品德、名节：既明且哲，以保其身；修身养性等。

儒家把"修身"作为人格完善的手段，《大学》提出了修身的宗旨是"明明德，在亲民，在止于至善"，修身的途径是"正心、诚意、致知、格物、齐家、治国平天下"。这个修身之道依然是我们进行品德修炼的法门。

修身要达到这一宗旨，关键在于"知行合一"，要身体力行。唐朝的怀海禅师，曾立下一套丛林规矩叫百丈清规。倡导"一日不作一日不食"的农禅生活。佛教一向以"戒"为规范的生活，而怀海禅师改进制度，身体力行以农禅为生活。他每日除了领众修行外，必亲执劳役，勤苦工作，自食其力，极其认真。弟子后来见他老了，恳请他不要随众出工了，还把他的劳动工具藏起来。但百丈禅师说："一日不作一日不食！我必须身体力行。"大家后来就改叫他"百丈禅师"。在现实生活中，即使有再好的目标，如果仅停留在口头上，是一事无成的，关键在于"行"，身体力行。

身字的字形一般都与身体有关。可以分成两类：

第一类是指身体本身。如：躯、躬。

第二类是指身体的动作。如：躺、躲、射。

下面，让我们朗诵"身"字族歌诀：

身弯如弓，行礼鞠躬。（躬）

四肢之躯，七尺之躯。（躯）

身藏花朵，躲藏丛中。（躲）

河源流淌，身体横躺。（躺）

· 汉字之树 ·

· 汉字寻趣 ·

对联欣赏

《红楼梦》中有一个"智通寺"，有一联云：

身后有余忘缩手；

眼前无路想回头。

此联写有人贪得无厌，积累之财到了用一世也用不完，但还一味摄取，直到无路可走了，才想回头。此联可为警语。

躬 身体如弓，行礼鞠躬

· 前生今世 ·

甲骨文	金文	篆文	隶书	楷书	行书	草书
	躬	躬	躬	躬	躬	躬

躬金文，从身，从吕（脊柱形），会人身之意。

躬篆书承续金文字形。

躬楷书，从身，从弓，会曲身之意。

· 字有乾坤 ·

躬，会意字。《说文·吕部》："躬，身也。从身，弓声。"躬，躬或从弓。

"躬"的本义指整个身体。原义是自身、亲身。《隆中对》："臣本布衣，躬耕于南阳。"又如"躬逢其盛""事必躬亲"。

躬，表现了一种恭敬的态度和礼仪。躬从身，从弓，表示身子弯曲，很形象地描写身体像弯弓一样，让人表示感谢，礼敬都会躬身，如"躬身不要拜，唱喏直声立""躬腰"等。躬音通恭，形象地表现人弯下身子，向人行礼，态度恭敬，如鞠躬、躬身，稍微向前弯身，以表尊敬。如《管子·霸形》："桓公变躬迁席，拱手而问……"这里的"躬"就是躬身。躬身行礼是指弯下身行礼，常表示臣服或恭敬。如：他向皇后躬身行礼。今天，躬也成为一种礼节，在大型的祭祀活动和对长辈表示谢意时，行鞠躬之礼。

躬，表现出一种自省精神和身体力行。篆书字形躬，强调自身。如反躬自问、事必躬亲。躬行是指亲自去实行实干。陆游《冬夜读书示子聿》："纸上得来终觉浅，绝知此事要躬行。"这是陆游写给儿子的诗，流传千古。诗里陆游告诫儿子：从书本得来的知识是比较浅薄的，只有经过亲身实践（躬行），书本知识才能变成自己的东西。反躬自问是指回转身来，反问自己做得如何。

·汉字寻趣·

猜谜语

谜面：身旁一张弓，压得弯了腰（打一字）

谜底：躬

躯

qū

四肢之区，七尺之躯

· 前生今世 ·

甲骨文	金文	篆文	隶书	楷书	行书	草书
	軀	軀	軀	躯	躯	躯

軀 金文，从"骨"、从"區"。"骨"，表示人的身体。"區"由一个"匚"和一个"品"组成，"匚"可以看做人的身体弯曲后的形状，"軀"代指人的五脏六腑。区，表示区域，聚众之意。区表示身体多个部位的总名。"泛言之四身，举四肢四躯。"

軀 篆书承接了金文的字形。"身""區"为"躯"，意为身体、身躯。

· 字有乾坤 ·

躯，繁体字为"軀"。会意字兼形声字。从身，区声。《说文·身部》："躯，体也。"本义是身体、身躯。如刘基《卖柑者言》"吾赖是以食吾躯"，意思就是凭着这来喂养自身。身与躯的使用有些差别，泛言之曰身，举四肢曰躯。

"躯"还引申为身孕，《三国志》："其母怀躯，阳气内养。""怀躯"就是怀有身孕。

"躯"的词语都与身体有关。身躯、躯体、躯干……躯壳指人的躯干外壳，相对人的精神而言。为国捐躯指为了国家而献出自己的身躯生命。

· 汉字寻趣 ·

成语接龙

为国捐躯→驱雷策电→电光火石→石破天惊→惊天动地→地动山摇→摇摇欲坠

duǒ

躲

身藏花朵，躲藏丛中

甲骨文	金文	篆文	隶书	楷书	行书	草书
		躲	躲	躲	躲	躲

躲篆书，左边"身"为身体、人体，代指人；右边"朵"为"垛"的省字，垛为堆起来的柴草，通常是躲藏的好地方。故"身""朵"为"躲"，表达隐蔽、躲藏、避开之意。朵，也可以看做花开百朵、百花争艳、群芳竞吐，人躲在花丛中，不让别人看见。故隐物为藏，藏身为躲。

· 字有乾坤 ·

躲，形声字，从身、朵声。《玉篇·身部》："躲，躲身也"。本义：使身体隐藏、避开、隐匿。如"躲藏""躲匿"，白天蝙蝠都躲藏起来，傍晚才开始出来捕食，家中大小，躲得没半个影儿，东藏西躲。人迫于无奈，必须要躲藏和逃避的时候太多了：为免伤害而躲避战乱；为平安而躲避流氓寻衅；为渡难关躲避债主逼迫；为自由和爱情而逃婚；为躲避天灾人祸而逃难；总之，人类虽能战天斗地，生命个体却弱小而无奈，甚至连年轻时英武盖世的唐玄宗、飞扬跋扈的慈禧太后也曾在战乱之时戚戚惶惶地躲到四川、承德去了。

躲，也是充满童趣的游戏。躲猫猫也叫摸瞎子、捉迷藏，是一种儿童游戏。蒙住一人双眼，把他转的不辨方向，然后大家向他这个"瞎子"呼喊取乐，蒙眼者追捕，众人躲闪……躲猫猫与捉迷藏差不多，躲猫猫是南方方言。

"躲"后来又有避开、离开、让开的含义，如躲避、躲债、躲懒，"明枪易躲，暗箭难防"。

躲，也是处世的一种方法，面对恶人，往往惹不起，但躲得起。面对俗世，假如不同流合污，采用"躲"的办法，也是自我保全的一个办法。

汉字寻趣

成语接龙

明枪易躲 → 躲躲闪闪 → 闪烁其词 → 词不达意 → 意气风发 → 发扬光大 → 大失所望 →望眼欲穿 → 穿云裂石 → 石破天惊 → 惊魂未定

tǎng

躺　身体卧下，充分休息

· 前生今世 ·

甲骨文	金文	篆文	隶书	楷书	行书	草书
		躺	躺	躺	躺	躺

躺篆书，左为身，右为尚，"身"为象形字，像人体之形，表示身躯及其动作；"尚"指往上，朝上，故"躺"本义是身体正面朝上，即平卧。

· 字有乾坤 ·

躺，形声字，从身尚声。《二十年目睹之怪现状》："先母躺了下来，还是很热闹的。"现在也引申为物体横倒在地面。如：暴雨过后，那些荒草都躺倒在烂泥里。

躺，早期也借"倘"表示，后用"躺"表示身体横倒，如在炕上铺着小褥子躺着；躺也引申指把物体平方或横倒，如风吹倒的树横躺在马路上。

"躺"从"身"从"尚"，可理解为生命应该受到尊尚和尊重。所以任何人死亡躺倒之后，万事皆休，哪怕生前罪大恶极，也应使之入土为安。这是对生命应有的尊重。

"躺"由休息引申为停止。"躺在功劳簿上睡大觉"，形容骄傲自满，只想吃老本，不愿继续进取。"躺"又引申为物体平放或倒伏，如椅子平躺在地上，荒草躺倒在烂泥里，由于丧失了进取之心，必然斗志丧失，碌碌无为。

· 汉字寻趣 ·

绕口令

稀奇歌

稀奇稀奇真稀奇，

蟋蟀踩死了大母鸡，

气球碰坏了大机器，

蚯蚓身长七丈七，

八十岁的爷爷躺在摇篮里。

十三　手字族

shǒu

手

上肢前端，伸张五指

· 前生今世 ·

甲骨文	金文	篆文	隶书	楷书	行书	草书
手	手	手	手	手	手	手

手甲骨文，像手臂伸出的五个手指，一般指腕以下持物的那部分。

手金文、手篆文承续甲骨文字形。

手隶书变形，将篆文的五指形象，简化成一撇两横。

· 字有乾坤 ·

手，象形字。"手"字形象地描绘了手伸张的形状。手，从二，表示手有两只，手从乚，表示手向内弯曲之意。《说文·手部》："手，拳也。象形。凡手之属皆从手。"意思是：手，可以握成拳。字形像五指张开的手。所有与手相关的字，都采用"手"作偏旁。手，张开为手，卷之为拳，手与拳篆书互训。

手，首先指手掌、手臂，《诗·邶风·击鼓》有"执子之手，与子偕老"，意思是和你手牵着手一起生活，白头到老。

手，是人抓、持的主要部位，故有执、持的意思。如"人手一册"。后又有亲手所为之意，如"手自抄写"。就是自己亲手抄写。

手，又指擅长某种科技或能做某种事的人，比如：能手、水手。"手"也泛指参与某种行动的人。如："对手""打手""凶手"等。

"手"是人最灵巧的器官。手的甲骨文是手张开之形。手能张能缩，舒展自如。《释名·形体》："手，须也，事业之所须也。"手是一个人获得事业成功所必需的。为此，手又指技艺。我国许多精美绝伦的工艺品，均是手尖上的艺术。中国人也是一个"心灵手巧"的民族，一个个崛起的工程，一个个高科技产品，无不是"手"的创造。

"手"是"脑"的合作伙伴。"手"音通首。首，指人的大脑，也叫首脑，手的一切动作都是在大脑指挥下完成的。一个人的大脑在想什么，别人看不到，但他的手在做什么，则可以看到他的脑在想什么，因为手脑相通，脑为道，手为器。

"手"的偏旁为提手旁（扌），卸载字的左边，主要是表示与手有关的动作，表示"手"的字根还有"又""寸"，"爪""攴""攵""殳"等会持拿，使用之手。这里主要介绍有"手"字的汉字。

"手"的字族，一是表示人体部位，如拳、掌；二是表示手的动作，如拜、擎、擎、拿、掣、攀、掰、挈、弄、挲、搴；三是表示一种情状：如挚、挛等。

下面，让我们朗诵"手"字族歌诀：

手挡阳光睁目看。（看）

两手相合为对拜。（拜）

五指相屈握成拳。（拳）

手心向上见手掌。（掌）

手执礼品送挚友。（挚）

敬畏举手擎天立。（擎）

用手制动驰车掣。（掣）

双手分开物掰开。（掰）

手举书契提挈领。（挈）

三手多余行弄偷。（弄）

手筋有变生痉挛。（挛）

两手用力把物掰。（掰）

轻轻擦手抚摩挲。（挲）

· ❀ 汉字之树 ·

· ▦ 汉字寻趣 ·

对联欣赏

《坚瓠集》云，明代杨一清十二岁中举人，至京城，国公与尚书共同设宴招待。尚书与国公同时各递酒一盏，曰：

手执两杯文武酒，饮文乎，饮武乎？

一清答道：

胸藏万卷圣贤书，希圣也，希贤也？

联语中一文一武，指国公与尚书，"文武"对"圣贤"，"饮文乎，饮武乎"与"希圣也，希贤也"为重言，同为设问。

拜 双手合十，拜谢之礼

甲骨文	金文	篆文	隶书	楷书	行书	草书
	拜	拜	拜	拜	拜	拜

拜金文，"禾"为麦穗、谷物；"手"为手，持握之意。合起来表示手持庄稼谷物，虔诚祭告天地神灵，祈祷好收成。有的金文为"拜"，"手"为作揖形状的手，"手"像一个人在磕头，合起来表示作揖、磕头的动作，形象地表示一种礼节、礼仪。

拜篆书承接金文的字形。

拜，会意字，从两手、从下。《说文·手部》："拜，首至地也"。《说文》还引扬雄说："拜从两手下。"表示双手作揖，或下拜。本义：作揖、磕头，为古代表示敬意的一种礼节。

"拜"有三个基本义，第一表示道贺，如拜年：给亲戚朋友祝贺新年。团拜指过年或重大节庆，大家团聚相互祝贺。拜寿是后辈晚辈敬贺年届五十以上的长者生日。拜谒是个敬辞，古代比较常见，表示拜见拜访，有敬仰的意味。第二是敬意，如跪拜、拜情等。第三是拜访、拜见。如刘备决定去拜访诸葛亮。还有表示以一定的礼节授予某种名义或职位，或结成某种关系：拜将、拜相、拜师。

拜，发自内心的敬意。篆文为"拜"，将金文的"禾"（麦穗、谷物）写成似"麦"似"手"的"手"，变为双手合十之状"拜"，代指作揖的动作，表示作揖、下拜的动作和崇敬之意。

拜是行礼的一种动作。隶书为"拜"，将篆文"拜"左边的"手"写成"手"，为腿关节弯曲跪地的形状；右边的"手"写成"手"，是为将"丁"（"下"的古体字）并入"手"之下，强调"拜"时头低于手，显示对对方的崇敬之意。

· 汉字寻趣 ·

成语接龙

拜将封侯 → 侯门如海 → 海水群飞 → 飞蒭挽粟 → 粟红贯朽 → 朽木难雕 → 雕章镂句 → 句斟字酌 → 酌古斟今 → 今来古往 → 往古来今 → 今月古月 → 月满则亏 → 亏心短行 → 行成于思

zhǎng

掌　手心向上，卷手为掌

· 前生今世 ·

甲骨文	金文	篆文	隶书	楷书	行书	草书
	尚	蓞	掌	掌	掌	掌

　　尚 金文，上半部分 "**尚**" 为 "尚"，敞开之意，同时尚有尊崇、推崇之意，寓意重要，居于中心位置；下半部分 "**手**" 为 "手"，像伸展开的五指。合起来为 "**尚**"，指代伸开五指后的中心部位，即手掌、掌心。

　　蓞 篆文，将金文 "**尚**" 的 "**尚**" 写成 "**尚**"。

　　掌 隶书，将篆文 "**蓞**" 的 "**尚**" 写成 "**尚**"。

· 字有乾坤 ·

　　掌，形声字，从手、尚音。"掌" 描绘了手掌的形状，"掌" 从尚从手，尚同上，表示手心向上。《说文·手部》："掌，手中也。" 本义为手掌、手心。如《孟子·告子上》："鱼，我所欲也；熊掌，亦我所欲也。二者不可得兼。" 枚乘《谏吴王书》："易于反掌，安于泰山。"《说文·爪部》段玉裁注："仰手曰掌，覆手曰爪；张手为掌，卷手为拳。"

　　"掌" 原意是指人的手掌，如 "易如反掌"。同时也泛指动物的脚掌，如马掌、熊掌等。后引申为极其容易，毫不费力就能获得决定权的重要身份。

　　掌，常用的词叫掌故，指历史上的制度、文化沿革即人物事道等。掌，从尚，从手，"尚手" 的人为掌，掌可以指善于管控的人，如掌管、掌握、掌舵、掌权者等。

· 汉字寻趣 ·

成语接龙

掌上明珠 → 珠沉沧海 → 海涵石烂 → 烂若披掌

jī

击 | 擊 · 双方交战，近身搏斗

· 前生今世 ·

甲骨文	金文	篆文	隶书	楷书	行书	草书
		擊	擊	擊	擊	擊

擊篆文，上为"毄"，"車"为"車"，指战车；"口"为车轴辘的圆形，表示旋转；"殳"为"殳"，指持械击打的意思；合起来，"擊"表示两军对垒，用战车、军械互相进攻厮杀、击打。当"毄"作为单纯的字件后，篆文"擊"再加"手"（手），另造"擊"字代替，像一只手拿着东西敲击。

· 字有乾坤 ·

击，繁体字为"擊"，形声字，从手、毄（jī）声。"毄"是"擊"的本字。《说文·殳部》："毄，相击中也。"本义为敲击、敲打、击打。《史记·廉颇蔺相如列传》："相如持其璧睨柱，欲以击柱。"《楚辞·九歌·国殇》："援玉枹兮击鸣鼓。"

击，本义为敲击、敲打、击打，或做类似敲打的动作，如击鼓、击缶等。"击"还引申为攻打，如进击、击破、击毙、迎头痛击。击又引申为接触、触碰，如击水（拍打水面）、目击、旁敲侧击。

击，是有针对性的，就像战争必须有攻击目标、士兵手持兵器、驾驶战车攻击敌人一样。"击"有打击、射击、冲击、击退、击中、击败等。相传"帝尧之世，天下太和，百姓无事"，歌曰："日出而作，日入而息，凿井而饮，耕田而食，帝力于我何有哉？"后来便用"击壤而歌"比喻太平盛世。

击，由打的本义引申为触及、相撞。《战国·齐策一》："临淄之途，车毂击，人肩摩。"在去临淄的路上，车挨着车，人挨着人。后用"摩肩接毂"比喻人来车往，拥挤热闹。"撞击"指运动着的物体猛烈碰上别的物体。成语"击玉敲金"出自杨慎《洞天玄记》："兄弟也，不知师傅所言，句句斩钉截铁，言言击玉敲金。"敲击金玉的声音清脆明快，人们用击玉敲金形容言语快当、掷地有声、珍贵而有价值。亲眼看见事情的经过称"目击"：目光仿佛与物体相撞，有过接触一样。林则徐《筹议严禁鸦片章程折》："臣十余年来，目击鸦片烟流毒无穷，心焉如捣。"

简体的"击"字，从二，表示双方，从山，表示棍棒交加，含意为双方用手对打。

"击"字组成的词语大多是动词，如击打、击破、击毁、击水、击碎、进击、打击等。击球是一种体育动作，把球击打回对方。"击掌"是双方互拍手掌，表示信誓。如《聊斋志异》："桂儿益恚，击掌为誓。"意思是，桂儿更加恼怒，就击掌发誓了。成语声东击西是说在东面故作声势，其实是要攻击对方的西面。

"击"常用于表达一种强烈的情感，如击节叫好，击节赞叹，表示十分赞赏。1971年，基辛格博士秘密访华，突然向周恩来总理提出一个要求：想用一种地球上没有的物质，来换取一些马王堆一号汉墓那具女尸周围的木炭。周总理笑了笑，用手指着一尊嫦娥奔月的雕像，对基辛格说："早在5000多年前，我们就有一位嫦娥飞上了月亮，建起了广寒宫住下了。我们正准备派人去看她呢！"周总理机智婉转而又幽默的回答，实在令人击节赞叹，让博学多识的基辛格博士也笑了。

· 汉字寻趣 ·

成语接龙

击其不意 → 意气风发 → 发奋图强 → 强词夺理 → 理屈词穷 → 穷途末路 → 路见不平 → 平步登天 → 天公地道 → 道存目击

ná

拿 五指持握，合手为拿

甲骨文	金文	篆文	隶书	楷书	行书	草书
		挐	拿	拿	拿	拿

挐篆文，𢂷为"奴"，即奴隶，𣃔为"手"，即抓、抓捕。合起来挐的本义是抓捕奴隶之意，引申为抓捕、拘捕、拿捕的意思。

当篆文"挐"的造字本义消失后，隶书另造会意字"拿"代替。"合"为合拢、闭合；"手"为手掌、五指。"合、手"为"拿"，意为五指合拢将物体抓在手中。

· 字有乾坤 ·

拿，会意字，从合、从手。异体字为"挐"。《说文·手部》："挐，牵引也。从手，奴声。"本义是用手抓住东西，即握持。拿字形象地描述了人拿东西的动作，常言道"分手为掰，合手为拿"，手要拿住东西必须握住。后引申为掌握、把持，如"拿主意"。又引申为拿捏、挟制。再引申为捉拿、逮捕之意，如"拿获""擒拿"。拿还指连续，如"祸结而不解，兵休而复起。"

"拿"字非常形象地描写了人"拿"东西的动作。"合""手"为"拿"，这就是手要合起来，才能"十拿九稳"。同时，也寓意"拿"必须"合手"，即适合你的手，不合手的东西往往也是拿不住的。

"拿"字也告诫我们"拿"东西要以"合"为前提，即符合道义、法律、道德，"不合"的东西去拿则是非偷即抢。异体字"挐"字，从"奴"，即"奴隶、奴役"。手是人的主人，手应当听从人的指挥，人让它拿什么就拿什么，不能反过来，人被手所奴役。

"拿"字也表示必须齐心合力，才能"拿下"一个工程、一个项目。人类用灵巧的双手创造了一个又一个奇迹。闻名世界的万里长城、埃及金字塔等，都堪称人类文明的标志。人的手之所以灵活无比，全在于十个手指之间相互完美的配合。只用一个手指，很难将散落在地上的黄豆捡起来，而用两个手指却可以轻松地把黄豆捡起。可见，对一件器物要将其把持住，必须用手指或两手的合力。

· 汉字寻趣 ·

成语接龙

拿三搬四 → 四面八方 → 方外之人 → 人中龙虎 → 虎掷龙拿

quán

拳 张手为掌，卷手为拳

甲骨文	金文	篆文	隶书	楷书	行书	草书
		蕭	拳	拳	拳	拳

蕭 篆文，从手，从 𢍏（表卷曲）含屈指握拳之意。

隶书拳将篆文的𢍏写成共。

· 字有乾坤 ·

拳，形声字。《说文·手部》："拳，手也。从手，𢍏聲。"意思是：拳，屈指紧握的手。字形采用"手"作偏旁，采用"𢍏"作声旁。本义为拳头，如"赤手空拳"。

拳字形象地描绘了人握拳的动作。"拳"从卷，从手，表示屈卷，人要握成拳头，是指屈五指卷握起来的手。《玉篇·手部》："拳，屈手也。"手屈卷起来，自然是弯曲的，后又引申为肢体弯曲。《颜氏家训·勉学》："手不得拳，膝不得屈"。"不得拳"就是不能卷握着手。

"拳"也表示勇壮。如无拳无勇，即指没有勇力。《国语·齐语》："有拳勇股肱之力。"就是指有勇力，能帮助他人。"拳"是握紧的形状，表现了牢握、不舍之意，引申为奉持玉帛，为此，"拳"又表示诚挚、挚爱，如"拳拳父母心"，如司马迁《报任安书》："拳拳之忠，终不能自列。"

用"拳"组成的词语不少，如名词拳术、拳头、拳掌、拳脚、拳棒等，都与"手"有联系。拳术就是指徒手的武术。太极拳是一种内外兼练、柔和、缓慢、轻灵、锻炼身心的拳术。"拳"还作动词，如拳打脚踢、拳击；形容词拳拳之心，是形容内心恳切、真挚诚恳。

成语"花拳绣腿"是指武术上那些不实在的招式、动作，后来泛指所有不实在的行为动作，没有真实本领。语出汉朝初年，刘邦曾封陈平为护军中尉。就有人偷偷对刘邦说："陈平只有花拳绣腿，没有真才实学。不仅如此，他还是一个品行低劣的小人。"刘邦听后非常生气，就问陈平。陈平自信地回答："我投奔皇上，是因为听说您是一位任人唯贤的明君。我的确收受了下属的贿赂，但收受的贿赂一两未动，全部用军印贴封着封条，封条上写着'特殊军饷'几个字。"刘邦深入了解后，知道自己没有看错人，陈平不是花拳绣腿，于是升了陈平的官，还任命他专门监督诸将。

拳头产品则是比喻企业特有的、别人难以胜过的看家产品。如：每个集镇的经济繁荣，有赖于其拳头产品的畅销。

汉字寻趣

划　拳

中国传统的划拳法是两人同时出一只手，并且同时猜两人所出数字之和，两人都猜错或猜对则继续，直到一方猜对、一方猜错。猜错者罚酒。 划拳是用嘴和手配合完成的，两人面对面进行。要领是：一是伸出手指与喊数要同时进行；二是喊出的数必须是伸出的手指数以上的数和与5相加得数以内的数；三是初学划拳时一般只是喊数，熟悉了可以丰富一些说法，也就成为酒文化的一部分。

具体如下：两人同时伸出一只手，用攥起的拳头和伸出一到五个手指，表示从零到五这几个数字，与此同时，嘴里喊出从0到10的数字，如果两人伸出的手指表示的数字相加与其中一个人嘴里喊出的数字相同，那么这个人就算赢了这一拳。举例说明：比如一个人伸出了三个手指，另一个人伸出了四个手指，一个人喊了七，另一个喊了六，那么这个喊七的人就赢了；如一个人伸出攥紧的拳头（表示零），嘴里喊出了三，而另一个恰好伸出了三个手指可嘴里喊的七，那么喊三的就赢了。就这么简单。当然，如果自己喊的是"八仙过海"，而自己仅伸出了一个手指，那么对方即使伸出五指也不可能凑成八，这种拳就叫臭拳，如果不是事先约定，是要罚酒的。

pān

攀 抓枝曳藤，攀引而行

甲骨文	金文	篆文	隶书	楷书	行书	草书
		米	攀	攀	攀	攀

米 篆书，像两手牵引向上攀援之形。

攀 隶书，调整结构，将 米 合写成"大"，并添加一个"手"。

· 字有乾坤 ·

攀，形声字。《说文·手部》："米，引也。从反廾。攀，米 或从手从樊。"意思是：攀，攀，牵引而行。字形采用反 米 的结构。攀，这是 米 的异体字，字形采用"手、樊"会义。"攀"原意是两只手抓住树枝往上爬，后泛指抓住东西向上爬。攀字告诉我们向上攀登要用"手"。攀字从手，从樊，樊为攀篱，喻丛荆子道。攀是用双手扳附他物而上升的一种行动。"攀"的目的是向上，用手抓住树枝，树枝是向上攀登的依托，这是一种结交依附他人才能实现的行为。通常人们说攀龙附凤就是依附有声望、有权力的人而飞黄腾达。这种攀附虽然可以得到一时的好处，但如果自己德才不备，或金主失势，也难免一损俱损，一荣俱荣，下场可悲。一个人向上攀登，既要善于抓住机遇，又要靠自己强有力的双手。其二引申为拉拢、拉扯、拉关系。如，她这人最喜欢攀亲道故。"攀"还有攀比之意，即向高水平的比较（多指不顾客观条件的行为）。

用"攀"组成的词语都含有牵引拉扯往上的含义。如攀登、攀爬、攀援、攀缠、攀引、攀扯。攀登就是用手握住他物往上登。攀谈是指闲谈，交谈，指互相交谈以联络感情。攀高枝是种比喻的说法，指有意攀附社会地位高的人。

· 汉字寻趣 ·

绕口令

寻 宝

并排分班翻山攀坡把宝找，
聚宝盆里松柏飘香百宝藏。
背包奔跑报矿炮劈山，
篇篇捷报飞伴金凤凰。

qiè

挈 手举书契，提纲挈领

甲骨文	金文	篆文	隶书	楷书	行书	草书
		挈	挈	挈	挈	挈

挈 篆文，从手，㓞，用刀子刻书契，两相洽合。

· 字有乾坤 ·

挈，形声字。《说文·手部》："挈，悬持也。从手，㓞声。"意思是：挈，悬提着。字形采用"手"作偏旁，采用"㓞"作声旁。"挈"本义是用手提着：提挈。《礼记·王制》："班白不提挈。"即头发斑白的老人就不要提挈东西了。

挈，表示称举，如挈其过，举其非。

挈引申为带、领、挈带。如"扶老挈幼"。《西游记》："喊一声，都拖男挈女，呼弟呼兄的一齐跑来。"在古代还通"锲"，雕刻之意，如：挈刻。

"挈"也表示人讲话要提纲挈领。"挈"字从手，表示人手握书契。书契一般来说要简明扼要，我们写文章、讲话应抓住要点、简明扼要，不能废话连篇，不着要领。

"挈"表现了人与人之间的互相提携。从手，从㓞，两相恰合。

我国古代有一个成语"左提右挈"，出自《汉书》。说的是秦末农民起义军将领武臣，率兵攻克邯郸后，自立为赵王。然后派部将韩广北上夺取燕地。韩广占领燕地后，却自立为燕王。武臣闻报带上尚书将校深入燕地了解敌情，却被燕军俘虏了。为救武臣，张耳就派人前去游说韩广。使者面见韩广后，就说：张耳、陈馀其实想让您把武臣杀掉，这样他便可平分赵国，自立为王。如果这两个赵王"左提右挈"（互相提携、扶持），齐头并进，要消灭燕国就太容易了。韩广一听不好，赶紧放武臣回去了。

汉字寻趣

对联欣赏

上联：提挈自西东，帕首靴刀，十年戎马书生志

下联：指挥定中外，塞霜边月，万里寒鸦相国祠

摩 mó

合掌相研，摩拳擦掌

甲骨文	金文	篆文	隶书	楷书	行书	草书
		摩	摩	摩	摩	摩

摩 篆文，从麻、从手，麻为磨，即石磨，以"石磨转动碎粮食"作隐喻，表示合掌相研。

· 字有乾坤 ·

摩，形声字。《说文·手部》："摩，研也。从手，麻声。"意思是说：摩，用手掌将东西研细。字形采用"手"作偏旁，采用"麻"作声旁。

"摩"的本义为摩擦，磨蹭。如摩崖石刻即指山崖上刻的文字、佛像等。引申为接触、摸、抚，如：摩弄、摩挲等。后来又引申为研究、切磋，如观摩、揣摩，如：你要细心揣摩他的手艺。"摩"又通"磨"，意为磨灭。《汉书·司马迁传》："古者富贵而名摩灭，不可胜记。"意思是说古代那些有钱而高贵的人名字消失的不可胜数。

由"摩"字组成的词语大都有摩擦之意。如抚摩、摩擦、摩挲。摩挲指用手轻轻按着并一下一下地移动、抚摸。摩擦力指为克服摩擦而引起或维持相对运动所需要的力。摩登是译音词，指那些合乎时兴潮流的式样。成语摩拳擦掌比喻精神振奋，准备出力、展示技能或动武。

· 汉字寻趣 ·

对联欣赏

上联：净土莲花，一花一佛一世界
下联：牟尼珠献，三摩三藐三菩提

挚 > 手相握持，忠诚不衰

· 🪔 前生今世 ·

甲骨文	金文	篆文	隶书	楷书	行书	草书
𦥔		𤔲	挚	挚	挚	挚

𦥔甲骨文即"執（执）"，像用木枷锁住罪犯双手。当"执"的"拘押嫌犯"本义消失后，甲骨文𦥔再加"又"⺕另造"挚"代替。

𤔲篆文，改为上下结构，上面是个"执"字，下面是一只"手"。

· ☯ 字有乾坤 ·

挚，会意字。"挚"曾以"执"作为本字。"挚"字生动地描写了手相握持的动作。"挚"从"执"表示手相握持。《说文·手部》："挚，握持也。从手从执。脂利切。"意思是握持，字形采用"手、执"会义。以上下结构省，表示手持礼物，态度真挚。"挚"本义是诚恳、真挚。《礼记·郊特牲》执挚以相见。就是拿着礼物来求见。表示真挚、诚挚、亲密。后引申为攫取：狼挚虎攫。通鸷。如，那些动物都饿坏了，一见有食物都狼挚虎攫起来。

"挚"音通"贽"，意为见面礼。如《仪礼·士冠礼》："奠挚见于君。"

"挚"从手、从执，用手去执，表示逮，捕，捉。如《吕氏春秋》："挚执妻子。"又如：挚执（拘捕）。"挚"也表示击、搏击。如《淮南子》："行冬令，则风寒不时，鹰隼蚤挚，四鄙入保。"

"挚"也表示情感的真挚。"挚"音通至，表示心之所至、忠诚不衰、志同道合的朋友，情感一定是真挚的。在春秋时期，楚国有一位著名的音乐家，叫俞伯牙。有一次，俞伯牙船停在山边避雨，便弹起琴来。突然感到琴弦上有异样的颤抖，于是走出船外，看见岸上树林边坐着一个打柴人。这人叫钟子期。伯牙邀请他说："我为你弹一首曲子听好吗？"子期立即表示洗耳恭听。伯牙即兴弹了一曲《高山》，子期就赞叹道："多么巍峨的高山啊！"伯牙又弹了一首《流水》。子期又称赞道："多么浩荡的江水啊！"伯牙又佩服又激动地说："这个世界上只有你才懂得我的心声，你真是我的知音啊！"于是和钟子期结为真挚的朋友。

· 汉字寻趣 ·

对联欣赏

上联：美酒一心迎挚友
下联：佳肴诚意暖高朋

擎　敬意托举，擎天而立

甲骨文	金文	篆文	隶书	楷书	行书	草书
		𢷍	擎	擎	擎	擎

𢷍 篆书，上为敬，下为手，表示用手向上托举。

擎，形声字。擎，首先表示有敬畏、敬意之心。擎，从敬，表示有严肃、警惕之意，表示"擎"时应有警觉心，以免失手。《广韵》："擎，举也。""擎"的本义是怀满敬意地向上托举。如：擎天柱（喻担负重任、顶天立地的人）。

"擎"要举重若轻。"擎"从手，手去托举，不是单纯地去拼力量，要善于运用智慧，才能做到举重若轻。

"擎"也表示支撑，承受住压力，如：擎抬（支持）、擎鹰走马（形容有钱有势人家逐猎玩乐的奢侈生活）。"擎"还表示执持。如李贺《送秦光禄北征诗》："今朝擎剑去，何日刺蛟回？""擎"同样表示拱手，如：擎拳（拱手）、擎跽（拱手跪拜）。

歇后语

最长的棍子——一柱擎天

chè

掣　用手制动，风驰电掣

· 前生今世 ·

甲骨文	金文	篆文	隶书	楷书	行书	草书
𣲵			掣	掣	掣	掣

𣲵 甲骨文像一个人用牛牵拉着辖辕。

掣 隶书，从制，从手，意为用手牵制。《经典释文》："掣，拽也。"本义就是牵引，牵拉。《易·睽》："见舆曳，其牛掣。"

· 字有乾坤 ·

掣，会意字。《广韵》："掣曳。尺制切。挽也。昌列切。" 掣，表示以手制伏，使之顺从。如唐朝岑参《白雪歌送武判官归京》："纷纷暮雪下辕门，风掣红旗冻不翻。"

"掣"表示牵制、控制。如清朝顾炎武《郡县论八》："而其尤桀黠者，则进而为院司之书吏，以掣州县之权。"

"掣"也表示疾行、疾飞。如南朝梁简文帝《金錞（chún）赋》："野旷尘昏，星流电掣。"

"掣"由拽动、拉扯，引申为抽、拔。《晋书·王献之传》羲之密从后掣其笔，不得。"掣其笔"就是抽拔他的笔。

· 汉字寻趣 ·

歇后语

床上搭架——互相掣肘

suō

挲 — 手抓细沙，轻柔抚挲

甲骨文	金文	篆文	隶书	楷书	行书	草书
		挲		挲	挲	挲

挲篆书，上为"沙"，是声旁，下为"手"，表义。

挲，形声字，上面的"沙"是声旁，而沙在古文里有轻微、细微的意思。轻微地用手触碰，所以挲字的本义是轻轻的抚摸，也是它最常用的用法——摩挲。

挲是多音字，有三个音，分别是suō、sā和shā，每一个音所代表的意思都有所不同。不过一致的是，它们都被用作动词来使用。

挲念suō的时候最常见，表示轻轻抚摸，比如摩挲、搓挲。

挲念sā的时候也可以组词摩挲，但意思不太一样，这里的摩挲指用手轻轻按着并一下一下地移动。如：他摩挲着折皱了的纸。

挲念shā的时候表张开、伸开的意思。组词为挓挲，也作扎煞，不过不太常用。

· 汉字寻趣 ·

看图猜字

答案：挲

十四 肉（月）字族

yuè

月 〉人身肌体，脏腑器官

· 前生今世 ·

甲骨文	金文	篆文	隶书	楷书	行书	草书
⊃	⊃	⊘	月	月	月	⊅

　　"肉"字的篆文为"⊘"、隶书为"**肉**"；"月"字的篆文为"⊖"、隶书为"**月**"。由于在篆文字形的"月"与"肉"字形十分相似，细微不同之处在于"⊘"（月）字内部是平行的两横"⫶"，"⊘"（肉）字内部是两道折笔。但作为部首时，由于空间的限制，不能写得宽，里面像两排骨头似的部分"⫶"就难以再弯曲，而拉直成了两横，这样就字形上就与"月"没有什么差别了。

· 字有乾坤 ·

　　月，象形字，本义为月亮。由于"肉、月、舟"之形在汉字隶变时混同为一，故人体中"月"字的字根组成的字多表示"肉"。

　　肉（月）构形源自切割而下的一块肌肉。在汉字中，有很多字带有"月"字的偏旁的汉字，如肝、脾、胃、肾、脚、腿、脸等，均表示与人体有关的一部分，似乎与"月"作为我们常见的"月亮"意思不相关。在《新华字典》的部首索引中，这些字都被放到"月"部，其部首被人称为"月字旁"。但是，如果去查《康熙字典》《辞源》那样的字书、辞书，都要到"肉部"去查找。也就是说如今"月部"里面的字，很大一部分字并不是"月字根"，而是"肉字根"。

　　著名文字学家高亨先生在《文字形义学概论》指出，"文字之变迁当于篆、隶之间分界。自篆而上，形义无不相合，自隶以下，形义大多相离。"

　　因此，"月"作为字根的字大致有两种理解：一则是绝大多数"月"字旁的汉字与"肉"相关，是有、胃、脊、肌、肘、胆等字的构字形；少数汉字少与"月亮"相关，如明、朝、朔、望、期等。两者之间有一个差别，人体相关的"月"字根组成的大多放在左边，与天象的"月亮"相关的大多放在右边。因此，凡用月（肉）做构件的字，多表示人的肌体、内脏、感觉的器官和切肉的动作，形成了独特的"肉"字根的族群。

以"月"（肉）为字根组成的族群是很庞大的，有一百多个字之多。有指身体的肌肉，人和动物的器官脏腑，身体佩戴的东西，肉体的形状，人的动作等。大致可以分为如下五类，如下表所示：

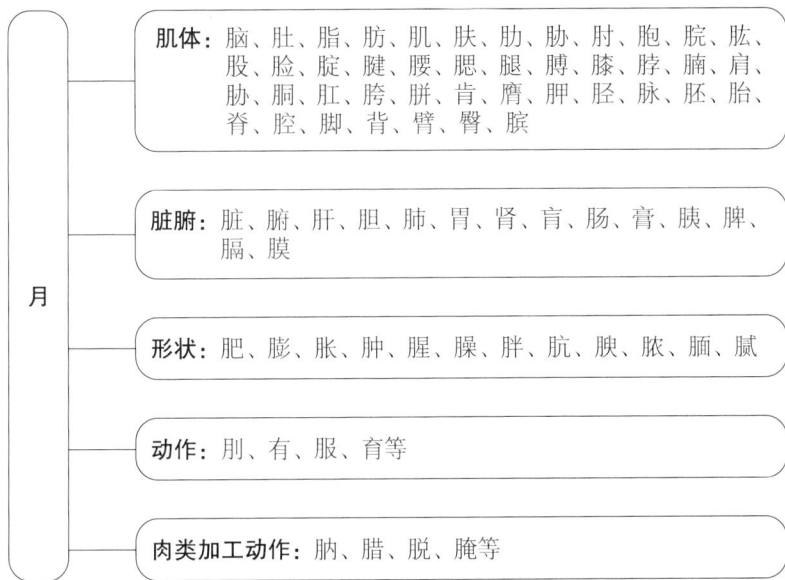

月

肌体： 脑、肚、脂、肪、肌、肤、肋、胁、肘、胞、脘、肱、股、脸、腚、腱、腰、腮、腿、膊、膝、脖、腩、肩、胁、胴、肛、胯、胼、肯、膂、胛、胫、脉、胚、胎、脊、腔、脚、背、臂、臀、腺

脏腑： 脏、腑、肝、胆、肺、胃、肾、肓、肠、膏、胰、脾、膈、膜

形状： 肥、膨、胀、肿、腥、臊、胖、肮、腴、脓、腷、腻

动作： 刖、有、服、育等

肉类加工动作： 肭、腊、脱、腌等

下面，让我们诵读"月"（肉）字族的歌谣：

首中囟门，大脑思考。（脑）

脾胃土象，大度肚子。（肚）

脂厚肥肉，脂肪油脂。（脂）

肌体联系，纤维肌肉。（肌）

弧形骨腔，护心肋骨。（肋）

两腋协调，人身两胁。（胁）

兄弟姐妹，一母同胞。（胞）

胯骨长肉，支杆两股。（股）

面部两颊，人爱脸面。（脸）

胯上胁下，要害肾腰。（腰）

面部下部，托腮沉思。（腮）

下肢撒退，脚上长腿。（腿）

下脚退却，人之两脚。（脚）

各自上肢，左右胳臂。（胳）

辟刀用肩，臂挡身避。（臂）

胸抱心凶，胸襟宽大。（胸）

下肢关节，膝活连接。（膝）

颈部之处，勃起扬脖。（脖）

门户之骨，肩负重担。（肩）

人体后面，南北向背。（背）

直肠出口，如缸肛门。（肛）

外肉内藏，身体内脏。（脏）

木本为杆，肝胆相照。（肝）

担当分泌，瞻示胆量。（胆）

排废纳新，呼吸靠肺。（肺）

通味之窍，运化靠胃。（胃）

以臣喻脏，元精藏肾。（肾）

六腑之阳，挂肚牵肠。（肠）

卑下内脏，口窍为脾。（脾）

内脏空处，南腔北调。（腔）

腹上两旁，强壮肩膀。（膀）

血液永流，循环动脉。（脉）

巴掌脂肪，猪胖牛肥。（肥）

肚皮长大，气鼓食胀。（胀）

手脚发重，皮肉浮肿。（肿）

水生动物，气味为腥。（腥）

半月形状，多脂发胖。（胖）

涂脂贰层，光滑细腻。（腻）

胎儿降生，生育成长。（育）

猎来兽肉，做成腊肉。（腊）

肉懦处危，脆弱易碎。（脆）

马后卷身，亮腹上腾。（腾）

力大无穷，稳操胜券。（胜）

· 汉字之树 ·

· 汉字寻趣 ·

对联欣赏

《评释古今巧对》载，明代祝枝山与沈石田相约于月下饮酒。两人一边饮酒，一边作对联。祝枝山出上联曰：

月半月圆，世上皆称月半。

沈石田对曰：

日中日仄，人问尽道日中。

月半之时则月圆，故月半即月圆。日仄则为日偏西，故日中即日昃之时。祝沈两人用月亮和太阳的运行，重言"月""半""日""中"四字，首位衔接，甚为巧妙。

（一）人的肌体

jī

肌　机制联系，纤维肌肉

· 前生今世 ·

甲骨文	金文	篆文	隶书	楷书	行书	草书
		肌	肌	肌	肌	肌

　　大篆，"〰"为"川"形，像有序的纹路；"肌"为"月"，即"肉"，表示背脊。合起来"肌"表示背脊上纹路有序的大型肉块。

　　篆文，变成了会义兼形声的字形。"几"的字形"几"像古人席地而坐时供人倚靠的器具，其状是突出、高出的。

· 字有乾坤 ·

　　肌，形声字。从肉，几声。《说文·肉部》："肌，肉也。从肉，几声。"造字本义：人体背脊上纹路有序、少脂而富于弹性、能够通过伸缩影响机体运动的束状纤维组织，即"肌肉"。古人称背脊上少脂而富于弹性的纤维组织为"肌"，称皮、肤、肌、脂合一的动物纤维组织为"肉"。身体有肌肉，是一个人是否充满活力的标志。倘若肌肉萎缩，就意味着体质衰老。为此，健身练肌是保持体态和健康的途径。

　　先秦时期，"肌"表示人的肉；而"肉"则表示禽兽的肉。引申指皮肤，如肌肤。宋代袁去华《山花子》："雾阁云窗别有天，丰肌秀骨净娟娟。"唐代杜牧《阿房宫赋》："一肌一容，尽态极妍，缦立远视，而望幸焉；有不得见者，三十六年。"妃嫔们争相斗艳，极尽装扮之能事，每一寸肌肤都精细打扮。每日倚门远眺，盼望君王能临幸。可惜，许多人一等三十六年，青春逝去，甚至等到皇帝死去都没能见上一面。

　　肌，以"几"作为声符。"几"如茶几，有突出之状，肌肉一般都有一个特征，就是结实、突出，如胸肌，健美的人胸肌都很突出。

　　肌音通机，人体活动的机能，都是由肌肉纤维的收缩扩张来实现的。人体是一部"高级的机器"，它的机体联系，机能的实现，都要由肌肉的机能来实现，可见肌肉对人体的健康至关重要。一个健美的人，应有丰满的肌肉和充盈的血气，这就是有血有肉，有精有神。

"肌肉"是一个人健美的体现，为此，许多成语用于描写形体之美。如"丰肌秀骨"，形容女子或花朵娇嫩艳丽而有丰韵。用"玉骨冰肌"，形容女子苗条的身段和洁白光润的肌肤。用"冰肌雪肤"，指像冰雪一样的肌肤，形容女子洁美的体肤。

"肌"与"肉"是近义词，但不是同义词。《黄帝内经·上古天真论》说："黄帝曰：余闻上古有真人者，提挈天地，把握阴阳，呼吸精气，独立守神，肌肉若一，故能寿敝天地，无有终时，此其道生。"这里讲"肌肉若一"，讲的是肌肉适中，相得益彰。首先，要知道两者有分别，肌是绷紧，刚硬、发力的，肉是松弛、放松、柔软的。其次，肌肉若一，就是刚柔相济，互为依托。有的人使肌肉长期处于紧张状态，肌肉僵硬，进而出现纤维化、条索状，其实这影响气血的流通，久而会压迫神经，牵引关节，甚至出现疼痛和不适。有些健美运动者，通过特殊的饮食和锻炼，甚至服用药物，练出一身的疙瘩肉来，貌似好看，其实是促进肌肉的纤维化，加速衰老、死亡，是不健康的运动。人随着年龄的增长，肌肉会萎缩，适当的运动保持肌肉的结实就可以了。相反，假如缺乏锻炼、生活安逸，出现肌肉的松弛、无力甚至萎缩，也是肌肉不健康的一种变化。健康的肌肉是在放松的时候，经络通畅，收紧的时候，具有力量。《黄帝内经》讲的"肌肉若一"，就是肌肉张弛有度，刚柔相济。

汉字寻趣

成语接龙

肌劈理解→解组归田→田夫野老→老当益壮→壮志凌云→云淡风轻

脸 liǎn

面部两颊，人爱脸面

甲骨文	金文	篆文	隶书	楷书	行书	草书
		臉	臉	脸	脸	脸

臉篆文，左边为"月"，即"肉"；右边为"佥"，就像人的脸上的两颊，意为"双面的""双边的"。"月"（肉）与"佥"合在一起表示脸颊上部颧骨部分。

臉隶书承续篆文字形。

· 字有乾坤 ·

"脸"，形声字。繁体字为"臉"。从肉，佥（qiān）声。《正字通·肉部》："脸，面脸，目下颊上也。"本义为脸颊上部颧骨部分。"脸"是人的标签，喜怒哀乐现于脸。"脸"从"佥"，"佥"为"签"省，即意为"标识""标签"。

脸部是人类最富有表情的部位，人的情感都生动地体现在脸面上，喜则笑，哀则哭，心情的好坏都写在每一个人的脸上。南朝梁吴均《小垂手》："蛾眉与曼脸，见此空愁人。"愁绪写在眉眼和脸面上。南朝梁武帝《代苏属国妇诗》："帛上看未终，脸下泪如丝。"脸上挂满了泪水，可见其悲痛之心情。人如果忧愁则愁眉苦脸。相反，如果开心，则满脸春风。

脸，不但是一个人的情感的反映，也是一个人的素养的体现。每一个人都有一张脸，这种脸反映了一个人的见识、修养、气质、性格、身份、地位等，是人的第一标签。俗话说，"树要皮，人要脸"，脸代表了一个人的志气、骨气、风度，因此，我们不但每天要洗脸，保持整洁的仪表，同时也要修炼自己的心灵，养成乐观的心志，保持灿烂的笑脸。脸，通敛，要常检敛。要脸面的人，时刻要注意收敛自己，使自己的言行得体。讲脸面，但不要死要脸面，做什么事都要量力而行，不要"打肿脸充胖子"，为装门面，弄虚作假，硬撑门面。

脸，也是人的健康状况在面上的反映。中医有"望、闻、问、切"四诊法，"望"主要是看脸的气色。中医认为，人的五脏与五官七窍密切相关，肝开窍于目，肺开窍于鼻，脾开窍于口，心开窍于舌，肾开窍于耳。人脸面的气色反映了人体的一部分器官是否出现病变。如肝有变则脸色青，肺有病则脸色白，脾有病则脸色黄，心有病则脸色赤，肾有病则脸色黑。人的脸色红润且有光泽是身体健康的表征。

· 汉字寻趣 ·

绕口令

刘小柳和牛小妞

路东住着刘小柳，

路南住着牛小妞。

刘小柳拿着九个红皮球，

牛小妞抱着六个大石榴。

刘小柳把九个红皮球送给牛小妞，

牛小妞把六个大石榴送给刘小柳。

牛小妞脸儿乐得像红皮球，

刘小柳笑得像开花的大石榴。

sāi

腮 面部面颊，沉思托腮

甲骨文	金文	篆文	隶书	楷书	行书	草书
		䚡	腮	腮	腮	腮

䚡 篆文是异体字"顋"，左边为"思"，即"思考""思虑"；右边为"頁"，即"首""头"。

腮 隶书，左边为"月"，即"肉"；右边为"思"。

☯ 字有乾坤 ·

"腮"，形声字，从"月"（肉），"思"声。本义：面颊的下部，脸的两旁，亦称"腮帮子"。

"腮"异体字为"顋"。"顋"，从"思"、从"頁"。"月"为"肉"，肉体、身体；"思"为思考、思虑、思索、遐思等；"頁"为"首""头"。综合"腮"与"顋"来看，"腮"共同表示人在思考时双手经常托住的头部一个有肉部分，即腮。《广韵》："顋，顋颊，俗又作腮。"亦称"腮巴""腮巴子""腮斗""腮颊""腮帮""腮帮子"。如萧统《十二月启》："莲花泛水，艳如越女之腮。"

腮，还指水生动物的呼吸器官。唐朝段成式《酉阳杂俎》："裴初不信，乃鲙鲤鱼无腮者，令左右食之。"

腮虽然只是面部的一个部分，但自古以来就寄托了无数诗人的情思。欧阳修《浣溪沙》"托腮无语翠眉低"，虽然无语，但托腮、低眉表达了主人公忧虑、悲恻的心境；又如李清照《蝶恋花》"柳眼眉腮，已觉春心动"，眼睛和两腮一样可以传情，腮也荡漾着春情。可见，腮也可以表达人的情感。

腮也是人思考的一种状态。腮，从思，这是因为人们在思考、遐想时总是自觉不自觉地以手托腮，腮是人们思考时习惯托扶的部位。

腮也常用于描写人的状态和心理情绪，如用"笨嘴笨腮"形容说话表达能力很差。用"抓耳挠腮"形容心里焦急而无法可想的样子。

·汉字寻趣·

猜谜语

谜面：月照四方心相联（打一字）

谜底：腮

【解析】"月照"中的"月"字，加上"四方心相联"中的"心"字和"田"字（"田"字中间一个"十"字连接东南西北四个方向），正好就是"月"＋"田"＋"心"＝"腮"。

bó

脖　颈项之处，勃起扬脖

· 前生今世 ·

甲骨文	金文	篆文	隶书	楷书	行书	草书
		𦜝		脖		脖

𦜝篆书，左边为"月"，即"肉"；右边为"孛"。

· 字有乾坤 ·

"脖"，形声字。从"月"，孛（bèi）声。"月"即（"肉"），表示身体的一部分；"孛"为"悖"省，即"相悖""相反""冲突""混乱"之意。"肉""孛"为"脖"，即指人体中可以自由扭转，且可以向着相反方向或另外方向扭转的部分，即连接头与躯干，可以自由扭转的身体部位，也即"脖子"。关汉卿《单刀会》有唱段赞关羽："青龙偃月刀，九九八十一斤，脖子里着一下，哪里寻黄文？"

"脖"是人体大脑与躯干连接的部位，大动脉、气管、食管都要经过此处。是生命的一条主干线。因此，"脖子"的部位就显得特别重要和关键。故，与"脖"有关的一些词组常表示重要、关键之意，如"卡脖子"，原指用双手掐住别人的脖子，比喻抓住对方要害，置之于死地。

"脖"也表现了一个人正气凛然、不畏强权、坚持正义的气度。"脖"，从"孛"，音通勃，是指抬头扬脖，敢于坚持真理和正义。俗话说"自古文人多强项"，也就是说文人多有硬脖子、不怕砍头的凛然之士。东汉末年的董宣在历史上被称为"强项令"。史载，汉明帝的姑妈湖阳公主的家臣仗势杀人，之后就藏在公主的官邸中，公主外出就常是那杀人犯驾车，官吏们无可奈何，董宣却不信邪，不但拦阻公主的车骑抓了杀人犯，审判之后给予严惩，还谴责公主犯了包庇之罪。公主不服，到皇帝那里去告状。汉明帝虽然不是一个昏君，但也希望董宣能给皇家一个面子，要他给公主磕头道歉。但董宣认为自己没错，就是死也不磕头，即使侍卫强按他磕头，他也抬头不依，最后，明帝也没有办法，只好挥手放人了事，从此，董宣便有了"强项令"的绰号。

·🟫 汉字寻趣 ·

绕口令

歪脖子，趴桌子，

不是写字好姿势，

时间久了变近视。

写字身子要坐直，

眼睛离纸是一尺。

jiān

肩 门户之骨，肩负重任

· 前生今世 ·

· 前生今世 ·

甲骨文	金文	篆文	隶书	楷书	行书	草书
	肩	扁	肩	肩	肩	肩

肩 金文，上面的"**尸**"疑似"**丹**"（"骨"）的误写，而且这块骨头极大，盖过了下面的"**月**"（"肉"），合起来"肩"表示骨骼、肌肉突出的有力器官。

扁 篆文基本承续了金文"**肩**"的字形。

· 字有乾坤 ·

肩，象形字，从户，从肉。"户"的甲骨文为"**月**"，像一块有转轴的木板、门板，与肩胛骨外形相似。"**月**"即"肉"，肌肉。合起来"**肩**"，就像一个人肩膀的侧视图。因此，"肩"本义：人体中类似于门板的骨头和肌肉组织的器官组织，即"肩膀"。与"肩"有关的词组大都与肩膀有关，如肩胛、耸肩、肩章、肩窝等。

在古代，由于劳动工具简陋，人们常常不得不用肩膀作为承担重物的重要部位，如用肩膀扛东西、用肩膀挑行李等。因此，"肩"从"户"，"户"为一家之长，承担着养家糊口的重任，故"肩"音通"坚"，表示肩坚韧，可负重任。表示肩负、担负、担荷的意思，如肩负重任、重任在肩、肩承。《说文·肉部》："肩，髆也。""肩"表示在防御过程中臂膀形成门户保护身体。

唐代诗人白居易《题座隅》："手不任执殳，肩不能荷锄。量力揆所用，曾不敌一夫。"俗话说：百无用处一书生。书生手无缚鸡之力，手不能提，肩不能挑，百无一用！这是白居易的自我嘲讽。其实，每一个社会的人各有各的用处，关键在于使用得当。儒士虽然不能杀敌上前线，耕耘田地间，但以治国平天下为己任，"铁肩担道义，妙手著文章"，在关键时刻，为道义，为真理，不惜赴汤蹈火，甚至牺牲性命，这种看似瘦弱的肩膀，所担负的却是国家的未来，民族的荣辱，这种"肩负"更需要志气、勇气、骨气，更为难能可贵和值得敬佩！

由于每个人都有左右两个肩膀，并且都左右对称，高下平等的，"肩"引申为相提并论，的有关词组有表示一样、同样、差不多等意思，如比肩、等肩等。

　　唐代欧阳炯《题景焕画应天寺壁天王歌》："后来画品列名贤，唯此二人堪比肩。"意思是说张僧繇和吴道子两个人画技不凡，两个人的水平不相上下，平起平坐，无法分出高低，就像人的两个肩头一样，是平齐的。

汉字寻趣

绕口令

一匹布，一瓶醋

肩背一匹布，手提一瓶醋，

走了一里路，看见一只兔，

卸下布，放下醋，去捉兔。

跑了兔，丢了布，洒了醋。

kěn

肯 骨肉相交，深中肯綮

甲骨文	金文	篆文	隶书	楷书	行书	草书
	𣎴	肎	肎	肯	肯	肯

𣎴 金文，上从骨，即剔去肉的骨头上残留有筋肉形，下从肉，会紧附在骨节间的筋肉之意。

肎 篆文，将金文中的"𣎳"（骨头）简化为"冎"（"骨"的省略）。

· 字有乾坤 ·

肯，会意字。小篆"肎"字形从肉，从冎（guǎ）省。"冎"与"肉"即骨肉相连。金文"𣎴"中的"𣎳"像人体骨骼交错的样子；"𠂤"为"肉"，指代"筋""韧带"。合起来表示，"𣎴"表示骨骼交错、筋肉互生、灵活有弹性的器官。《说文·肉部》："肯，骨间肉肎肎着也。""肎"同"肯"，肎为附在骨头上的肉。

"肯"从肉、从止，止是人足立于地面上形，引申为塞止。以"骨肉之间有塞止"表示"肯綮"，即骨肉相连而有间隙。如技经肯綮，"肯綮"（qìng），指筋骨结合的地方，比喻重要和关键；又如"中肯"，指言论正中要害。

"肯"从"止"、从"月"。"止"为停止，表示行动中断或已完成。"肉"表示肉体或身体的某一部分，代指身体。二者相结合，不表示行动达到某一种程度而停止，寓意一种许可，承认的态度。如"首肯""肯定成绩"。

一个人既然允许某人去做某事，那么一般来说他是心甘情愿的，由此引申出"肯"有"应允""能够""愿意""同意"的意思。如《战国策·赵策》："太后不肯。"唐朝柳宗元《童区寄传》："留为小吏，不肯。"《广东军务记》："大将军仁慈不肯发令。"

"肯"字告诉我们人的身体的关节是要最为重点保护位置。骨无肉则枯，肉无骨则死，骨肉相接处互为营养依托，共生共亡，一定要好好保护。假如人的关节这个部位发炎，骨质增生，就会带来行动不便。为此，养生之道在于顺应自然，要获得自然规律和客观现实的首肯。

绕口令

龚先生东方走来肩了一棵松，

翁先生西方走来拿了一只钟。

龚先生的松撞破了翁先生的钟，

翁先生扭住了龚先生的一棵松。

龚先生要翁先生放了他的松，

翁先生要龚先生赔了他的钟。

龚先生不肯赔还翁先生的钟，

翁先生不肯放还龚先生的松。

bèi

背 人体后面，南北向背

· 前生今世 ·

甲骨文	金文	篆文	隶书	楷书	行书	草书

金文，上面的"北"（"北"），像两个背靠背向相反方向的"人"，表示两个人朝着相反方向，即双方相违逆、相违背。下面的"肉"为"肉"，合起来"背"表示人体与正面（前面）相对的另一面，即"背面"。

篆文基本承续了金文"背"的字形。

隶书将篆文字形中的"北"写成"北"，将篆文字形中的"肉"写成"月"。

· 字有乾坤 ·

背，形声字。从肉，北声。"北"是二人脊背相贴。朝向相反。《说文·肉部》："背，脊也。"古人以南方为尊位，有"面南背北"之说，所以，人体的反面为背。背与正面的胸相对的身体器官，人体躯干的后部、在脖子和骨盆之间的部分，即"脊背"。背处于人体的后侧，故引申指事物的后面或反面。晋代干宝《搜神记》："即以斧破其背，得剑。"指用斧头砍开它的后面，得到宝剑。常有的词有"背面""刀背""背景"。

背是南北相反向背，故引申指反叛、违背，向相反的方向发展。西汉司马迁《史记·项羽本纪》："言沛公不敢背项王也。"意思是说刘邦实力不移，不得不忍耐，不敢违背项羽的意思。

"背"因为有"向相反的方向"意思，引申为"逆""不顺"，如"背运""背时"。

"背"是指在人的后面，往往可以躲开人的视线，是背着他人去做，故"背"也引申为避开、离开。《庄子·盗跖》："好面誉人者，亦好背面毁之。"意思是说喜欢当面夸耀别人的人，也喜欢在避开别人时诋毁他人。所以要"背后不议人非，当面少说人是"。

人的脊背似乎人体的一个重要部位，首先关系到是否有力量去挑重担，一个有志气、有担当的人，要勇挑重担，负重而行。正如一个人登山，假如负重而行，则会小心翼翼，稳步前行；相反，而身无所负，反而不能步稳行远。因此，人生不能负"轻"而行。但也要懂得，有多大的力量挑多重的担子，要量力而行，要德力配位。假如不自量力，争强好胜，不但伤害了自己，也会危害他人以至于国家。为此，人贵有自知之明。其次，脊背关系到一个人的形象，假如一个人是驼背的，不但不能挑担，而且也不美观。人随着年龄的增长，常常会出现驼背的现象，这就要注意锻炼和挺胸。人的外形是如此，其品格也应如此要挺直脊梁，堂堂正正做人，要有傲骨，不可有傲气，"不为五斗米折腰"，为真理、为正义、为人格、为国格，不能弯下自己的脊背，更不能出卖自己的良心，这也是"背"字告诉我们的道理。

"背"字用得较多的是"人心向背"，古语说："得人心者得天下。"治理天下，顺应民心，则能得到人民的拥护，而背离了人民的意愿，则会受到人民的抵抗。为此，作为社会的管理者要深明"人心向背"之理，为民谋利，为民造福。

· 汉字寻趣 ·

绕口令

背水杯

贝贝背水杯，水杯贝贝背。

贝贝背水杯背背水杯。

水杯贝贝背，贝贝背水杯。

xié

胁 腋下发力，重压威胁

甲骨文	金文	篆文	隶书	楷书	行书	草书
卅		脅	脅	脅	脅	脅

卅 甲骨文即"劦"，三个"力"为众人合力，表示有力的两膀。

脅 篆文上面为"劦"，下面加"月"，即"肉"。

脅 隶书基本承续了篆文"脅"的字形。

简体字"胁"，保留"月（肉）"的同时，将"劦"中的三个"力"，简化为一个"力"（"力"）字上加两点"丷"。

· 字有乾坤 ·

胁，形声字。胁，从肉（月），劦（xié）声。"胁"字本义为人体两腋下肋骨覆盖的部分。如《说文·肉部》："胁，两膀也。按，腋下之名也。其骨谓之肋，牲体则谓之拍。""胁"指腋下肋骨所在的部分。

"胸胁"是人体的一个重要部位，《医宗金鉴·正骨心法要旨》："其两侧自胸以下，至肋骨之尽处，统名曰胁"。中医辨证讲一种病叫做"胁满"，即是胁肋部胀满之症，由气滞、疾凝或少阳受邪所致。肝气郁结，滞于胁肋，可致胁满，为此，中医的治疗是疏肝理气，使之条达。

"胁"从"协"，即办理。故"胁"通"挟"，表示挟持，被用来表示被强大外力挟持，威逼接受某项要求的意思，如"威胁""胁迫""裹胁""胁持""胁从"等。三国的曹操以"挟天子以令诸侯"，逐步达到取得政权的目的。

"胁"通"协"。"协"甲骨文"劦"。"从"即"劦"，表示众人，下面的"口"表示众口齐呼用力。篆文为劦，即"劦"，指一齐发力，合起来表示万众一心，目标一致，合作努力。为此，一个人健康的两胁，必须协调、调和，否则，既不美观也不健康。

"胁"还指收敛，如"翡翠胁翼而来萃兮，鸾凤翔而北南。"

· 汉字寻趣 ·

成语接龙

胁肩谄笑 → 笑逐颜开 → 开宗明义 → 义薄云天 →天南地北 → 北辕适楚 → 楚囚对泣 → 泣不成声 → 声势浩大 → 大起大落 → 落花流水 → 水月镜花 →花言巧语 → 语出月胁

肋 lèi

强力护心，致命软肋

甲骨文	金文	篆文	隶书	楷书	行书	草书
		胪	肋	肋	肋	肋

胪 篆文，左边为"月"，即"肉"；右边为"力"。
肋 隶书基本承续了篆文"胪"的字形。

· 字有乾坤 ·

肋，形声字。肋，从肉，力声。"月"为人或动物的骨肉；"力"为"勒"的省略。"勒"金文为"𩍿"，其中"𩎟"为"革"，即"马缰绳"，"𠃌"为"力"，即"使劲"，合起来"𩍿"指用力拉紧缰绳，阻止马匹前行，引申为"用力勒紧、收束"。"月"与"勒"组合成"肋"字。则用来表示紧紧收束和勒住，保护人体或动物核心肉体的人体器官，即用来表示"胸部两侧弧形骨骼围成的、保护内脏的骨腔"，也即"肋骨"。正如《说文·肉部》："肋，肋骨也。"《释名·释形体》："肋，勒也，所以捡勒五脏也"。

肋，从力。"力"，力量、力气。"力"与"手"同源。"力"，甲骨文为"𠂇"，像向下伸展的手臂。人们在用力的时候，需要依托强壮有力的躯干来支撑身体，这就需要依靠躯干主体的骨腔，而组成骨腔的就是两边对称的弧形"肋骨"。人体的两肋，处于身体的两侧，成双成对，共有十二对，是分布在胸壁的两侧，其形状扁而弯。

肋骨是许多成对的骨质或部分为软骨的干状体之一，相对比较脆弱，同时，又起着加固躯体并保护内脏的作用，由此，"肋"在人体中起着独特的作用，古人们常用"软肋"来形容一个人或一件事情的致命弱点，薄弱环节和短处。如《三国演义》里的周瑜，虽然韬略过人，才高八斗，能文能武，但他有一个软肋就是心胸狭隘，气量较小，诸葛亮利用他的这一弱点，"三气周瑜"，导致周瑜英年早逝。为此，我们打击敌人要善于抓住敌人的"软肋"，同时，也要防止敌人攻击自己的"软肋"，这样才能立于不败之地。

此外，"肋"对人体起支撑作用。因此，人们常常把与之类似的架构也用"肋"字来表示。如"肋条"，指用来提供侧向、纵向或水平方向的支持的物体；"肋木"指房屋建筑中的架构木材。

"肋"还用于指容貌举止不正，如"真是个肋赋鬼"。

· 🪑 汉字寻趣 ·

猜谜语

谜面：欲夺冠军，人争上进，欲先取胜，增强后劲（打一象棋术语）
答案：软肋

肚

dǔ

脾胃土象，大度肚子

甲骨文	金文	篆文	隶书	楷书	行书	草书
		肚	肚	肚	肚	壯

肚 篆书左边为"月"，代指"肉"，右边为"土"。

肚 隶书承续了篆文字形。

· 字有乾坤 ·

肚，形声字。从肉，土声。"肚"，左边为"月"（肉）表示内脏器官；右边为"土"。"土"的造字本义为"耸立在地面的泥墩"。金文"土"将甲骨文字形中的立墩形象"Ô"写成实心的菱形"◆"。篆文"土"则将古匋的字形中的"◆"写成"十"（十）。

"土"字形为立墩形象，"Ô"与人的腹部形状相似，都是一个椭圆形的空腔。因此，"肉"+身体中一块"Ô"形的，代指人体的腹部、腹腔，即人体的腹部。

中医以"金、木、水、火、土"来解释人的五脏的功能与属性：土为五行之中，胃为供养之官，五属之府。故脾胃为土。（肝为木、心为火、肾为水、脾胃为土、肺为金）。《玉篇·肉部》："肚，腹肚。"肚，从"土"，"土"为大地，生长万物，是生物养料的提供者，是任何动物消化食物，转化能量的主要场所。一个人假如营养不良，一定是肠胃的功能有问题。"土"在人的五脏中也对应为脾胃，人的脾胃功能好，食物的营养才能被充分地吸收，才能健康强壮。

人的肚子处于人体的中间，其形状为圆起的、鼓起、隆起的样子。因此，"肚"也常用来表示鼓起的物体突起或中间鼓出的部分，如腿肚子等。

人的肚子是一个大容器，里面包裹着众多脏器，"肚"又通"度"，故肚借以表现人的肚量，气量。人，既有"宰相肚里好撑船"的大度，也有"小鸡肠肚"的狭窄。佛教主张宽容，佛教的未来佛为"大肚弥勒佛"，其主要特征就是硕大且圆的肚子。有一副对联形象地描写了弥勒佛的标志："大肚能容，容天下难容之事"，"开口便笑，笑天下可笑之人"。佛教以慈悲为怀，以度人为本，主张忍辱，宽容，这自然是没有错的。但是，这种容忍是指无心之过，小事之错，知错能改之过，而对于杀人放火、奸邪偷盗则是不能容忍的。

由于人的心处于人的肚的中间，古人有时也以"肚"代指"心"。如心知肚明，指一个人自己心里明白；用肚里打草稿，指在心里谋划着；用肚里蛔虫，指善于迎合、猜度别人的意图。

· 汉字寻趣 ·

绕口令

兔和肚

白兔是白肚，黑兔是黑肚。

白兔白肚不是黑肚，黑兔黑肚不是白肚。

zhǒu

肘 手臂弯曲，方寸之位

· 前生今世 ·

甲骨文	金文	篆文	隶书	楷书	行书	草书
（图）		肘	肘	肘	肘	肘

甲骨文为指事字，用短弧线指示手肘的位置。

小篆，左边为"月"，即"肉"，右边为"又"，即"寸"，表示上下臂交接弯曲处向外突起部位之意。

· 字有乾坤 ·

肘，会意字。《说文·肉部》："肘，臂节也。"本义指胳膊肘。《左传·成公二年》"自始合，而矢贯余手及肘。"肘，从"寸"，"寸"表示手臂与手腕转动间的枢纽，可以控制手腕转动或折叠。

肘，是手臂灵活操作的关键部位。我们推进一件事情，必须多方协作，互相取舍才能顺利进行，如果受到"掣肘"，必然困难重重。"掣肘"，就是做事受到他人或其他因素的阻挠和制约。

肘常见的就是形容衣服破烂，穷困不堪。《庄子·让王》里讲"捉衿而肘见，纳履而踵决"，就是这个意思。肘也用于比喻切近，如"变生肘腋"，喻非常近的地方（多用于祸患的发生）。

肘，在古代是一个长度单位，《古今韵会举要·有韵》："一曰一肘二尺，一曰一尺五寸为一肘，四肘为一弓。"

· 汉字寻趣 ·

成语接龙

肘行膝步 → 步履维艰 → 艰难困苦 → 苦难深重 → 重任在肩

yāo

腰 胯上肋下，要害肾腰

甲骨文	金文	篆文	隶书	楷书	行书	草书
	要	要	腰	腰	腰	腰

要 金文即"要"，非常形象地描写一个人背面的腰部，如两只手叉着腰。

要 篆书承接金文的字形，变得纤秀一些。

腰 隶书把象形字变为形声字，从"月"（肉）从"要"。"要"为人体中紧要的位置，处于身体的中部。

· 字有乾坤 ·

腰，腰是形声字，从肉，要声。指胯上肋下的部分，在身体的中部，比如腰包，挂放在腰上的包。腰是人体中的要害部位。腰，从"要"，指重要、紧要。人的腰部处有重要的内脏器官肾脏，也叫腰子。人的五脏各自发挥着重要的功能，心主火，肾主水，火为生命之本，水为生命之源，极为重要。

腰，常用于表达一个人的仪态和品格。对他人表示尊敬、谦让，常见躬身弯腰，即鞠躬；对巴结他人，表现出献媚的姿态，叫"点头哈腰"；对于刚正有骨气之人，常说"挺直腰杆"，正如陶渊明那样，"不为五斗米折腰"，表现了一个人傲视权贵，独立人格的品质。

腰是一个人的上半身的依托，故用腰杆借喻靠山，倚靠的力量。古代人们常把银元系在腰带的袋子上，故用腰缠万贯来比喻钱财极多。

由于腰处于人体的中部，故借指某物的中部或中间部分，比如腰封，束在礼品中间的绢带，上面写明送礼者和收礼人的名号；古代腰金衣紫，腰挂金印，身穿紫袍，是指做了大官。

·汉字寻趣·

歇后语

1.蚯蚓翻跟头——直不起腰

2.小鸡吃食——点头哈腰

kuà

胯　两股中分，身之胯部

甲骨文	金文	篆文	隶书	楷书	行书	草书
		胯	胯	胯	胯	胯

胯 篆书从"月"（肉）"夸"声。

· 字有乾坤 ·

　　胯，形声字。胯，从"夸"，"夸"，从"大"，人张开腿之形，"亏"同"溃"，指淫佚无度气血缺损，"夸"的原始意象是男女交好做爱。"月""夸"组合，表示两腿之间男女生殖器官所在的位置。《广韵·麻韵》："胯，两肢之间也。"如"推肚子发紧，胯骨轴儿发酸"。

· 汉字寻趣 ·

歇后语

胯内冒烟——裆（当）燃（然）

gǔ

股　胯骨长肉，殳杆两股

· 前生今世 ·

甲骨文	金文	篆文	隶书	楷书	行书	草书
		股	股	穀	股	㲉

㲉 篆书，从"月"（肉），从"殳"。

· 字有乾坤 ·

　　股，形声字。字形采用"肉（月）"作偏旁，采用"殳"作声旁。"殳"本指一种击打兵器，在著名的湖北曾侯乙墓中有出土，特点是没有锋刃。转指"击打"。"肉"与"殳"联合起来表示"人身上的击打兵器"。本义为大腿。如"玩于股掌之上"。

　　"股"指胯部至膝盖部分的大腿，其形状是长长的，像殳杆一样的肌肉，故股指事物的一部分，古时膝上为股，膝下为胫。指臀部，如屁股。又指人腿，即自胯至脚腕的部分，包括了大腿和小腿，如股骨，股肱，股掌。

　　"股"作分支，如股份，股东，股票。股也指较小的人或事，如一小股敌军，一股游击队，一股强盗，一股劲，一股热气，一股香味等。

　　人的身体是靠两腿支撑的，故股也是辅助，用于比喻得力可靠的臣子：君子卿佐，是为"股肱"。

· 汉字寻趣 ·

猜谜语

谜面：又见明月清风里（打一字）

谜底：股

【解析】"清风里"，清除"风"字里面的笔画，剩下"几"字。"又"见"月""几"，组合为"股"。

tuǐ

腿 进退自如，脚上长腿

甲骨文	金文	篆文	隶书	楷书	行书	草书
		髊	腿	腿	腿	腿

髊 篆文为异体"骽"，从骨妥声。

腿 隶书，从月（肉）退声。

· 字有乾坤 ·

腿， 形声字。腿的基本义名词：人和动物用来支持身体和行走的部分。在膝上胯下的称"大腿"，在膝下脚上的称"小腿"。如腿脚，腿带。指器物上像腿的部分，桌子腿儿。特指经盐腌、洗晒、晾挂等工序加工成的猪后腿，如金华火腿，火腿肠。谎言腿短，指假话是站不住脚的，很快被戳穿。吃虱留大腿，形容小气，悭吝。胳膊拧不过大腿，比喻弱小的敌不过强大的，多用于势力、力量的对比。也说胳膊扭不过大腿。

腿，是人进退活动的重要部位。腿，从"退"，在古代人们没有机动车辆，走路只有靠两条腿，没有脚也就无法进退。

腿的主要功能是用来奔走的，假如为正义而奔走是值得夸耀的，但如果给坏人做帮凶，则称之为"狗腿子"。

· 汉字寻趣 ·

猜谜语

谜面：后期退还（打一字）

谜底：腿

【解析】后"期"为"月"，和"退"合并成"腿"。

xī

膝 木汁生漆，粘连膑盖

甲骨文	金文	篆文	隶书	楷书	行书	草书
	𣞤	𣞤	膝	膝	膝	膝

𣞤 金文，从"𠂤"从桼，"𠂤"在右，左为"桼"，桼是漆的初文，桼树，可生汁做油漆，古人以之作粘连物。以之作参照，表示大小腿间粘连膑盖的部位。

𣞤 篆文，承续了金文字形。

膝 隶书，从月（肉）从桼。

· 字有乾坤 ·

膝，形声字，从"月"（肉）从桼。胫为主干，膑为盖，膝围胫骨与膑盖交接部位。《切韵》："膝，曲膝骸骨也。"如膝盖、膝眼。

由于小孩子喜欢抱着大人的大腿玩，大人抱孩子通常是放在自己的膝上，所以用"膝下"表示年幼。

"膝"字常与人的骨气联系在一起。有一个俗语说："男儿膝下有黄金，只跪天地与娘亲。"人跪拜往往要用膝。故膝行，表示跪着前进，表示尊敬或畏服。成语"膝语蛇行"指跪着说话，伏地而行，表示极言其畏服。

· 汉字寻趣 ·

猜谜语

谜面：人上西楼月如水（打一字）

谜底：膝

【解析】"西楼"扣"木"，与"人"以及"月""水"组成"膝"。"如"还反映了"膝"字右下部与"水"形体上略有区别，只是相似而已。

jīng

胫 犹如路径，笔直小腿

· 前生今世 ·

甲骨文	金文	篆文	隶书	楷书	行书	草书
		脛			胫	径

脛 篆书，从"月"（肉），"巠"声。茎，草之直本，以之作参照，表示膝下踝上直骨部分。

· 字有乾坤 ·

胫，形声字。从肉，从巠，巠亦声。"巠"义为"（纵向）笔直""（纵向）绷直"。"肉"与"巠"联合起来表示"纵向笔直的小腿"。泛指小腿部。也指胫骨。胫毛谓物之细微者。犹言一丝一毫，多指个人得失。

· 汉字寻趣 ·

猜谜语

谜面：坐地日行八万里（打一成语）
谜底：不胫而走

jiǎo

脚 踏步行走，进退用脚

甲骨文	金文	篆文	隶书	楷书	行书	草书
		腳	脚	脚	脚	脚

腳 篆书从"月"（肉），从"却"兼声。

· 字有乾坤 ·

脚，会意字。《说文·肉部》："脚，胫也。"古代把大腿称为股，把小腿称为"脚"，如"羊起而触之，折其脚"。

脚的主要功用是用于行走。脚，从"去"是离开，从一个地方到另一个地方，来来去去。从"卩"，甲骨文像一个人双膝着地跪坐的样子，表示走路时人的膝盖是弯曲的。"却"的本义为脚，表示脚是用来走路的，可以前进，也可以退却。我们登山就是一步一脚慢慢地向上攀登的。故脚也是通常讲的"足"。《乐府诗集·木兰辞》："雄兔脚扑朔，雌兔眼迷离，双兔傍地走，安能辨我是雌雄？"

由于脚处于身体的最下端，"脚"引申指物体的最下部、末端。如"山脚""墙脚"，"床头屋漏无干处，雨脚如麻未断绝"，在这里"雨脚"指密集落下的雨点。又由下部、末端可指沉淀物、残渣。如"下脚料"指没用的废料。《儒林外史》第十回："把盘子向下一掀，要倒那盘子里的汤脚。"

"脚"常用于指跑得快或专门以脚谋生的人。"脚夫"是古时专门为别人搬运物品的人。

"脚"还可以指"角"，传统戏剧中划分人物类型，可用"脚色"去区分，脚色，即"角色"。清代孔尚任《桃花扇·凡例》："脚色所以分别君子小人。""脚本"则是指戏剧所依据的底本。

汉字寻趣

成语接龙

脚踏实地 → 地久天长 → 长驱直入 → 入木三分 → 分庭抗礼 → 礼行天下 → 下不为例

（二）人的脏腑

fǔ

腑 — 藏脏之所，运化之物

· 前生今世 ·

甲骨文	金文	篆文	隶书	楷书	行书	草书
		胕	腑	腑	腑	𦜌

胕 篆书是异体"胕"，从"月"（肉），从"孚"。

腑 隶书，从"月"（肉），"府"声。

· 字有乾坤 ·

腑，形声字。从"月"（肉）表示人体的一个部。从"府"表声。"府"为收藏财物、文书之所，中宽、宽敞。"肉""府"组合为"腑"，是指肌体中那些中空有腔的器官。腑，从"府"，"府"的金文为 𩇫 ，从厂（房屋），从贝，从付（交付）会储藏财物之所，如府库。故腑为贮藏食物、运化之所。

中医把内脏分为五脏六腑，五脏：脾、肺、肾、肝、心；六腑：胃、大肠、小肠、三焦、膀胱、胆。

腑的主要功能在消化、吸收和排泄三个方面。《素问·五藏别论》："六府者传化物。"腑的主要生理功能是受纳、腐熟水谷、泌别清浊、传化精华，将糟粕排出体外，而使之不留存。为此，腑要保持通畅。《素问·五藏别论》："六府者，传化物而不藏，故实而不能满也。所以然者，水谷入口则胃实而肠虚，食下则肠实而胃虚。"六腑是"传化之腑"，这就是它们不能让受纳的水谷在体内久留，而要把精华和糟粕分别输送和排出。胃肠运功，虚实相应，谷气得以上下，是消化功能正常的标志之一。要保持胃里充实，肠中空虚。为此，暴饮暴食最伤胃肠。肠每天都要保持通畅，假如长期便秘，必然积蓄有毒的物质，对人的身体会造成伤害。

六腑在生理机能上是相互联系，相互影响的。如胃为实热，消灼津液，则大便燥结，大肠传导不利。大肠传导不利又会影响胃的受纳，引起食欲不佳、腹胀等症。

六腑在人的体内，古人常以"肺腑"指内心深处。如"感人肺腑""铭诸肺腑"等。

· 汉字寻趣 ·

歇后语

五脏六腑抹蜜糖——甜在心上

gān

肝 状如枝干，甘味养肝

甲骨文	金文	篆文	隶书	楷书	行书	草书
		肝	肝	肝	肝	衧

肝 篆书从"月"（肉），从"干"，树干，以之作参照，表示肝为五脏之干。

肝 隶书整齐化。

· 字有乾坤 ·

肝，形声字，从肉、干声。肝，从干，即树木，首先其状如枝干；其次，人体五脏与五行相对，肝属木。《说文·肉部》："肝，木藏（脏）也。"《释名·释形体》："肝，干也。于五行属木，故其体状有枝干。"

肝脏，人和高等动物的主要内脏之一，除了分泌胆汁，促进消化、吸收的功能之外，还有藏血、解毒和进行蛋白质、脂肪和碳水化合物的代谢功能。从这个意义上看，肝以"干"，可以说肝是五脏的"骨干"，发挥着重要的作用。

《黄帝内经·六节藏象论篇第九》："肝者，罢极之本，魂之居也，其华在爪，其充在筋，以生血气，其味酸，其色苍，此为阴中之少阳，通于春气。"意思是说，肝是四肢的根本，藏魂的所在；它的荣华表现在爪甲，它的功能是充实筋力，可以生养血气，它的味酸，它的色苍青，是阴中之少阳，与青气相应。肝具有藏魂的功能，故肝常用于表示血性、勇气和豪情状态，如"穷途致感谢，肝胆还轮囷（高大）""侠肝义胆""披肝沥血"等。

肝，处于人体的内部，故肝常用于比喻人的内心。汉代王粲《七哀诗》："悟彼下泉人，喟然伤心肝。""伤心肝"，即伤心。

肝与胆互为表里，肝的疏泄功能可直接影响胆汁的分泌、排泄，所以在成语中，肝与胆二常相提并论。如"肝胆相照"，比喻相互之间坦诚交往共事。"披肝沥胆"，比喻开诚相见。

汉字寻趣

猜谜语

谜面：明日别干（打一字）

谜底：肝

【解析】谜面顿读为"明日别/干"。"明"字之"日"离别了，余下"月"，与"干"合为"肝"。

fèi

肺　草木茂盛，吐旧纳新

甲骨文	金文	篆文	隶书	楷书	行书	草书
		𦝨	肺	肺	肺	肺

𦝨 篆书从"肉"，从"市"。

· 字有乾坤 ·

肺，形声字。从"市"，可视为"芾"字省，表示构造如同茂盛树木的器官。肺是进行气体交换的器官，位于胸腔内纵隔的两侧，肺是以支气管分支形成的，支气管如同树木枝杈，生长茂盛。《说文·肉部》："肺，金藏也。"肺是属"金"的脏器，本义为人和某些高等动物体内的呼吸器官。如："人之视己，如见其肺肝然。"

肺是人体吐纳的枢纽。《黄帝内经·六节藏象论篇第九》："肺者，气之本，魄之处也；其华在毛，其充在皮，为阳中之太阴，通于秋气。"意思是说，肺是气的根本，是藏魄的所在；它的荣华表现在毫毛，它的功能是充实肌表，是阳中之太阴，与秋气相应。肺，从"市"，"市"从"一"从"竖"，象天气降于地，自下而下贯道于宇宙间。为此，"肺"为天人合一的纳气之门，昼夜不停地进行人体的呼吸运动。"市"与"市"字相近，"市"是商品交换的场所，"市"也可以看成人吐旧纳新的功能。人的生命其实在一吸一呼之间，假如没有呼吸，那么，意味着生命的结束。可见，肺的功能之重要。

肺和其他的五脏一样，位于身体的内部，故常用于比喻内心。如"诗从肺腑出，出辄愁肺腑""肺腑之言"。

中医认为肺在五行、五色和七情中有独特的表现。在天为燥，在地为金，在体为皮毛，在色为白，在音为商，在声为笑，在变为咳，在窍为鼻，在味为辛，在志为忧。所以，养肺在于润燥，特别是秋天要特别注意养肺。

·🪵 汉字寻趣 ·

成语接龙

狼心狗肺 → 肺腑之言 → 言犹在耳 → 耳聪目明 → 明目张胆 → 胆大包天 → 天经地义 →义愤填膺

huāng

肓 心膈之间，药力难达

甲骨文	金文	篆文	隶书	楷书	行书	草书
		肓	肓	肓	肓	肓

肓 篆书从月（肉），从亡，从亡，义为绝、无。表示肓是心下膈上之绝境，为五脏最隐密之所，是药力达不到的地方。

· 字有乾坤 ·

肓，形声字。从肉，亡声。《说文·肉部》："肓，心上鬲下也。"本义为心脏与横膈膜之间的部位。晋·杜预注："肓，鬲也；心下为膏。"唐·孔颖达疏："此膏，谓连心脂膏也。"心脏的下部是"膏"，即心尖之脂肪为"膏"。段玉裁《说文解字注》："肓，心下鬲上也……肓，鬲也，统言之。许云'鬲上为肓者'，析言之。鬲上肓，肓上膏，膏上心。"由此可见，膏、肓、鬲三字之义，甚为明确。比如肓膏，肓膜。

膏肓就是包裹，保护心脏的脂膜，也就是心包。《黄帝内经·灵枢·邪客》："诸邪之在于心者，皆在于心之包络。"

肓，从"亡"，表征为凶兆。假如病魔已进入了"肓"的这个部分，药力已难以达到，这时就达到了不可救药的地步，故有成语用"病入膏肓"去表达。

· 汉字寻趣 ·

猜谜语

谜面：其亡者，有竖子藏其肓（打一字）

谜底：存

qiāng

腔

内脏宣出，胸腔口腔

·🛕 前生今世 ·

甲骨文	金文	篆文	隶书	楷书	行书	草书
		腔	腔	腔	腔	腔

腔 篆书从月（肉），从"空"，指身体中空的部位。

· ☯ 字有乾坤 ·

腔，会意兼形声字。从肉，从空，空亦声，表示虚无、非充实的。肉加空意指肉中非充实部分。骨骼、肌肉组织构成的体内空间，比如口腔，体腔，腔肠动物。《说文·肉部》："腔，内空也。"本义为人或动物体内的空处。

由于声音是从有空间的地方发出的，故"腔"引申指声音、声调、语气，如"油腔滑调""装腔作势"等。

腔常用于戏剧指唱腔。《正字通·肉部》："俗谓歌曲调曰腔。"中国戏曲有四大唱腔，分别是皮黄腔、昆腔、梆子腔、高腔。

· 🪑 汉字寻趣 ·

猜谜语

谜面：皓月当空（打一字）

谜底：腔

【解析】"月"与"空"组合，成为"腔"字。

dǎn

胆 为日初升，远见胆识

甲骨文	金文	篆文	隶书	楷书	行书	草书
		膽	膽	膽	膽	胆

膽 篆书从月（肉），从詹，詹代表瞻望，指一个人的远见胆识，即胆识。

· 字有乾坤 ·

胆，形声字，从月（肉）旦声。繁体"膽"，詹，既是声旁也是形旁，表示前詹、前卫。月，即"肉"，指代身体。胆，表示身体的卫士。《说文·肉部》："胆，连肝之府也。"本义为囊状的消化、消毒器官，比如胆囊，胆汁，肝胆。胆呈囊形，附于肝之短叶间，与肝相连，互为表里，故有肝胆相照的成语。

胆，简体从旦，"旦"为日初升，日为阳，故胆也表示勇敢、气魄、阳刚。《黄帝内经·灵兰秘典论篇第八》："胆者，中正之官，决断出焉。"中正之官，是说胆正直刚毅，不偏不倚。因此，有成语"一身是胆""胆大心细"，相反则是"胆小如鼠""胆战心惊"。

· 汉字寻趣 ·

猜谜语

谜面：一月一日不猜明，若能猜出勇气嘉（打一字）

谜底：胆

【解析】一个"月"与"一日"组合，得到"胆"。"勇气嘉"提示"胆"的字义。

wèi

胃

田土连肠，胃口通味

· 前生今世 ·

甲骨文	金文	篆文	隶书	楷书	行书	草书
	胃	胃	**胃**	*胃*	*胃*	*胃*

金文上像内装食物的胃形，下从月（肉），会肉质的胃脏之意。

篆书整齐化。

胃 隶书把上半部分变为"田"字。

· 字有乾坤 ·

胃，象形字。从肉，从田。"田"为田地，用来种植五谷，指粮食，"田""月"合而为"胃"，寓意装五谷之处，指身体里储存粮食的器官。《说文·肉部》："胃，谷俯也。"本义为胃脏。《黄帝内经·灵枢》："胃者，五脏六腑之海也；水谷皆入于胃，五脏六腑皆禀气于胃。"

胃是人和动物的消化器官之一，起着分泌胃液、消化食物的功能。"胃"上"田"，表示土地，土地为万物的生长提供了条件。胃把五谷等食物消化后产生的能量提供给人体，满足人的生存需要，其作用与土地相同。故在五行中，胃属土。

胃上连着口，下连着肠，其音通味。口是为之窍，胃口相互联系，如果胃气不畅，口味就消失，吃什么都无味。因此，吃饭要咀嚼下胃。珍馐美味可以引起人的食欲，但不如不加以节制，暴饮暴食则会加重了胃的负担，伤害身体。所以，科学的饮食是保持七分饱为最佳。

· 汉字寻趣 ·

猜谜语

谜面：田下月，不能缺，看不见，有感觉（打一字）

谜底：胃

【解析】"田"下一"月"构成"胃"，"看不见，有感觉"照应字义，指这一人体重要器官。

cháng

肠 六腑之阳，弯曲狭长

· 前生今世 ·

甲骨文	金文	篆文	隶书	楷书	行书	草书
		膓	腸	腸	腸	肠

膓 篆书从月（肉），表示身体的器官之一，"昜"同"阳"，中医以脏为阴，以腑为阳。

· 字有乾坤 ·

肠，形声字，繁体为"腸"，从肉、昜声。肠，人或动物内脏之一，呈长管形，主管消化和吸收养分，分"大肠""小肠"两部分，各自发挥着不同的功能。《黄帝内经·灵兰秘典论篇第八》："大肠者，传道之官，变化出焉。小肠者，受盛之官，化物出焉。"即大肠主管输送，能使糟粕变成粪便排出。小肠接受贮盛经胃初步消化的食物，并化生出食物的精华。肠与人的身体健康息息相关，汉代哲学家王充在《论衡》中说："欲得长生，肠中常清，欲得不死，肠中无渣。"说明肠道要保持通畅和清净，如果食物积游在肠道中，就会滋生毒素，久之就会影响身体机能的运转。

肠与胃相连，一个人的消化状况直接反映在肠胃，故饥饿了肠子会提出要求，成语"饥肠辘辘"，就是说肚子饿得咕咕乱叫，声音就像车轳辘在地上滚过的声音，形容极其饥饿的样子。

肠子和心、肝、肺等器官在人体的内心，故肠经常用于表达一个人的心地和情感。如"古道热肠""荡气回肠"都是善良、正气的心肠，相反是"毒蝎心肠"，而"百结愁肠""牵肠挂肚"则是表达情感。

肠的形状长而细，人的身体一般长不过七尺，可是人体肠子的长度约七米，是人体长的三倍。故肠用于比喻那些形长而细的物体，如"羊肠小道"。唐代刘长卿《按覆后赴睦州赠苗侍御》："羊肠留覆辙，虎口脱余生。"

· 汉字寻趣 ·

猜谜语

谜面：一轮清辉映残杨（打一字）

谜底：肠

【解析】"清辉"扣"月"。"残杨"，取用"杨"字右半部，与"月"，为"肠"。

shèn

肾 生命之源，肾藏之精

· 前生今世 ·

甲骨文	金文	篆文	隶书	楷书	行书	草书
		肾	肾	肾	肾	肾

肾 篆书从月（肉）臤（qiān）声。

· 字有乾坤 ·

肾，形声字。繁体为腎，从肉，臤声。《说文·肉部》："腎，水藏也。"本义为泌尿器官。肾是脊椎动物的一种器官，属于泌尿系统的一部分，负责过滤血液中的杂质、维持体液和电解质的平衡，最后产生尿液经尿道排出体外；同时也具备内分泌的功能以调节血压。在人体中，正常人具备两枚肾脏，位于腰部两侧后方。《黄帝内经·素问·六节藏象论篇第九》："肾者，主蛰，封藏之本，精之处也；其华在发，其充在骨。为阴中之少阴，通于冬气"意思是说：肾主蛰伏，是封藏的根本，是精气储藏的地方；它的荣华表现在头发，它的功能是充实骨髓，是阴中之少阴，与冬气相应。肾痹为肾病之一，是五脏痹症之一，主要症状为骨萎弱不能行走，腰背弯曲或关节肿胀。

肾如"臣子"那样看守着人的身体的健康。繁体的腎，从臣。心为君，肾为臣，人要健康必须心肾相交。腎从臣，表现肾于人体，犹如臣子于君，忠于职守，守护健康。在人身中，心属火，肾属水，水火相济，则身体健康。肾水是生命之源，肾水济，元气足，命火旺，它是藏精利尿的主要器官，故养肾非常重要。

· 汉字寻趣 ·

猜谜语

谜面：坚定要上朝前走（打一字）

谜底：肾

【解析】"坚定要上"，"坚"字定要上面的两竖和"又"；"朝前走"，"朝"字前面部件走开，余"月"，合为"肾"。

bāo

胞 包儿裹身，同胞共气

· 前生今世 ·

甲骨文	金文	篆文	隶书	楷书	行书	草书
		胞	胞	胞	胞	胞

胞 篆书从月（肉），从包，像腹中有子形，会脸胞之意。

· 字有乾坤 ·

胞，形声字，形声。从肉，包声。"包"亦兼表字义。《说文·肉部》："胞，儿生裹也。"本义为胎衣，如胞衣，是指胎盘，包于胎儿体表的一层膜。也叫"衣胞"或"胎衣"。细胞的简称，如胞器；胞间隙。胞指同一父母所生。"胞"从"包"，《说文·包部》："包，象人裹妊，巳在中，象子未成形也。"包是幼小生命的孕育依赖的胎盘。兄弟姐妹都是在同一母亲的子宫中生长的，故对于同一父母所生的，如胞兄，胞妹，胞族，胞叔。同一个国家或民族的人，如港胞，台胞，同胞，民胞物与，同胞共气。宋叶廷珪《海录碎事·人事》："同胞共气，谓兄弟也。"

· 汉字寻趣 ·

猜谜语

谜面：承包才一个月（打一字）

谜底：胞

【解析】"包"与一个"月"组合，成为"胞"。

mài

脉 如水流动，跳动血液

甲骨文	金文	篆文	隶书	楷书	行书	草书
		𧖧	脈	脉	脉	脉

𧖧 篆书从月（肉），从"永"，"永"的字形像水有支流貌，"肉""永"为"脉"指身体的血液像水一样流动。

· 字有乾坤 ·

脉，会意字。《说文·月部》："𧖧，血理分衺行体者。"本义为血脉，如"在血脉，针石之所及也。"动脉、静脉等。

脉是血液流动的状态。脉的异体字为"𧖧"，从"血"，表示"𧖧"为血之腑。《素问·脉要精微论》："夫脉者，血之府也。"中医的"四诊"：望、闻、问、切，切主要的号脉。人的脉象反映了一个人气血的运行状态，《脉经》是一本专门介绍号脉的专著，高明的医生可以从脉象去判断一个人的身体状况。号脉主要看脉搏、脉气、脉候、脉象，假如"六脉调和"则身体健康。《黄帝内经·脉要精微论篇》讲到几种"脉象"：脉长说明气机顺达，脉短说明气机有病，脉数说明心理烦热，脉大说明病有实邪，上部脉盛说明病气塞于胸，下部脉盛说明病气胀于腹，代脉表示气衰，细脉表示气少，涩脉表示心痛，脉末刚硬过甚，势如泉涌，是病势加剧，必形色败坏，若脉头似有似无，去如弓弦断绝，那是死症。

脉是血液流动的管道，必须有序、通畅、有力，否则生命有贻，故脉比喻为重要的东西，如"命脉"，"国脉微如缕"。

脉又指同一血统、宗派等相承的系统。同胞兄弟姐妹同一父母所生，其血型大都是父母遗传的，也一致相同，为此，兄弟姐妹称为同一血脉。如"一脉相承"就是指从始至终，传承至今，没有断过。

脉又指绵延不断的。脉从"永"，"永"是水川流不息的流动，故用于指地貌的，如山脉、水脉；用于表达情感的，指目含情相视而不语的样子，如"盈盈一水间，脉脉不得语。"

· 汉字寻趣 ·

猜谜语

谜面：永远朝前走（打一字）

谜底：脉

【解析】"朝"字前面走开，剩余"月"。"永""月"合为"脉"。

tāi

胎　母体怀幼，三月成胎

· 前生今世 ·

甲骨文	金文	篆文	隶书	楷书	行书	草书
		胎	胎	胎	胎	胎

胎 篆书从月（肉），从台，"台"像头朝下的胎儿形，表示怀胎，加义符口，象征胞衣，以强调怀孕之意。

· 字有乾坤 ·

胎，形声字。胎指人或其他哺乳动物母体内的幼体。胎的本义，指怀孕三月，引申泛指包裹在母体的薄膜组织里、尚未出生的小生命，比如胎动，胎儿，胎盘，胎衣，胎生，胎教，保胎，投胎。由于胎的生长发育处于初级阶段，故引申指事物的萌芽，如：祸胎。

胎，有一层胎衣作为保护层，故胎又指衬在衣服、被褥面子和里子之间的东西，比如棉胎，轮胎，爆胎，车胎内胎，外胎。

胎还指器物的粗坯，比如泥胎，铜胎。胎作为量词：次，个，比如二胎。

· 汉字寻趣 ·

歇后语

张驴儿（戏曲《窦娥冤》中人物）告状——心怀鬼胎

（三）人的身体形状

fū

肤 肉体表面，脾胃连皮

甲骨文	金文	篆文	隶书	楷书	行书	草书
	𦚞	𦚞	膚	膚	膚	膚

𦚞金文上为"虍"，为虎皮；从胃，指身体的内部。膚，强调了包裹着内部的表皮部分，也即使皮肤。

𦚞篆书承接了金文的字形。

· 字有乾坤 ·

肤，形声字。繁体为"膚"。《说文·肉部》："膚，皮也。"本义为人体的皮肤，如手如柔荑，肤如凝脂。

肤指人体表面的皮。简体的"肤"字，从"夫"。我国传统的男女分工是男主外，女主内，故"夫"表示在外，"肤"的字形可视为人体的外部。《礼记·礼运》："四体既正，肤革充盈，人之肥也。"孔颖达疏："肤是革外之薄皮。"

肤的位置在表面，无须深入即可一目了然，故又引申指表面的、浅薄的，"释《穀梁传》者，虽近十家，皆肤浅末学。"

肤，反映了一个人的气色和健康状况，是外貌美丑的最直接表现，故"肤"也表示美丽的意思。明代袁宏道《赠李云峰》："西湖多奇山，其肤乃在水。"强调了西湖的美皆表现于湖水。

"皮"与"肤"是近义词，两者有一定的差别，肤是比皮更深的层次。《诗经》："手如柔荑，肤如凝脂。"柔荑，植物初生的叶芽，形容女子的手白嫩。凝脂，就是如同凝固的白脂，形容女子的皮下脂肪充盈润泽。

《黄帝内经·灵枢·经水》："黄帝曰：夫经脉之小大，血之多少，肤之厚薄，肉之坚脆，及帼之小大，可为量度乎？"皮是薄薄的表层，肤则于皮之下，如果营养充足，三焦功能正常，脂肪层就厚，那么，皮、肤、脂就充盈，这是一种健康的状态。有些人为了身材的"苗条"，饿得皮包骨头，皮下没有脂肪，这会导致血液循环不畅，局部缺血，导致麻痹等症状，这是不可取的。

· 汉字寻趣 ·

猜谜语

谜面：二人朝前走（打一字）

谜底：肤

【解析】"朝"字前面部件走掉，余下"月"，和"二人"合为一字，成"肤"。

pàng

胖　半边牲肉，丰满肉厚

· 前生今世 ·

甲骨文	金文	篆文	隶书	楷书	行书	草书
		胖	胖	胖	胖	

胖篆书，从月（肉），从半，指祭祀用的半体牲。

· 字有乾坤 ·

胖，形声字。从月，半声，《说文·肉部》："胖，半体肉也。"胖的本义为古时祭祀用的半体牲。《仪礼·少牢馈食礼》："司马升羊右胖，髀不升。"髀是大腿，司马用羊作牺牲时，只取其身体右半边。

胖会意体内肉厚、脂肪多。胖的繁体为"胖"，"半"为丰富、丰满，指肉极多，脂肪过多，用来指人皮下脂肪多，赘肉堆积，肌肉松弛的体态，如成语"胖头肥耳"。

有一种植物的果实长得比较饱满，叫"胖大海"。胖大海，落叶乔木，叶子卵形，互生，圆锥花序，果实略呈船形，成熟前裂开，种子梭形。其种子亦名"胖子海"，干后皮黑褐色，有皱纹，浸水中即膨大成海绵状，可入药，治喉痛、声哑、咳嗽等。

· 汉字寻趣 ·

猜谜语

谜面：半月在一起（打一字）

谜底：胖

【解析】"半""月"两字在一起，合并成"胖"。

zhǒng

肿 肌肉浮肿，感觉沉重

· 前生今世 ·

甲骨文	金文	篆文	隶书	楷书	行书	草书
		膧	肿	腫	腫	胜

膧篆书从月（肉），重声。"重"表示肉非正常的变大变重。

· 字有乾坤 ·

肿，形声字。繁体为"腫"。《说文·肉部》："肿，痛也。"本义为毒症。中医称"腫"为恶性脓疮。《周礼·天官·疡医》："疡医掌肿疡。"郑玄注："肿疡，痛而上生创者。""肿"多指外部突显出来的痛疮。如"人之所以善扁鹊者，为有臃肿也。"

肿，也表示肥大而呆滞。肿，繁体从"重"，"重"意为分量较大，所以肿，用于指身体肿臃，机构臃肿。

简体的"肿"字已经没有了"腫"的含义，用"中"表音，假如理解为"肉"适"中"，那么，与"腫"的含义就相去甚远了。

· 汉字寻趣 ·

猜谜语

谜面：不左不右朝前走（打一字）

谜底：肿

【解析】"不左不右"说明在"中"间。"朝"字前面部件走开余"月"。"中""月"组合成"肿"。

féi

肥 〉肌肉丰满，人胖为肥

🐂 前生今世

甲骨文	金文	篆文	隶书	楷书	行书	草书
		𦚢	肥	肥	肥	肥

𦚢篆书从肉，从卩（跪坐人），会人肌肉丰满之意。

☯ 字有乾坤

肥，会意字。《说文·肉部》："肥，多肉也。"从肉，从卩。宰杀膘硕的肉畜，如肥猪，肥羊，肥牛等。

肥多指肥胖、肉多。"肥"字从"巴"，"巴"的本义为蛇。蛇是一种骨少肉多的动物，其外形好像柔若无骨，故"肥"以蛇的肉多骨少表示人或动物的肥胖、多脂、多肉。肥和瘦相对而言，唐代的时候以肥为美，今人以瘦为美。其实，均称、适度最好。"燕瘦环肥，各有姿态。"汉元帝的皇后赵飞燕，唐玄宗的贵妃杨玉环，两人都是绝世佳人，飞燕的"瘦"有瘦的轻盈，玉环的"肥"也有丰腴的韵味。当然，如果过于肥胖，大腹便便，不但形象不佳，身体也会出现"三高"的不良现象。

唐·张志和有诗云："西塞山前白鹭飞，桃花流水鳜鱼肥。"鳜鱼肥是指鱼的肉多、体形大。《黄帝内经·素问·奇病论篇》曰："夫五味入口，藏于胃，脾为之行其精气，津液在脾，故令人口甘也。此肥美之所发也，此人必数食甘美而多肥也，肥者令人内热，甘者令人中满，故气上溢，转为消渴。"这里讲的"肥美"就是指滋肉厚重的肉食。由于富贵人家饮食甜腻，多肉，结果内里生热，甘美的食物令人胸部满闷，所以精气上泛，可转变为消渴病，也就是"糖尿病"，也叫"富贵病"，这是吃得过于肥美所致。

古代常以"食肉者"代指有钱，"肉"字在这里代表富裕、充足，故"肥"有富裕之意，也表示土质含养分多，如土地肥沃，汉代贾谊《过秦论》："不爱珍器重肥饶之地。"

人的脂肪过多，外观看起来比较壮实，故用"肥"形容粗壮，如"肥茂"指肥壮茂盛；"肥润"指润泽。

　　肥从多财又引申指好处。如肥缺，指有丰厚收入的好职位。"损公肥私"，则是以损害公共利益达到捞收个人好处的目的，这是一种损人利己的不道德作为。

汉字寻趣

1.猜谜语

谜面：巴西三十天（打一字）

谜底：肥

【解析】三十天为一个月。"巴"字西边一个"月"，成为"肥"。

2.歇后语

官仓里的大老鼠——肥吃肥喝

bìn

膑　剔除膝盖，古代酷刑

· 前生今世 ·

甲骨文	金文	篆文	隶书	楷书	行书	草书
		髕	臏			膑

髕 篆书从"骨"，从"宾"，"宾"为宾客，宾客受人尊敬，得到重视。"肉""宾"为"膑"，指膝盖上重要的一块骨头。

臏 隶书把"骨"改为"月（肉）"，成为"膑"，膑和髕为同义。

· 字有乾坤 ·

膑，形声字。《说文·肉部》："膑，膝端也。"本义为膝盖骨。膑，特指古代一种剔掉膝盖骨的酷刑。膑刑，指挖去膝盖骨。战国时期著名军事家孙膑正是受此刑而将名字"孙宾"改为"孙膑"。西汉司马迁《报任少卿书》："孙子膑脚。"指的是孙膑受到了膑刑。而刖刑指砍去双脚，春秋时和氏璧的发现者卞和即被施以刖刑。

· 汉字寻趣 ·

成语接龙

救死扶伤 → 伤心欲绝 → 绝处逢生 → 生死关头 → 头重脚轻 → 轻而易举 → 举鼎绝膑

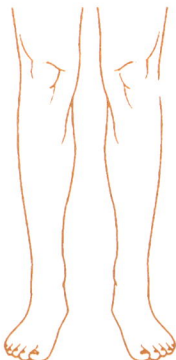

fú

服 〉 戴上木枷，使之服输

甲骨文	金文	篆文	隶书	楷书	行书	草书
服	舟	服	服	服	服	服

服 甲骨文，从卪，像一个木枷，从卪，是一个弯腰低头的人；从又为手，示意抓捕战俘或罪犯，强制上木枷，使之服刑。

服 金文把木枷改为"舟"，会使人操舟，会操持之意。

服 篆书承接了金文的字形。

服 隶书把"舟"改为"月"。

· 字有乾坤 ·

服，会意字。《说文·舟部》："服，用也。"本义为用事、从事。《论语·为政》："有事，弟子服其劳。"即有事情，儿女担负着服侍的职责。

服既表现了从事之意，也表现了服从、顺从、承受之意。甲骨文、金文都是用"手"去支配、操纵一个弯腰低头的人，故"服"强调了不仅是身体的屈从，也是内心得顺从，真正地心悦诚服。《孟子·公孙丑上》："以力服人者，非心服也。"意思是说，凭借物力而使人屈服顺从的，不能令人心服。《三国演义》中有诸葛亮"七擒孟获"故事，就是使孟获"心服"，达到真正的信服。

服在古代指装刀、箭等武器的袋子，故引申指服饰、衣裳，如制服、服装。

服道指治理、慑服。服从"及"，"及"有治理之意。《说文》："及，治也。"所以，服表示遵从、实行。如"虎之所以能服狗者，爪牙也。"唐朝柳宗元《吊屈原文》："穷与达固不渝兮，夫唯服道以守义。"意思是说，贫穷与显达本来就不能改变他的气节，他一生只是遵从道义。柳宗元在这里颂扬的屈原的高尚人格。

· 汉字寻趣 ·

猜谜语

谜面：月报已出手（打一字）

谜底：服

【解析】"月报"中取出"手"（扌），余下部分合为"服"。

tuō

脱　肉去皮骨，肌肉消减

· 前生今世 ·

甲骨文	金文	篆文	隶书	楷书	行书	草书
		脫	脫	脫	脫	脫

脫篆书从月（肉），从兑，"兑"为"蜕"省，取其蜕去、去除之意。

· 字有乾坤 ·

脱，形声字。《说文·肉部》："脱，消肉臞也。"本义为肌肉消减。《尔雅·释器》："肉去骨曰脱。"去择骨头上剩下的肉就叫做"脱"。如："他瘦得都脱了形了。"

脱是肉去皮，故有剥离、分离、去择之意。如"洞庭始波，木叶微脱。"《木兰辞》："脱我战时袍，着我旧时裳。"成语"脱颖而出""脱离苦海""脱缰之马""金蝉脱壳"都有这个意思。

脱由脱落又引申为失去、散落、漏择之意。《汉书·艺文志》："书缺简脱，礼坏乐崩。"失去了书简等文化传承，必然礼坏乐崩。

"脱"字要求人们要有"超凡脱俗"的精神境界，充满着人生哲理。

"脱"字告诉我们，只有超然物外，不受肉体束缚，才能超凡脱俗。"脱"中有"月"，"月"字旁是肉的意思，而肉代表的是物质；"脱"中有"兑"，"兑"的本义为神明祝祷祈求，这是一种与精神有关的行为，代表的是精神。故"脱"可以理解为精神摆脱物质的束缚。虽然精神是建立在物质基础之上的，但人活在世，不能一味追求物质的满足，而忽略了精神的塑造，更不能让精神被物质所驾驭、所奴役，使精神沦陷为低级的物欲。肉体享受物质追求，心灵更要淡泊名利，要借着知识、智慧、善意与爱，在精神上摆脱物质的束缚，在生活中摆脱各种利害。不为物役，不以物喜，不以己悲，追求心灵的成长和人性内在的精神解放，这样才能减少烦恼。只有真正地解脱，才能以一颗明净的心，去体悟生命的意义，诠释生活的真谛，实现对功利的超拔，对自我的超越。

· 汉字寻趣 ·

猜谜语

谜面：双星伴月照兄还（打一字）

谜底：脱

【解析】"双星"象形扣两点，与"月""兄"组合为"脱"。

yù

育 〉母生孩子，精心抚育

甲骨文	金文	篆文	隶书	楷书	行书	草书
	𣫧	育	育	育	育	育

𣫧金文，从女𡱸，从倒子𠫓，在子下加出水滴，突出生孩子出生时血水淋漓下滴之状。

育篆书从倒子，从月（肉）。

· 字有乾坤 ·

育，会意字。《说文·𠫓部》："𠫓，不顺忽出也。从到（倒）字。《易》曰：'突如其来如（然）不孝子突出，不容于内也。'"本义为孩子忽地生出来。

育的第一个含义为生育。由本义引申，又可表幼稚之意。人从出生到孩童时期，因未经世事而心地单纯。《诗·邶风·谷风》："昔育恐育鞫，及尔颠覆。"其中的"育"即是幼稚。意思是，幼小的时候，害怕长大以后生活艰难，日月难挨。人在父母的呵护、教育下慢慢成长起来，由幼稚渐趋成熟。因此，"育"又可引申出成长的意思。《诗·大雅·生民》："载震载夙，载生载育，时维后稷。"全诗叙述了姜嫄生育并抚育后稷的过程。

育的第二个含义是养育、教育。《说文》："育，养子使作善也。""育"通"谕"，表示人不能只生不教，应对小儿及时耐心教谕，使之逐步道晓道理。教育孩子首先是教育者要先受教育，教育者要作出示范。父母是孩子的第一任老师。孩子是父母的影子，父母是孩子的镜子。孩子的学习和模仿能力极强，从孩子的言谈举止中就能看出父母的为人。所以作为"育"者的父母，应该时刻注意自己的言行举止，通过日常的语言和行为来潜移默化地影响孩子；以自己的正直、善良、厚道、仁义、智慧、渊博的品质来润泽孩子的心灵，使其身心健康成长。

教育要德、智、美、体、劳全面发展，特别要把德育摆在首位，即"育"心。育心需要智慧。古语说"子不教，父之过"，孩子的教育着实应该从小打好基础。

人的神经生理发展，愈是年幼可塑性愈大，接受事物的印象在大脑皮层留下的痕迹也愈深刻。所以婴幼儿时期是处于接受教育的最佳生理状态。但是，这个时期的教育也是难度最大的，因为孩子缺乏辨别能力，更多的是对大人言行举止的模仿。有的学者认为：一个人成年以后所有行为都可以在他幼年时期的家庭环境中找到答案。俗语有"三岁看大，七岁看老"之说。家庭环境对孩子的影响是非常重要的。孩子的性格和命运与家庭教育紧紧地联系在一起。因此，家长应具备正确的育儿观，培养孩子正确的消费观、生活观、价值观，帮助孩子养成良好的生活习惯，这将对孩子的一生都产生决定性的影响。

· 汉字寻趣 ·

猜谜语

谜面：若轻云之蔽月（打一字）

谜底：育

【解析】"育"字如"云"下个"月"，"云"将"月"遮盖了。

jiāo

胶 黏性物质，如漆似胶

· 前生今世 ·

甲骨文	金文	篆文	隶书	楷书	行书	草书
		膠	膠	膠	膠	胶

膠 篆书从月（肉），翏声。

· 字有乾坤 ·

胶，形声字。繁体为"膠"，"肉""翏"为"膠"，即熬制动物的皮肉所形成的物质，可用作黏合器物。《说文·肉部》："膠，昵也，作之一皮。"本义为用动物的皮、角熬制成的黏合物质。如"鹿胶青白，马胶赤白，牛胶赤"。

胶是有黏性的物质。简体的胶字，从"交"，交即相交，可以指粘着、粘牢。如"桃胶迎夏香琥珀""橡胶""胶皮"。

胶的主要作用是粘住，如王维诗曰："渔舟胶冻浦，猎火烧寒原。"

· 汉字寻趣 ·

猜谜语

谜面：来西郊赏月（打一字）

谜底：胶

【解析】"郊"字西边是"交"，和"月"合并成"胶"。

胜

不熟为生，克敌为胜

甲骨文	金文	篆文	隶书	楷书	行书	草书
	朕	朕	勝	勝	朕	朕

朕 金文，"朕"为"朕"，表示船舵；"𠂇"为力，表示掌舵的能力。"朕"是古代帝王的自称，成者王侯败者寇，以之作参照，表示能克敌者为胜。

篆文 朕 承续金文字形。

隶书 勝 将篆文的"月"（"舟"）误写成"月"。

简体字"胜"，取了繁体字的"月"（"月"，实为"舟"）表义，另加"生"字表音，另造形声字"胜"代替。

胜，繁体字为"勝"，形声字。《说文解字》："勝，任也。从力，朕声。""胜"为赢、超过之意。如胜败、胜诉、稳操胜券、旗开得胜、胜不骄、败不馁、事实胜于雄辩等，又如《商君书·画策》的"以强胜弱，以众暴寡"，《论语·雍也》的"质胜文则野，文胜质则史"，白居易《忆江南》的"日出江花红胜火，春来江水绿如蓝"等；"胜"也指有能力承担，如不胜感激、不胜酒力，又如《孟子·梁惠王上》的"不违农时，谷不可胜食也"，韩愈《题木居士二首》的"朽蠹不胜刀锯力，匠人虽巧欲何如"。

"勝"字揭示了制胜之道。制胜必须用尽全力，须智勇双全、能屈能伸、有勇有谋。繁体的"勝"字有"月"有"类"有"力"。"月"指身体、身躯；"类"为"拳""卷"，指手臂弯曲或拳头握紧；"力"指心力、智力、体力。大树坚强不屈，百折不挠，是勇；小草依靠大地，屈腰伏身，是智。古之成大事者，无不出智、勇二字。李广老当益壮，北击匈奴，是勇；毛遂锥袋自荐，脱颖而出，是勇；谭嗣同以死明志，唤醒后人，是勇；将士，安邦之剑、定国之盾，不可不勇；士人，出谋划策、游说诸国，不可不勇；君子，革故鼎新、震慑旧俗，不可不勇。勇，是一种意志，一份信念，是一种气场，一份感召，它让你坚持正义，一往无前。但要制胜仅有勇气是不够的，勇以智为基础，不以智为依托是一种鲁莽，智勇互补，才能成为真正的强者。

简体的"胜"字，从月从生。生，为生存、生命，"胜"字告诉我们，胜以生命的存在为基础，一息尚存，就有机会获胜。生命一旦结束，所有的胜利和追求都无从谈起，所以，人在任何时候都要爱护身体，珍惜生命，以生命的保存、延续作为制胜的前提和基础。作家罗曼·罗兰说过："人生不售来回票，一旦动身，绝不能复返。"沧海一声笑，何其潇洒，可是如果等到一病不起才悔悟健康的重要，那就不是亡羊补牢，而是遥望幽冥，心中凄苦了。笑傲江湖，鲜花万朵，也只能是美好的回忆。阳光明媚的春天，有灼灼其华的桃花；赤日炎炎的夏天，有香远溢清的荷花；硕果累累的秋天，有泥金万点的金菊；寒风凛冽的冬天，有凌霜傲骨的雪梅。世间的美，只因有健康的生命才有心思驻足观赏。生命是我们从事一切行动的基础与保障，没有了生命就没有了一切，"胜"字也无从谈起。因此，人与人的竞争，有时不看一时一事，最终取决于生命的长度，长度也是竞争力。

· 汉字寻趣 ·

猜谜语

谜面：星月交辉日已落（打一字）

谜底：胜

【解析】"星"字"日"落去，余下"生"。"月""生"合为"胜"。

yǒu

有

手中有肉，日月有食

· 前生今世 ·

甲骨文	金文	篆文	隶书	楷书	行书	草书
🐂	🐂	🐂	有	有	有	🐂

🐂 甲骨文像牛头形，用牛头表示含有财富。

🐂 金文改为从又（手）从月（肉），用手中有肉会持有之意。

🐂 篆书承接了金文的字形。

· 字有乾坤 ·

有，象形字。《说文·有部》："有，不宜有也。《春秋传》曰：'日月有食之。'"本义为持有。"有"与"无"相对。《道德经》："有无相生，难易相成。"

"有"也表示所属，跟"无"或"没"相对。如我有本书。"有"还表示发生、出现。如有病。也表示估量或比较，如水有多深，山有多高等。也引申为大、多，如有才，有学问，有钱，有德等；用在某些动词前面表示客气，如有劳，有请。无定指，与"某"相近，如有一天，有一阵子，有段时间等，还可以用作词缀，用在某些朝代名称的前面，如有夏、有宋一代等。

· 汉字寻趣 ·

猜谜语

谜面：朋友来了一半（打一字）

谜底：有

【解析】"朋友"两字的一半来组合成谜底"有"字。"朋"一半为"月"，"友"一半取"ナ"。

十五　足字族

zú

足　千里之行，始于足下

甲骨文	金文	篆文	隶书	楷书	行书	草书
𤴔	𤴔	足	足	足	足	足

𤴔甲骨文是⼞（囗，村邑或部落）和㞢（止，行军）的组合。
𤴔金文、𤴔篆文承续甲骨文字形。

· 字有乾坤 ·

　　足，会意字。《说文·足部》："足，人之足也。在下。从止、口。凡足之屬皆从足。"意思是人的下肢，在人体的下部。字形采用"止、口"会义。所有与足相关的字，都采用"足"作偏旁。

　　"足"的本义是脚。如《韩非子》："郑人有欲买履者，先自度其足而置之其坐。"

　　"足"的形状，就像人头，下 ，为止，表示两足直立行走，足表示整个身体。如《近世社会龌龊史》："姑勿论其丰不丰，暂时且得了一个托足之所。""足"也借指坐骑。如西晋曹摅（shū）《赠韩德真诗》："尔足既骏，尔御亦殊。顾我驽蹇，能不踟蹰。"

　　由于"足"支撑着人的身体，故"足"还表示器物下部形状像腿的支撑部分。如《易经·鼎》："九四，鼎折足。""足"同样表示基址、底脚。如明朝袁宏道《入东林寺记》："石路萦折，然犹未当山足。"

　　"足"从止，知止则不耻，知足者富，故"足"表示充实、完备、足够。如诸葛亮《出师表》："兵甲已足。""足"也表示纯的，如：十足的黄金。"足"还表示富裕的。如《庄子》："古之畜天下者，无欲而天下足。"

　　又由于"足"处于人体的下部，故"足"为敬辞、自谦之词，如"足下"。"足"还表示止。如《老子》："为天下谷，常德乃足，复归于朴。""足"同样表示完成。如《左传》："言以足志，文以足言。"

　　汉字中与"足"相关的字符还有"止"，"止"的甲骨文 是脚掌的象形文，像人的脚丫子。如"正、先、步、武、企"等。此外，还有"夂"为"止"的象形反转，通常表示倒行归返等义。如"夅、夋、复、各"等。还有"元"表示以起点前往重点。这些都是与"足"字相近的字符。

由"足"字组成的字大致可以分为几类：

一是表示"足"的动作，如"趴、趿、趼、跃、跄、跑、跎、践、登、跨、跷、跳、踩、踌、蹅、跟、踏、踩、踮、踞、踱、蹂、蹒、蹈"等。

二是表示"足"的部位，如"跂、趾、跟、蹄"等。

三是表示"足"行走的地方，如"路"等。

下面，朗诵"足"字族的歌诀：

胸腹向下，仆卧为趴。（趴）

足止同意，人之脚趾。（趾）

跳如飞翟，迅疾跳跃。（跃、躍）

脚足摇摆，脚步蹒跚。（蹒、跚）

足行如炮，跋脚开跑。（跑）

扭头后看，站稳脚跟。（跟）

失足交错，跌倒摔跤。（跤）

胯部张大。迈腿跨越。（跨）

人足所走，大路通途。（路）

身体勃起，雀行跳跃。（跳）

双膝着地，正襟跪坐。（跪）

放荡不羁，失足跌倒。（跌）

脚步匆匆，极速蹙走。（蹙）

整批关进，趸批买卖。（趸）

跛足迟钝，艰难蹇行。（蹇）

· 汉字之树 ·

· 汉字寻趣 ·

民谣古谚

张公吃酒李公颠，盛六生儿郑九怜。

舍下雄鸡伤一德，南头小凤纳三千。

舍下雄鸡失一足，街头小福拉三拳。

莫将庞大作蔹团，庞大皮中的不干。

不怕凤凰当额打，更将鸡脚用筋缠。

cù

蹙 脚步匆忙，极速行走

· 前生今世 ·

甲骨文	金文	篆文	隶书	楷书	行书	草书
		蹙			蹙	蹙

蹙 篆书，从足从戚。

· 字有乾坤 ·

蹙（cù），形声字，从足，从戚。"戚"假借为"促"，有疾速之意。"足""戚"为"蹙"，意为脚步匆忙。《直音篇·足部》："蹙，急促也。""蹙"的本义是紧迫、急促。由此引申，"蹙"可指逼近、靠近。"戚"为悲戚、哀伤。心中忧苦，脚步也不轻快，因此"蹙"又指愁眉不展、面色凝重的样子。

"蹙"由紧迫之意引申为困窘。唐代柳宗元《捕蛇者说》："自吾氏三世居是乡，积于今六十岁矣，而乡邻之生日蹙。"又引申指愁苦的样子或局促不安的样子。"蹙"还引申有狭窄、狭小之意。"蹙澳"指水流狭窄弯曲。

"蹙"用为动词，有逼迫、迫近之意，又引申为聚拢、皱缩或缩小、减削。"蹙"还意为收缩，用来形容愁眉不展、面色凝重的样子，如"蹙眉"即紧皱眉头。

· 汉字寻趣 ·

成语接龙

皱眉蹙眼 → 眼明心亮 → 亮亮堂堂 → 堂堂一表 → 表面文章 → 章台杨柳 → 柳眉剔竖

dǔn

趸 整批买进，囤积起来

甲骨文	金文	篆文	隶书	楷书	行书	草书
			趸	趸	趸	趸

趸 隶书，上为"万"，下为"足"。

· 字有乾坤 ·

趸（dǔn），繁体字为"躉"。会意字，从万，从足。

"万"表示数目；"足"表示充足、满足、足够。"万""足"为"趸"，本义指整数、整。张慎仪《蜀方言》卷上："货有成数曰趸。"故"趸"也表示整批的买进，指囤积。

《红楼梦》第五十一回："王大夫和张大夫每常来了，也并没有个给钱的，不过每年四节，一大趸送礼。""趸"又指囤积。"趸卖"指以批发价格卖出大宗商品；"趸批"指为转卖而大批买进或卖出货物。"打趸儿"是指成批出卖或买入，也有打总的意思。《红楼梦》第五十七回"我告诉你一句打趸的话：活着，咱们一处活着；不活着，咱们一处化灰，化烟，如何？"

"趸船"是一种无动力装置的矩形平底船。设在突堤或码头的尽头且固定在岸边，通常有浮动而锚着的平台，供船舶停泊或旅客和货物上下船用。

现在还有一个常用词"拥趸"，意思就是支持者、拥戴者。起源于粤语，起初多用于香港、广东地区。

· 汉字寻趣 ·

对联欣赏

上联：主权零趸坚持不抵抗主义

下联：良心批发发扬大无畏精神

jiǎn

蹇　跛足迟钝，艰难蹇行

· 前生今世 ·

甲骨文	金文	篆文	隶书	楷书	行书	草书
		蹇	蹇	蹇	蹇	蹇

蹇　篆书，从寒省，从马。

蹇　隶书，从寒省，从足，"寒"为寒冷，"足"为脚。脚因寒冷而导致步伐失去控制，难以平衡。故"蹇"的本义为跛足。

· 字有乾坤 ·

蹇（jiǎn），形声字，从足，寒省声。《说文·足部》："蹇，跛也。"也可将"蹇"视为从"塞"省，从"足"。"塞"表示受阻、不顺，故而"蹇"也表示迟钝、不顺利。

因骑"蹇驴"行路艰难，因此"蹇"又指艰难、困苦。《广雅·释诂》："蹇，难也。"《易·蹇》："蹇，难也，险在前也。"

路途、时运不顺，就会多有停顿。"蹇"因此而有停留的意思。清代曹雪芹《红楼梦》中写贾雨村："生于末世，父母祖宗根基已尽，人口衰丧，只剩得他一人一口，在家乡无益，因进京求取功名，再整家业。自前岁来此，又淹蹇住了，暂寄庙中安身。"这就是家境贫寒、旅途无资而滞留他乡的意思。

"蹇"又指语言不流利、口吃，或文字生涩。清代段玉裁《说文解字注.足部》："蹇，言难亦谓之蹇。"

· 汉字寻趣 ·

成语接龙

蹇谔之风 → 风中秉烛 → 烛照数计 → 计日指期 → 期颐之寿 → 寿不压职 → 职名早投 →投隙抵巇